青少年足球教练执教之道

〔英〕雷·鲍尔 著

主译 尤 佳
译者（以姓氏笔画为序）
马 也　王 伟　白先月
邢雅彬　完浪骄　陈 华
陈 枭　陈立伟　孟庆霖
赵 刚　徐 波　董加贝
谭 斌

北京科学技术出版社

Copyright © 2019, Bennion Kearny Ltd.

Original Title: Making The Ball Roll: A Complete Guide to Youth Football for the Aspiring Soccer Coach

This edition published by agreement with Bennion Kearny Ltd.

www.bennionkearny.com

著作权合同登记号 图字：01-2019-5512

图书在版编目（CIP）数据

青少年足球教练执教之道 /（英）雷·鲍尔著；

尤佳主译 . —北京：北京科学技术出版社，2020.3（2021.6 重印）

书名原文：Making The Ball Roll

ISBN 978-7-5714-0662-2

Ⅰ . ①青… Ⅱ . ①雷… ②尤… Ⅲ . ①青少年 – 足球运动 – 教练员 – 师资培养

Ⅳ . ① G843.2

中国版本图书馆 CIP 数据核字 (2019) 第 295668 号

策划编辑：曾凡容
责任编辑：曾凡容　林炳青
责任校对：贾　荣
装帧设计：优品地带
责任印制：吕　越
出 版 人：曾庆宇
出版发行：北京科学技术出版社
社　　址：北京西直门南大街 16 号
邮政编码：100035
电话传真：0086-10-66135495（总编室）　0086-10-66113227（发行部）
网　　址：www.bkydw.cn
印　　刷：保定市中画美凯印刷有限公司
开　　本：720mm × 1000mm 1/16
字　　数：357 千字
印　　张：24
版　　次：2020 年 3 月第 1 版
印　　次：2021 年 6 月第 2 次印刷
ISBN 978-7-5714-0662-2

定价：88.00 元

译者序

我 2016 年在英国斯塔福德郡大学以及英超斯托克城俱乐部生活和学习的点点滴滴迄今历历在目，在写这篇序的时候不禁十分想念共赴英国学习的同学们、给予我悉心指导的英方教练和教授们，想念在英国学习的美好时光。

我有幸参加了由教育部组织的 2016 年全国青少年校园足球教练员赴英留学项目。当我作为该项目"黄埔一期"的学员之一踏上现代足球发源地——英国时，眼前的一切都是那么新鲜。这种新鲜感来自在距离角球区仅仅 5 米的地方观赏英超，来自比赛对抗激烈程度直逼中甲的英国第七级别联赛，来自英国蓬勃开展的社区足球，来自路边随处可见的供孩子们玩耍的草坪，来自家长和孩子们有很多共同享受的运动休闲时光，来自讲师授课时一丝不苟书写的"便携式大白板"，来自面向智障人士开设的教练员培训课程，来自斯托克城俱乐部合作单位斯塔福德郡大学完备的运动实验室，来自英格兰足球总会刚刚修订完毕的《精英球员表现计划》（EPPP），来自学校图书馆里琳琅满目的足球专业书籍……

回忆至此，突然发现这种心境那么熟悉。这不正是我作为足球工作者致力于中国青少年足球发展的梦想吗？

我自认属于中国足球黄金发展期的中青年一代，从 6 岁开始踢球，到现在 37 岁了还在足球这条道路上努力奔跑。从学校足球队员到大学的足球专项本科生、体育教育训练学足球方向的研究生、大学足球教师，再到中国校园足球的管理者，所有的时光都没有离开足球。正是这份热爱和执着引领着我继续到天津体育学院攻读博士学位，师从中国学校体育联盟（足球项目）主席刘志云教授，继续在足球领域深造。我的理想很直接、很单纯，那就是为中国足球贡献力量。

在赴英学习即将结束时，深圳大学的赵刚老师欣喜地告诉我，他发现了一本好书，即《青少年足球教练执教之道》，并把电子版发给了我。

我翻看了两天就动心了,这正是我们一直想要的"足球青训百科全书",它涉及青训哲学、技术、心理、团队、选材、战术、管理、体能等方面,并用大量的理论分析和真实案例来佐证和说明,是一本能给青少年足球教练员提供全面指导的好书。书中所提出的一些观点和认识也正是中国青少年足球发展面临的具体问题,同时还给出了具体的解决办法和应对方式。例如,比赛奖牌与球员发展在青少年阶段的哲学思考、青少年球员长期发展模式的构建等。

当我们学有所成、收获满满地回国后,我心里还一直惦记着这本好书,始终觉得它应该被更多的青少年教练员看到,于是翻译工作正式启动了……

20万字、15章、14人、3年……我们在无数个日夜用微信讨论、修改译文,终于完成了这本书。

感谢教育部给予我们赴英留学的机会;感谢赵刚老师发现这本好书并与我们分享,鼓励我们翻译成中文版呈现给大家;感谢在斯托克城朝夕相伴3个月的同学们,特别是王伟、马也、陈华、白先月、董加贝、陈立伟、谭斌、完浪骄、赵刚以及徐波老师高质量地完成了各章节的初译工作;感谢孟庆霖、陈枭和邢雅彬三位好兄弟,在翻译中期做了大量修订工作;感谢所有关心和支持我们完成翻译本书的家人、领导、师长和朋友们,是你们一路的支持和理解让我们心无旁骛地完成了这本书的翻译。

尤 佳

序

在这样一个信息时代，点击鼠标就会出现大量信息。今天的教练员遇到的最大困难就是如何在大量的信息中挑选出正确有用的信息，因此《青少年足球教练执教之道》会帮你解决这一难题。

——"教练员之家"

青少年足球在近20年里发生了巨大的变化。20年前，当你周末走在任何一个当地公园里时，你都会看到同样的景象：泥泞的场地，满身是泥的孩子们，家长们大声呼喊着自己的孩子和他们的球队，教练们也在大声指挥着球队，似乎他们是亚历克斯·弗格森爵士（Alex Ferguson）或阿里戈·萨基球队一线队（Arrigo Sacchi's first teams）的一员。你会看到9岁左右的孩子们在成人比赛的场地内跑来跑去，混作一团。

这样的场景我想大多数人都是可以想象的。我想起自己在10岁或11岁时，每次周末训练回来都会感到很迷茫，认为自己是个水平很烂的球员。训练时我们排成相对的两列，将球踢给对方，教练会在我们犯错时大声呵斥，我几乎已经不想再参加足球训练了，我的队友们有的也离开了。我坚信这和教练的人格没有关系，他绝对是个好人。我认为他缺乏的是作为一名青少年足球教练应有的教育培训，他不应把我们当成"小大人"来训练。

青少年足球，特别是训练，需要一些方向和引导。青少年足球队的教练和俱乐部的经理只是根据他们看着合适的方式来做。似乎任何人都可以经营一支青少年足球队，因为没有一个清晰明确的指导大纲或准入资质审核。如果你是一名教练员，无论是否经过认证，都会处于一个很困难的境地，因为很难找到认证的培训课程。足球训练图书也很少，且都是死板地介绍动作标准或训练方法。因此，草根足球俱乐部、经理人和青少年教练员们都需要理念和引导。

当本书作者雷·鲍尔联系我们并介绍了这本书的构思后，我们立刻表示全力支持和配合。当雷将书写完并呈现给我们的时候，我们看到了他的想法变成了一本实用的图书，成为任何水平的教练都可以共享的资源。对于那些志愿投身到青少年足球训练的教练员们来说，这本书将引导他们重构自己的青少年足球训练方式，不论教学对象是 8 岁还是 18 岁。

雷十分开放和真诚，而且对不同水平的比赛非常了解。他多年前就开始在互联网上分享自己的想法，包括训练理念、训练计划、训练方法等，但是他觉得这样还不够。如今的教练员们都非常渴望通过学习来提高自己以更好地帮助队员们。鼠标一点可以带来很多信息，而对教练员来说最大的困难是如何在海量信息中筛选出有用的信息。我想，这本《青少年足球教练执教之道》可以帮助教练员们解决这个问题。

99% 的基层教练员都没有足够的空闲时间——不管是忙碌的家长、在校的大学生，还是全职教练员，甚至专业的教练员都只能用有限的时间来真正学习足球运动。雷将大量的信息归纳、总结和提炼到书中，为广大教练员学习节约了大量的时间。他认为，书中的内容是他自己 10 年前就想阅读和学习的理念。

书中每一个章节都包含了一个独特的主题，不论是经验交流、技能学习，还是天才识别，都可以让教练员进行深度学习。你要确保阅读每一页，因为几乎每一部分都给教练留了一些思考内容，甚至对自己执教习惯的反思。最重要的是，雷用高水平足球的例子来支撑他的观点。而在每一章的末尾，阅读优秀教练员的执教经历是我们特别喜欢的。

我们确信，仔细阅读本书会让你成为优秀的青少年足球教练员。我们希望你能享受这本书，并将书中提出的各种理念和解决方法付诸实践。

本·特林德（Ben Trinder）
利亚姆·多诺万（ Liam Donovan）
教练员之家（The Coaching Family）
www.coachingfamily.com

前 言

成功不是偶然的，它需要勤奋、坚持、学习和牺牲，但我认为最重要的是，你要热爱你从事的事业。

——球王贝利

引用足球历史上最伟大的球员贝利的名言作为开头我认为是非常合适的，目的在于告诉大家，即使是天才球员都坚持努力学习，更何况我们。作为教练，我们经常举名人的例子来教育队员，教育他们要努力学习并坚持不懈。我们自己也应该以身作则，不论以往的职业经历多么耀眼或者从事了多少年的教练工作，努力学习应该是持之以恒的。

几年前，在教练员培训课程中，导师为我们介绍了"库伯勒—罗斯曲线"。库伯勒—罗斯曲线表明，在面对变化或受到新思想的挑战时，我们的初始反应可能是消极的——情绪上是从怀疑到愤怒，拒绝接受别人提供的信息。导师要求我们积极调整这些初始的反应，迅速地融入更积极的思想中，以开放的心态来学习。我的建议也是这样，希望广大读者抱着开放和学习的心态阅读本书。

《青少年足球教练执教之道》会挑战你对足球训练指导的观点，其中一些可能是你长期使用的准则。你不会接受所有的信息和建议，这是很自然的，个人学习最重要的就是学会拒绝和接受。

享受阅读，即使是你不赞同的内容也会引起你的思考。在执教风格、理念和工作方式中，没有一个符合所有人要求的标准答案，但是，会有很多好的方法和不好的方法需要你去学习和总结。

全书共15章，都是关于青少年足球发展非常具体和独特的领域，其中包含了很多理论、细节、研究、图片和参考资料。我在学习教练员相关课程时遇到的一个挫折是，必须查阅10本不同的书来学习我想研究的10个方面的教练工作。我在书中提到的许多参考资料都可以在网上或其他出版物上获得，如果你想了解更多，这些都是很好的资源。此外，书中的一些文件和资源并没有标注出处，它们大多来自俱乐部、朋友或我不想透露的可信的比赛。

在每一章的结尾，我设计了一个名为"真实执教经历"的板块，希望它能将该章的理论和实践带到真正的训练中。这些故事来自顶级足球青训学院教练员，或是那些经验丰富的优秀基层教练员，基本涵盖了足球运动的各个方面。

为了便于写作，我在书中使用了"他""他的"等指代男性的词汇，而没有添加或穿插对等的女性词汇。然而，本书是为男教练、女教练和男球员、女球员而写的，使用"他"仅仅是为了便于写作。

请享受阅读！本书由青少年足球教练员撰写，更是为了影响和帮助更多的青少年足球教练员。

（译者注：为了尊重原文，阅读顺畅，本书中涉及的长度单位沿用码和英里，换算关系为：1 码 ≈ 0.95 米；1 英里 ≈ 1609.35 米；1 英尺 ≈ 0.30 米。）

目 录

1 球员发展与比赛奖牌的争论 · · · · · · · · · · · · · · · 001

　　球员发展第一，赢得比赛第二 002

　　但是我们怎么知道谁赢了呢 003

　　不惜一切代价获胜 004

　　足球的变化 005

　　心理和社交——压力和赞扬 013

　　结论 015

　　摘要 015

2 对现代青训教练的理解 · · · · · · · · · · · · · · · · · 019

　　"传统"教练 021

　　"现代"教练 022

　　结论 034

　　摘要 034

3 足球训练中的教与学 · · · · · · · · · · · · · · · · · · 037

　　创造一个积极的学习氛围 038

　　教练是一名教师 040

　　马斯洛需求层次理论 041

　　布鲁姆对学习领域的分类 043

　　让比赛成为一名老师 045

　　球员也是学生 049

差异化 054

结论 056

摘要 056

4 足球心理学 ························· 059

给不相信足球心理学的人的两个练习 060

自信心 062

四种心态 066

动机 070

自我对话 073

信念的力量 075

控制 077

结论 078

摘要 079

5 足球场上的沟通与交流 ·················· 083

沟通与交流的真正含义 084

你说了什么 085

剩下的 93% 093

倾听 099

发展融洽关系 101

场上队员的交流 105

结论 106

摘要 107

6 领导力和团队 ························ 111

领导力 112

球队领导者的肢体语言 117

成为 "老大" 121

如何使球队做到最好 125

建立一个团队 131

团队中的个人 134

结论 136

摘要 137

7　不同年龄层次球员发展的需要 ‥‥‥‥‥‥‥‥ 141

不同年龄段球员的特征 143

球员的长期发展 144

第一阶段——基础阶段 147

第二阶段——学习训练阶段 149

第三阶段——发展训练阶段 153

第四阶段——比赛训练阶段 157

第五阶段——获胜训练阶段 160

结论 164

摘要 166

8　执教理念和训练大纲 ‥‥‥‥‥‥‥‥‥‥‥‥ 169

合理计划 170

如何创建一个训练大纲 172

"由上至下" 的计划 174

宏观、中观、微观 181

训练大纲和训练计划的实施 182

结论 193

摘要 194

9　技术发展和技能习得 ⋯⋯⋯⋯⋯⋯⋯⋯ 197

　　技能习得　199

　　练习　201

　　训练的类型　205

　　让练习更"刻意"　212

　　其他的技术训练方法　218

　　足球智商　225

　　技术测试　227

　　结论　227

　　摘要　228

10　战术素养的发展 ⋯⋯⋯⋯⋯⋯⋯⋯⋯ 233

　　战术学习贯穿于不同年龄　235

　　青少年阶段的球队战术　236

　　"数字游戏"　238

　　比赛原则　240

　　比赛原则的使用　245

　　比赛的四个重要阶段　247

　　恢复比赛　252

　　让技术、技能训练更加战术化　254

　　结论　261

　　摘要　262

11　青少年球员的体能发展 ⋯⋯⋯⋯⋯⋯ 265

　　理解比赛　267

　　体能测试　268

以球为导向的指导方法 271

身体素养 274

速度 280

赛季前准备期 285

营养 286

能量 287

个性化 288

结论 289

摘要 290

12 现代守门员 ···························· 293

永久的改变 294

守门员的长远发展 296

技术 299

战术 301

体能 303

沟通 305

青少年守门员 306

将守门员融入球队训练 307

规划 312

结论 316

摘要 318

13 天才球员的识别与评估 ···················· 321

相对年龄效应 322

天才挑选者还是天才识别者 328

评估球员 331

如何设计球员评估 332

结论 340

摘要 340

14 球员的家长 · 345

文化 347

解决冲突 352

被夹在中间的孩子 355

结论 358

摘要 359

15 自省反思 · 363

如何反思 365

结论 367

致谢 · 368

1

球员发展与比赛奖牌的争论

他们不是教孩子们如何赢球，而是教给他们像一名真正的球员那样提高自己的能力和竞争力。在巴塞罗那青训营，我们每天都进行有球训练，我几乎球不离脚。这是目的性很强的练习方式，旨在提高足球技能。

——梅西

要想成为一名优秀的教练员，最好的起点就是仔细审视目前围绕足球青训最激烈的争论，即把球员发展置于比赛结果之上。

简单而言，就是要建立球员的长期发展模式，摒弃短期的比赛结果导向。教练员越是渴望赢得锦标和奖牌，就越会忽视对球员的培养，忽视他们如何成长，忽视他们哪里需要提高。梅西用简单的语言就描述了他是如何在巴塞罗那青训营获得提高和发展的。

这是一个很难理解的概念。运动的全部意义一定是赢得比赛吗？赢得比赛就一定意味着你拥有最好的队员吗？我们将分析为什么实际情况可能不是这样。

球员发展第一，赢得比赛第二

这个足球哲学理念是雷纳·马丁（Rainer Martin）在《成功执教》（*Successful Coaching*）一书中提出的。他指出，教练员的任何决策都应以球员为核心，比赛胜负在其次，并且要一直秉承这样的理念。

这里并不是说比赛胜负不重要。每个人都喜欢胜利，每个人都渴望胜利，每个人都喜欢享受胜利的喜悦。胜利和竞争是人类心灵固有的部分。成年人也喜欢利用竞争来激励孩子做任何事情（"看谁能捡到更多的玩具？""看你多久能整理好自己的房间！"）①。

---

① 有时，胜利对于团队来说可能是最好的，特别是教练想让队员接受他的想法或哲学。对于年龄稍大的孩子来说，下一个阶段的目标可能就是赢得比赛。青训教练必须谨慎而正当地选择这个时机。

　　然而，如果将比赛胜负置于青少年足球培养的优先位置，我们就会忽视球员在技战术、体能和心理等方面的长远发展。这也同样会影响孩子们的社交。不过，当获胜和对结果的关注变得不那么重要时，它反而创造了一个注重提高和超越的环境。英格兰足球总会（The English Football Association）青少年足球发展主管尼克·列维特（Nick Levett）总结得特别出色：

　　这并不是说没有竞争，而是以青少年为中心的竞争和非竞争意味着一切都是友好的，就像游戏一样无关紧要。但事实并非如此。所有的比赛对于孩子来说都很重要，对于有些成人来说更是如此，由此带来了很多问题。

但是我们怎么知道谁赢了呢

　　比分并不是衡量成功的唯一标准，有更多更有效的办法来衡量青少年运动员的成长之路。我的一位前同事，他的教练工作主要是面向 8 ~ 11 岁的孩子，我认为他的办法值得称赞。他和队员以及家长们是用"好的进球"来衡量比分的（"好的进球"是指那些通过从后场发起进攻，或是精妙的传球，或是突出的个人能力等完成的进球），而"坏的进球"（"坏的进球"是指那些通过明显的直接进攻，或是大力掷界外球，或是纯粹依靠蛮力等取得的进球）的得分会被打折，例如一个进球算半个进球等。

　　衡量成功的方式需要教练有巨大的人格魅力，以及得到广泛的支持，这些支持不仅来自球员，也来自家长（有一次，我亲眼目睹了家长们在计算"好的进球"和"坏的进球"，以了解比赛的进程）。在这样的比赛中，胜负被放在了一个次要位置，但是球员仍然有机会发展他们的求胜心态，这在他们的成长中是至关重要的。

不惜一切代价获胜

ESPN 专栏作者穆萨（Musa Okwonga）在他的《有文化的左脚》（*A Cultured Left Foot*）一书中提出了一个问题："过分强调竞争是否影响青少年球员的发展？"他指出，过早重视竞赛成绩会对球员的想象力、创造力和对足球的兴趣产生负面影响。

著名的足球青训专家特里·迈克勒（Terry Michler）在《快乐还是恐惧，是什么激励着青少年球员》（*Fun or Fear*？ *What Motivates Young Players*？）一文中进一步提出了过度强调竞争的问题，他追溯了成年人对"PLAY"概念（即为娱乐和享受而组织的活动，青少年可以从中学习）的接受，并积极地改变了这个概念。成人组织这样的活动时将纪律和技能发展加入其中。因此，随着"PLAY"逐渐演变成一个以竞争和取胜为主导的世界，它的关键要素就从中消失了。在为青少年足球增加真正价值的同时，成年人依然过分关注竞争和结果，并将其作为青少年发展的重要部分，而忽视了"PLAY"的真正含义。

无论如何，不惜一切代价获胜在教练心里不是件新鲜事，它存在于世界上任何一个角落。在每一片绿草地上，每家俱乐部和每支球队都是如此。从欧洲冠军联赛到小学生的小场地比赛，从巴塞罗那、曼联和国际米兰到我家附近的曼洛小学。获胜让人心情愉快、信心满满，也会让教练和球员在足球界有一定的威望。我们中的每一个人都会选择赢而不是输。

但代价是什么呢？

足球的变化

足球在过去二十年里发生了巨大的变化。战术已经成型，并不断演进，通常是对以前战术变化的扩展。[2] 从技术上讲，现代的比赛更崇尚控球，强调长时间控球的能力。从体能上讲，球探们现在更看重速度而不是身高和力量。足球心理更是被置于决定比赛结果各因素中更高的位置。

对于正在努力培养青少年足球运动员的教练来说，这些变化有着现实而深远的影响。教练对青少年进行培训的目的是为了充分地准备一场比赛，这似乎是一种必然，但是这种目的在近十年里发生了显著的变化，并在持续改变。随着足球运动的快速变革，教练们培养青少年球员准备某一类的比赛几乎是不存在了。因此，教练必须了解足球运动发展的最新动态，并让球员跟上时代的节奏。

因此，我们需要结合足球运动的变革，审视"不惜一切代价获胜"的想法对青少年足球运动员在战术、技术和体能发展的影响，对青少年球员心理和社交的影响。我们会发现这些变化是紧密相联、无法分割的。

战术变化

近几十年来的战术变化

· 战术发展的多样化；

· 更多的球队使用多样化的 4-3-3 和 4-2-3-1 阵型；

· 再现三后卫打法，特别是在意大利；

· 更多地关注"防守反击"和"高位压迫"[3]；

---

② 如果有兴趣深入了解足球战术革命及未来趋势，请阅读乔纳森·威尔逊（Jonathan Wilson）的《倒转金字塔》（*Inverting the Pyramid*）。

③ 深入了解防守反击和高位压迫，请仔细阅读第 10 章。

· 更多球队的防守更保守、更密集；

· 强调防守反击的能力；

· 更多的中路进攻，更少的边路传中——14 区的重要性提高[④]；

· 攻击型边后卫——甚至两翼齐飞[⑤]；

· 边后卫通常被用来扩宽进攻宽度，近年来会被用作中前卫（本方控球时）；

· 位置轮转（前卫与前锋间的位置轮转最凸显）；

· 更多地使用后坠较深的控球型后腰来指挥和发动进攻——足球场上的"四分卫"；

· 传统的 10 号队员成为"内边锋"；

· 只使用 1 名中锋——有时甚至不使用前锋；

· 一人有两个甚至多个位置——如梅西，既是"伪 9 号"又是"反向边锋"[⑥]；

· 边锋反向内切；

· "攻击组合"重现江湖。

　　获胜的压力迫使教练不断地调整战术。要想赢得比赛，教练在战术策略上倾向于保守和朴实。对于此，迈克勒认为："创造力、想象力、冒险精神和个人发挥等，在这种较为安全的踢法中会被妥协。当今世界上最伟大的球员都是踢街头足球长大的，没有接受过很多成人的训练指导和监督管理。他们很自由地学习踢球，不会害怕因犯错带来的后果。如果犯错得不到原谅和宽恕，学习过程就会遇到极大的阻碍。"

　　你会让 U10 的孩子学习大力远射和罗里·德拉普式（Alamo-style）

---

④ 14 区是指罚球区外的中间区域，又被称为"洞口"。

⑤ 截至 2013 年 3 月，欧洲五大联赛（英超、法甲、德甲、意甲和西甲）中只有 4 人的助攻数超过拜仁右后卫拉姆的 9 次。在 2013—2014 赛季，教练安排拉姆参与更多的中路进攻，把他当作球队增加的中场球员。

⑥ 有一种新的进攻型球员，几乎没有位置。在罗伯托·迪·马特奥（Roberto Di Matteo）的调教下，切尔西有 3 名攻击型中场球员，马塔、阿扎尔和奥斯卡几乎可以在任何他们想要的位置上发挥作用。

的大力界外球，还是让孩子们尝试用创造性的传球，或是通过个人技巧完成突破？从长远来看，球员们是通过一个简单的扳平比分的进球来解决问题，还是通过更有创意的进球方式来解决问题，哪种方式使球员受益最多？这些问题的答案无疑都是后者。事实上，世界各地的青少年足球训练都会出现这样的问题。

我个人最反感的一件事就是比赛开始前在电视屏幕上显示球队阵型。它向全世界的观众描述了战术和跑动就好像是一条条直线似的，而实际上它是自由变化并且无序的。我承认这能让球迷更快地了解自己喜爱的球队阵型，但是以这样的方式来理解战术就是很大的误导。足球不是下棋，足球比赛的变化是无止境的。

电视屏幕上的比赛阵型

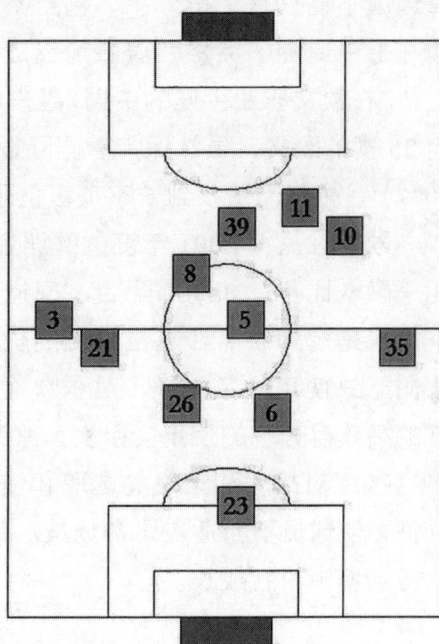

2008 年，切尔西对阵阿森纳最后 20 分钟时，球员在场上的大体位置

在《活力：天才和实践力量的神话》（*Bounce-The Myth of Talent and the Power of Practice*）一书中，马修·萨伊德（Matthew Syed）直

截了当地指出，预测足球的复杂性实际上是不可能的，它不像在棋盘上下棋。[7] 萨伊德在书中讲到，曾经有一个团队希望设计一个计算机程序来模拟复杂的足球比赛，后来发现这是不可能做到的。因此，我们需要培养能够处理场上复杂情形的球员，而不是教他们成为一个电视屏幕上呈现的战术机器人。

前锋的角色正在发生难以估量的变化，巨大的战术转变使得很多球队只使用一名前锋。例如，2008—2012 年瓜迪奥拉执教的巴塞罗那队和2012 年的欧洲杯冠军西班牙队。有的球队甚至愿意尝试不要固定的前锋，4-6-0 阵型可能会是未来十年革命性的战术变化。

因此，前锋变成了濒临灭绝的位置，或者只是一个得分手。乔纳森·威尔逊在他的经典足球战术著作《倒转金字塔》中写道："现代前锋远远不能只是个得分手，甚至不进球都可能成为一名优秀的前锋。"他在书中追溯了英格兰著名前锋迈克尔·欧文（Michael Owen）的职业生涯。在欧文职业生涯的中期，越来越多的球队优先考虑使用多功能前锋，而 25 岁的欧文，虽然保持着国际领先的进球效率（射门进球转化率高达50%），依然无法找到一家顶级俱乐部，只能委身于纽卡斯尔联队。[8]

欧文在赢得 2001 年度的欧洲金球奖后，自己都承认需要提升其他技能来融入比赛，如局部配合、回撤接应以及个人护球能力。他觉得自己不能只是那种游离在越位线上的机会型前锋。现代足球在战术上越来越倾向于只使用一名前锋，对于欧文和杰梅因·迪福（Jermain Defoe）这样的高效得分手的使用会引发大家激烈的讨论。

教练对战术和策略的选取和使用，需要反映足球比赛的复杂性和多样性，使球员不断适应比赛场景。[9] 球员同样需要学习足够的技能才能在比赛环境中茁壮成长。

---

[7] 可能有人会说，定位球或"重新恢复比赛"的方式是可以预测的，因为他们可以进行演练。这种观念只在一定程度上是正确的，因为一个成功的定位球仍然取决于球员正确的技术和决策，也取决于对手的能力和反应。

[8] 欧文后来加盟纽卡斯尔联队，沦为球队的第四甚至第五前锋，此后 3 个赛季平均每赛季出场 10 次。

[9] 在本书后面，我们将探讨如何训练球员处理足球的"混乱"和变数。

技术——安全与冒险

足球技术近几十年来的变化

· 守门员用脚触球的次数要比 1992 年多 7 倍[10]；

· 后卫要具备出色的脚法，而不是只会用脚或头破坏对方的进球；

· 边后卫需要具备攻守兼备的能力；

· 传控球的能力要求越来越高（据统计，一场比赛中，控球率高的球队有 80% 的概率不输球，有 52% 的概率会赢球）；

· 更注重密集防守区域内的脚下传接球；

· 连续传接球次数越来越多；

· 运球和带球跑增多；

· 要有机智、出其不意的无球跑动；

· 快速转移球的能力；

· 更依赖中场球员的进球得分；

· 技术练习更加强调位置专项化以及球员的个性化。

由于足球比赛的多变性，教练要鼓励球员具有创造力和承担风险的勇气。但是他们怎么来学习应对这些多样的比赛呢？教练必须要承认，如果想帮助队员提高创造力，就要允许他们在犯错中提高，因此球队在一段时间内就可能输球。巴塞罗那队的控球打法就是创造性和冒险性的极致，他们有效的控球让对手屈服，这是队员在青少年阶段不断尝试、不断犯错所建立起来的能力。俱乐部和教练要有先见之明，在球员的青少年发展阶段允许他们犯错和冒险，以帮助他们更好地发展。冒险、创造、犯错，这是球员的成长曲线，对于青少年发展来说至关重要。教练要让球员明白，输球并不可怕，重要的是要从失败中汲取教训和经验。

从技术上讲，如今的防守队员和守门员必须具备优秀的控球技术，

---

[10] 回传规则是 1992 年修改的，此后，守门员的位置发生了巨大改变。

至少与球队的中场球员相当。因此，特别重要的是，在周末的比赛日中鼓励球员在真实比赛压力下去测试和发展他们的技术能力。如果本方控球时守门员接球后总是大脚开向前场，这对于他的接控球技术发展没有任何帮助，还阻碍了他发展从后场发动进攻的能力。

后卫队员同样要具备控球和转移球的能力。当代的防守队员不只是用头和脚去破坏球，还要在接守门员的传球后成为进攻的发起者，以减轻前卫队员的压力以及拉开进攻的宽度。这里以杰米·卡拉格（Jamie Carragher）为例，卡拉格是一个脚下技术能力突出的后卫队员，在代表利物浦队参加的 2012—2013 赛季 24 场比赛中，他的传球成功率高达 92%（来源：Squawka）。在整个 2012—2013 赛季欧洲五大联赛中，传球成功率排名前十的队员里还有另外 3 名中后卫，分别是丹特（Dante，90.8%）、杰拉德·皮克（Gerard Pique，91%）和佩尔·默特萨克（Per Mertesacker，92.2%）。[11]

如果你指导青少年后卫去大脚破坏球（我们总是听到教练"能踢多远踢多远"这样的瞎指挥），那么你就是在长期地帮倒忙。一名青少年后卫队员需要提高传接球技术，以及符合这个位置的跑动技能。再一次强调，只有让孩子在真实的比赛中去尝试和犯错，他们才能真正获得提高，因此我们要容忍球员犯错，哪怕丢球和输球。

现代前卫队员类型众多，需要的技能要求也更高、更广。有的需要拖后控制节奏，有的需要快速带球突破，有的需要更多的进球和助攻。前卫队员需要特别擅长传接球，能在防守区域内接球，并在对手紧逼的狭小空间内熟练地控球；同时，还要射门、拦截传球、传中、带球快速突破等。试想，如果他们把自己的青春年华都花费在抬头观看本队后卫的大脚破坏和守门员的大力球门球上，他们是不会得到真实的发展和提高的。

现代足球前锋角色的改变，对青少年足球训练产生了巨大的影响。

---

[11] 数据统计要求球员至少参加 20 场比赛并完成 1000 次传球。哈维·埃尔南德斯（Xavi Hernandez）毫不意外地荣登榜首，比第二名米克尔·阿尔特塔（Mikel Arteta）高出 3 个百分点。

在青少年前锋的培养中，教练需要在常规练习中加入更多具有前锋位置特点练习。穆里尼奥很清楚"功能性前锋"的含义，他解释说："对于英国的一些青少年教练来说，前锋就是前锋，仅此而已。对我来说，前锋不只是前锋，还要有更多的无球跑动和传球等。"

　　前锋角色的变化同样影响着场上其他位置的队员。越来越多的前卫队员被赋予前压、进球、助攻的更大自由。这些攻击型前卫活动在两条线之间，不断地在对方的中场和防守之间寻找空间。他们具备优异的接球技术和渗透性传球的能力，不仅如此，他们还能进球得分。

　　在英格兰，这种类型的球员很少见。近 10 年来最具备这种特质的球员就是乔·科尔（Joe Cole）了。然而，科尔更多地被教练使用在边路，而非他擅长的中路。科尔在青少年时期常常被认为是很有个性的球员，有的教练会在比赛中弃用像科尔这样特立独行的球员。如果科尔晚出生 10 年，他这种华丽的踢法可能会得到更多的肯定和褒奖。

　　创造型球员的作用越来越显著，球队也越来越倚重他们，因此，青少年教练在培养攻击型前卫时，必须让他们具备上面谈到的各项技能。在 2012—2013 赛季的英超比赛中，在进攻三区传球次数排名前五的球员都不是英国本土球员：比利时的埃登·阿扎尔（Eden Hazard），西班牙的桑迪·卡佐拉（Santi Carzola）、胡安·马塔（Juan Mata）和大卫·席尔瓦（David Silva），以及南非的斯蒂芬·皮纳尔（Steven Pienaar）（来源：English Premier League Index）。有意思的是，这些球员可能都被认为是"小个儿球员"。

身体素质——理解"大"和"小"

近几十年来的身体变化

· 顶级联赛球员的跑动距离大大提高——场均 10 ～ 13 千米；

· 更多的高强度跑动（短距离冲刺、快速启动）；

· 更多地关注球员跑动的节奏；

· 更多的变向，对灵敏度要求更高；

· 体能训练越来越具有个性化；

· 技术性变化使得个头小但技术出众的球员的价值得到提升。

在青少年足球比赛里，最有优势的球员当然是那些身体发育早的大个儿球员。他们有更强的腿部力量，这可以使他们跑得更快，并覆盖全场；他们有更大的块头和体重，有利于他们在拼抢中获胜；他们可以比其他同龄球员把球踢得更高更远；他们在 1V1 时能占据更大的优势。毫无疑问，那些"不惜一切代价获胜"的教练会将这类球员置于球队最关键的位置，并围绕大个儿球员布置比赛战术。

我最近拜访了诺丁汉地区的一家足球俱乐部。俱乐部主席是我的好朋友，他们的 U11 球员人数众多，足以组建 2 支球队。俱乐部并不是传统地按能力将他们分成 A 队和 B 队，而是不带任何偏见地分成 2 支队，并参加适合他们能力的比赛。这种分法让这个年龄段的教练组长大为吃惊，他认为最好的球员集中在 A 队，才能赢得比赛和奖杯。

作为一个实验，我们要求这位主教练选择他认为最好的球员来组成他心目中的 A 队，结果不出所料，A 队都是那些发育较早、身体条件好的队员，而那些小个儿队员都留在了 B 队。（设想一下，像梅西、伊涅斯塔和哈维这样的队员可能在 11 岁就会消失，因为他们太"小"……）

从长远来看，那些身体发育较早的球员，能够主导比赛纯粹是因为块头和力量，但是随着年龄的增长，同龄人也开始发育，大块头对于比赛的影响就会发生巨大的反转。当他们的身体优势不复存在时，他们需要花更多的时间来补课，补上控球、观察、跑动等技能后才能适应现在的比赛。

同样，那些晚发育的青少年需要得到教练更多的信任。教练应该给予他们足够的上场时间来学习比赛，而不是目光短浅地抛弃他们。教练有这种信任和远见，这些青少年球员的长期发展才能得到保证。如果晚发育的青少年球员能够定期学习如何利用自己的技术和个人特点来影响比赛，他们就会拥有一个精良的武器库，一旦开始发育，很快就会弥补与大个儿球员的身体差距。由于他们最初缺乏相当的体型和力量，所以只能本能地适应比赛，而不能直接与大个儿球员正面对抗。他们也许能学会在大个儿逼抢前更快地接球、转移。如果小个儿球员从小就一直在狭小空间里踢球可能会有更多的卡佐拉出现。如果他们有更好的体能、技术以及战术意识来应对大个子的同龄人，那么他们在真正长大后，就算身体条件处于劣势，也能轻松应对。

心理和社交——压力和赞扬

如果获胜成为青少年足球训练的终极目的，那么队员们就不太会去冒险。犯错的恐惧"烙"在孩子们心里，这会摧毁他们。"如果一名球员犯错而导致球队输球，那么他就是罪魁祸首。"如果我们的球员每周都是背着这样的思想包袱踏上球场，那么对他们的发展将产生巨大的影响。

特别令人担忧的是，青少年退出体育项目（包括足球）的主要原因之一就是压力。压力？这里必须再强调一遍，**青少年退出足球的最主要原因之一就是压力！**

在任何一种生活方式中，儿童和青少年不应该有压力，更不必说在体育活动中。对于大多数青少年来说，体育活动本来就是比较轻松的社交活动。然而，不论是在草根阶段还是在足球学院的提高阶段，压力都贯穿其中。在草根阶段，压力来自赢得比赛和奖杯，来自取悦成人的心理（包括教练、家长，甚至邻居们）。这种压力导致很多孩子离开足球。

因为他们不再享受足球，不再快乐，当压力影响了动机，孩子们便要离开足球了。

在足球学院提高阶段也是一样。孩子们也感受到了被不断评判、淘汰的压力，他们的梦想被教练和职业足球体系粉碎。这会让恐惧成为原本极具天赋并高度自信的球员发展的最大障碍。他们老是想着会犯错，不敢冒险，这会潜在地导致比赛崩盘。有些人可能会说，这是他们有别于其他人而进入职业足球所必须具备的能力，而我想说的是，面对这些挑战的球员需要一个过程来学会应对压力的技巧，或者至少给他们一个机会，让他们达到一个处理压力比较成熟的阶段。

过分强调比赛结果带来的压力和焦虑会影响球员的表现，不仅仅是心理上的，还有技术上和战术上的。球员们可以选择大脚踢球的方式，球来了踢一脚，离自己的球门越远越好。这样一来，青少年球员就没有太多的机会触球，控制球的技术也不会得到足够的训练和提高，更别说成长为善于思考和决策的球员了。更可怕的是，这种踢法还常常得到教练的表扬和赞赏。

赞扬伴随着孩子的成长，你给予的赞赏越多，孩子们就越努力。这就是为什么我们会毫不吝啬地赞扬那些懂礼貌的小朋友。同样，赞赏的表达对于青少年足球运动员的成长至关重要。我们如果对那些漫无目的的大脚开球行为给予赞许，则球员会潜移默化地认为我们是在鼓励他们这么踢。但是这样的踢法是现代足球需要的吗？这样是不可能培养出伊涅斯塔（Iniesta）、阿扎尔和梅西那样的球员的。

在《运动的意义》（*The Meaning of Sports*）一书中，西蒙·巴恩斯（Simon Barnes）引用了电视评论员常说的一句话："现在就看谁更想要胜利了。"尽管这个表达有缺陷（如果两支球队都"想要"怎么办？如果你的球队中只有5～6个人真正"想要"，而这5～6个人还跟你意见不同，你如何来衡量这个"想要"呢？），但这已经渗透到教练员的心里和与队员的谈话中。在现实中，真理往往掌握在少数人手里。那些没有被"不惜一切代价获胜"思想包围甚至伤害的青少年球员，往往脱颖而出！年轻的美国国脚弗雷德·阿杜（Freddy Adu）作为青少年球员被寄予厚望，他总结道："如果你喜欢自己所做的事情，觉得踢足球很开心，那么你的创造力就会随之而来……"

结论

在高水平的职业足球中，获胜是比赛的全部。教练和经理以及幕后工作人员，每天都会花费大量时间试图找到在周末击败对手的办法。他们反复观看比赛录像，进行数据分析，提前去场地观察对手，分析优势和不足……所有这些都是为了周末联赛的 3 个积分或是杯赛的胜利。3 分的分量很重，它可能意味着是否能够获得冠军联赛的资格、升降级以及教练会不会被炒鱿鱼。

而作为致力于青少年球员发展的教练，我们需要从这种意识形态中跳出来。**那不是我们的足球世界！**

在第 2 章中，我们将通过分析现代足球教练的特征，重点分析青少年足球教练的世界。

摘要

· "球员发展第一，赢得比赛第二" ——要优先考虑球员的长期发展，而不是追求赢得比赛的短期结果。

· "不惜一切代价获胜"的思想会深深地影响青少年球员的长期发展。

· 近些年来，足球运动发生了巨大的变化，这对教练认识比赛和培养青少年球员具有重要意义。教练要确保自己是在用足球运动的最新认识来组织教学和训练。

· 战术上，比赛阵型和球员角色都发生了巨大变化。

· 现代比赛中的位置要求越来越多：多功能前锋、可互换的攻击型前卫、组织型后腰、攻击型边后卫、控球型中后卫以及"会踢球"的守门员等。

·足球比赛不是下棋，它伴随着复杂性和多样性，教练员需要培养能够应对各种问题的球员。

·为充分挖掘球员潜力，哪怕他们犯错也要鼓励他们创新和冒险。冒险、创新、犯错，这是球员学习的真正曲线。

·身体发育早的孩子在青少年比赛中具有统治力，并被视为优秀的队员。这将对他产生长期的影响，尤其是身体优势逐渐下降后。

·给予晚发育或是身体条件不够出色的孩子以足够的耐心，他们可能会成长为现代足球所需要的快速、聪明、空间意识强的球员。

·压力是青少年离开足球最主要的原因之一。

·教练要认真考虑自己的言行会不会给孩子带来焦虑，仔细审视自己是否给了孩子正确和积极的赞扬。

·一场比赛很少会因为一支球队"更想获胜"而获胜。

真实执教经历

球员发展高于比赛结果

（一位匿名的英国足球学院教练）

在 2006 年完成英足总的 FA 青少年教练员认证后，我决定打破自己的固有思想，将重心放在球员的发展而不是比赛结果上。我的新重点是通过制订以球员为中心的训练计划，以及"启发式"的教学方法来发展每一位球员。鼓励球员在比赛中冒险，发挥创造性，释放天性。

这是一支精英训练中心的 U10 队伍，我的前任教练这样夸赞这支球队——"一年下来只输一场比赛"。表面上看，这无疑是支强大的队伍，但令人担忧的是，在赛季快结束时输掉了一场比赛，孩子们为此几乎崩溃。他们太在乎胜负了，就像是被球门蒙住了双眼，同样的眼界却看不到更远大的画面。

当我入职后，队员们很享受新的责任，技术能力也突飞猛进。然而，有些家长由于孩子们不再是"常胜将军"而不高兴，因为孩子们还要面临更高级别的选拔，他们担心会有新人顶替孩子的位置。这样的潜意识也传递给了孩子们，导致球队弥漫着互相猜疑的有毒空气。

然而，我并没有因此而改变初衷。如果有机会再来一次，我会首先召开一个说明会解释每一件事。我会说明我们要优先发展球员，即使比赛成绩与上赛季相比有所下滑。然后召开教练团队的焦点小组会议，以解决这样一来可能导致的任何问题。

如今，我和这批球员依然保持联系，他们都很肯定我为他们搭建的这个培养体系。甚至有队员问我何时还能回去带他们，因为他们厌倦了那些"老式"训练。

　　如今8年过去了，队员们的这些评论，无疑反映了"球员发展第一，赢得比赛第二"这一理念对运动员成长的长远影响。

2

对现代青训教练的理解

现代球员跟传统球员大有不同，他们对足球的期待是不一样的。他们要求训练是做好充分准备的，要求有更多更明确的细节……

——克里斯·休顿

（Chris Hughton）

英超布莱顿俱乐部前任主教练

要想成为一名出色的足球教练员，工作会很辛苦，涉及方方面面，既费时间，又极具挑战性。教练的工作范围很广：接听电话，安排交通，管理行政事务和器材装备，备课，与家长、孩子和教练员团队的沟通交流等，这些还仅仅是训练开始前的准备。

大多数人认为成功的教练要对技术和战术有深入的理解，这在一定程度上是事实。毕竟，这是很多教练关注甚至是痴迷的。很多教练在读本书时可能会直接跳到与技术指导实践和战术观点相关的章节，传统的教练可能只会读那几部分。然而，现代教练知道，仅了解足球技战术是远远不够的。

本书的前提和动机是要提供一种整体的哲学理念，即一名优秀的、全面的教练不应只拥有足球知识。我们会在后面讨论比赛的战术方面和技术方面，但是我们必须首先了解现代教练员必须掌握这些知识并最大效用地使用这些知识。把技术和战术的内容想象成房子里的家具陈设——墙壁的颜色、装饰细节、家具和固定物。其他的训练就是房子的基础，没有这些基础，其他一切都不能正常运转。

正如第一章讨论的那样，足球运动发生了巨大的变化，教练员的角色和期望值也经历了翻天覆地的变化。关于教练员角色和职责的改革工作都是通过教练员组织，或全国范围内的体育运动管理机构（足协），亦或足球专业书籍来倡导和实现的。前曼联、米德尔斯堡和英格兰国家队的心理专家比尔·贝斯威克（Bill Beswick）编写的《聚焦足球》（*Focused for Soccer*）就论述了教练员的角色和职责。有些方面我们在这里不会深入探讨。我认为，任何一位拿起这本书的教练都明白一位优秀教练需要具备的特点——可靠、善于沟通和激励、工作努力、球员的榜样，以及领导力（实际上，我们将深入研究如何增强和最大化这些特性）。我们将关注一位现代的、先进的教练是什么样的，他拥有什么技能，以及他如何运用这些技能。

"传统"教练

我必须首先指出，使用"传统"这个词丝毫没有贬损的意思。我遇到过很多教练，他们坦率地承认自己的方法很传统，但我同样能从他们身上学到很多知识。

"传统"并不意味着这些教练的工作不正确。他们也许已经研究了比赛，只不过挑选了适合他们自己的部分，适合他们的球队和球员的部分。荷兰足球教练雷蒙德·维尔赫恩（Raymond Verheijen）在一次电台采访中就直接指责曾是弗格森爵士接班人的大卫·莫耶斯（David Moyes）入主曼联后在赛季准备期使用的训练方法太过时，但随后还是恭维了莫耶斯在埃弗顿的整体表现。[1]

可见，许多国际知名和颇受欢迎的教练也被认为是传统的，但这并不意味着他们就不起作用了。例如，法比奥·卡佩罗（Fabio Capello）就特别强调球队井然有序的纪律；乔瓦尼·特拉帕托尼（Giovanni Trapattoni）的积极和热情是首屈一指的；弗格森爵士以他的"吹风机"而闻名，当球员们低于他所坚持的高标准的时候，他就会像吹风机一样对着球员劈头盖脸地训斥。不过，弗格森爵士愿意学习新事物以适应现代足球，这是毫无疑问的，也是他公开承认和倡导的。

---

[1] 事实上，大卫·莫耶斯每年夏天都要打磨自己的执教能力，尝试从课程、比赛或者到其他俱乐部学习新知识。他说："我相信通过学习会发现新东西，或许是一种新的训练方法，或许是不一样的比赛方式，或许是一种不一样的角球战术等。新学到的角球战术也许能让你在周末的比赛中进球得分。"

"现代"教练

现代教练具备了传统教练的一些特点，并努力汲取更多知识。如果传统教练被描述成一个系统的、独裁的组织者，那么现代教练就可以像贝斯威克所描述的那样，"可以是一个聪明的、民主的、以球员为中心的教师，他精心策划并专注于让球员有卓越的表现"。如果传统教练只有一个狭隘的、绝对的焦点，只是把球员看成是机器中的一个齿轮的话，那么现代教练则需要具备分析能力、情感控制能力和大局观。

具有开放的心态

教练具有开放的心态可以展现其真正的实力。现代教练以改进和发展自己为目标，愿意倾听、适应、学习新思想、吸收新信息，以及认识到以培养球员为核心，这是至关重要的。实际上，当你拿起这本书，并投入时间来阅读它的时候，就已经证明你的心态是开放的了。

拥有一个开放的心态并不意味着接受一切。你要寻找、学习并最终接受你了解到的观点，并在你认为合适的时候使用它们。我有一个图书馆，里面塞满了关于足球的书，从技术研究到战术观点，从体能训练到心理研究，从天才识别到沟通技巧，应有尽有。我有来自世界各地的俱乐部和国家协会的文件，这些文件从不同角度展示了青少年足球运动员的培养路径。让我全盘接受这些内容是不可能的，因为它们有的自相矛盾，有的与我对发展过程的看法相矛盾，有的甚至略显过时。保持一个开放的心态，可以让你为自己和球员创造一个最佳的学习环境。

是教练，不是支持者

足球支持者都是狂热的足球迷。他们具有双向情感，自己支持的球队获胜会欢欣鼓舞，而失败会让他们感到沮丧，并且认为球队毁掉了他们很多周末。支持者是喧闹的、固执己见的、过于挑剔的，而且大多数都拥有一副"有色眼镜"。支持者的位置在看台上、在球迷巴士上、在街道上，他们沉浸在比赛前后的兴奋或忧郁的气氛中。球迷的位置不在边线，那个地方是留给教练的！

　　YouTube 上有一个很棒的视频，我重复看了很多遍。故事的主人翁是一名塞尔维亚草根教练，他的球队一直面临着生存危机。我不知道他朝球员们喊了些什么，但我看到他在青少年足球训练场上经常这样做。这不应该是现代教练的行为，而应该是在一场激烈的职业联赛中出现的景象。

　　现代教练应能控制自己的情绪，对他正在观看的比赛或训练保持客观的看法。我们在对世界各地的体育场里发生的极端行为的研究中发现，球员需要教练的理性和智慧。球员的稳定发挥取决于教练没有过激的反应。在任何时候，球员会对教练的行为做出反应。前利物浦主帅贝尼特斯（Rafael Benitez）就是一个很好的例子。在 2005 年欧洲冠军联赛（简称"欧冠"）决赛时，利物浦对阵强大的 AC 米兰，在半场结束时，AC 米兰以 3：0 领先。作为比分落后的利物浦队主帅，贝尼特斯选择了冷静而不是咆哮，他冷静地面对整个世界对他和球队的指责和羞辱。对于一名教练来说，将所有的责任推到表现不佳的球员身上来隐藏自己是很容易的，甚至是太容易了。[②] 似乎此时对球员的错误表现进行激烈的批评和指责是为了体现教练员的关切，似乎向大家说明球队的糟糕表现并不是教练的问题。然而，你保持冷静则表明你是深思熟虑的，并且专注于想出一个解决方案。这会向球员传递你并不着急而且有补救措施的信息。

　　贝尼特斯自己曾说过："教练要学会冷静，学会用不同的方式分析问题。教练有时给自己施加压力，有时又给球员施加压力，然而，球员需要教练来释放压力……"

---

② 贝尼特斯完全有权利对他的球员发脾气。在《冠军联赛梦想》（*Champions League Dreams*）一书中，贝尼特斯解释说，他的指导是从第一脚传球开始的，团队要找回力量和自信。然而，第一脚传球很短，开场不到一分钟，利物浦队就丢了一个任意球，从而导致了 AC 米兰的首个进球。

"球员需要教练来放松，"贝尼特斯决定把球员和他们的幸福感放在首位。他不指责球员的失误，而是继续他的工作，为他的球队做准备，迎接一个十分特别的夜晚。利物浦队最终扳平比分，并在球点球大战中战胜了对手。

以球员为中心，而不是以教练员为中心

传统足球"以教练为中心"的做法受到越来越多的质疑。大量研究表明，越来越多的教练开始"以球员为中心"。然而，这并不意味着教练失去控制权。愤世嫉俗的人可能会认为教练是在纵容青少年。放手也是教练们经常担心的事情。"以球员为中心"可以帮助球员发展独立自主的决策能力，独立于教练，但须由教练督促。

青少年球员要在真实的比赛中做出真正的决定，而不是遵循由成年人构思的足球比赛脚本。球员很可能不理解教练的脚本，正因为如此，他们无法执行指令或者盲目地遵循指示，这使得任何长期考虑都是徒劳。唐·特里克（Don Trick）于 2008 年 8 月在奥克兰足球教练网（AFCN）的一篇文章中对这种方法进行了精妙的总结："球员可以实时做出决定，因此，教练必须信任他们。在压力下，如果不相信球员能做出明智的决定，我会考虑我失败了。"

采取"以球员为中心"的方式不仅会影响教练教什么，更影响教练怎样教，还有教练使用的训练方式。 在与比赛相关的情境中或训练方式以及**"领会式教学模式"**（Teaching Games for Understanding）中给球员们提出需要在比赛中解决的问题，如果球员很难找到问题的答案，教练就可以为他们提供专业的指导，而不是单纯地帮他们做决策，关键是让他们自己做决定并获得自己的经验。当自己通过努力和实践找到答案，而不是让别人给出答案时，学习是最有效的。如果球员错了，教练要有耐心。球员可能会解决它，但如果没有，他会需要教练的帮助。

"以球员为中心"也意味着教练必须了解球队的每名球员。是什么激励着他们？他们的背景是什么？他们为什么加入这个足球队？了解每

名球员可以帮助你协调与每名球员的关系。我总是告诉年轻的教练，你的球员永远不会忘记你。同样，我们都记得我们的老师，有些是伴随着爱与喜欢的老师，有些是伴随着冷漠与叹息的老师。你要确保能正确地引导球员成长，帮助他们学习，成为他们积极的回忆；确保你的执教风格是合适的。

以教练为中心的方式	以球员为中心的方式
比赛只围绕教练进行（不停地喊叫、指挥："往这传""往那带""往这跑"等）	鼓励球员自己做决定
把青少年看作"迷你成人"来对待	考虑青少年球员的年龄因素
选择自己的最佳团队参加比赛，目的只是为了赢球	给所有球员均等的上场机会
批评那些失误的球员，并将犯错的球员换下场	对球员有耐心，引导他们渡过困难时期
使用命令式的执教方式	使用不同的执教风格并选择最合适的
聚焦球队表现	在团队背景下专注于个人发展
为球员设定目标	允许球员设定自己的目标，在需要的时候提供指导
培养的球员就像机器人一样，缺乏决策能力，自我封闭，容易发怒，容易受挫	培养能自主决策的球员，并对新想法持开放态度
培养的球员缺乏热情	培养出的球员追求卓越
很少听取球员的意见或建议	用心倾听球员的意见和建议

使用多种执教方式

近年来，关于执教方式的话题已经讨论得很多了。下图是执教方式的"连续统一体"，它详细描述了从专制到民主的不同风格。全球范围内的教练员培训机构使用"连续统一体"或者它的变体（在他们的资料中，这是作为教练员培训课程的一部分）。人们普遍认为，传统的教练偏爱命令式指导方式，而现代教练则更倾向于**"指导发现"**以及大量使用**"问与答"**的执教方式。这并不意味着命令式的执教风格在现代指导中没有一席之地，球员有时需要教练员在这种风格下明确指出问题和提出解决方案。请记住，现代教练员的心态一定是开放的，他们会使用命令式，但那绝不是唯一的方式。现代教练要在各种不同的执教方式中寻求一种平衡，在不同的时间选择最合适的方式来完成训练。

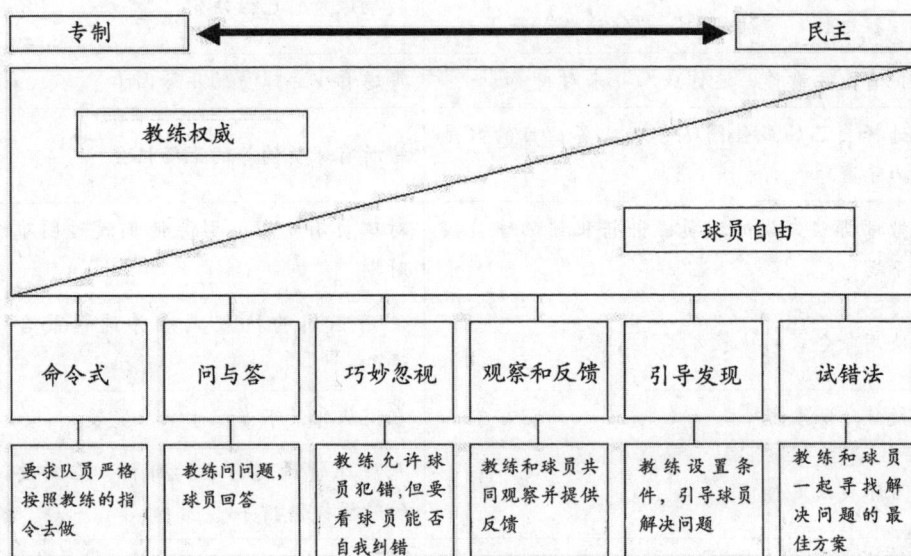

专制	← →				民主
教练权威					
				球员自由	
命令式	问与答	巧妙忽视	观察和反馈	引导发现	试错法
要求队员严格按照教练的指令去做	教练问问题，球员回答	教练允许球员犯错，但要看球员能否自我纠错	教练和球员共同观察并提供反馈	教练设置条件，引导球员解决问题	教练和球员一起寻找解决问题的最佳方案

执教方式的连续统一体

风度和"气场"

风度是一个很难实现的特质，有时，它被称作"光环"。这是一个人产生的可算是神秘的力场，能吸引整个房间所有人的注意力。在足球领域，我印象最深刻的是我的一位老同事，也是我原来的老板，他一走进更衣室，整个房间立即鸦雀无声，一旦他开口说话，球员会马上目不转睛地看着他。③ 我一次又一次地目睹了这种"气场"。在《你能应付吗？成为一名优秀教练的必备技能》（*Will You Manage？The Necessary Skills to be a Great Gaffer*）一书中，穆萨·奥旺加（Musa Okwonga）描述了他与艾迪·布斯罗伊德（Aidey Boothroyd）的会面："布斯罗伊德冲进更衣室，手持一个白板，上面满是潦草但又坚定的笔迹。他的气场强大得似乎能将人催眠。"奥旺加的描述与我的结论相同。

人们通常认为这种风度是不可能学到的——要么有，要么没有。这可能是真的。也许它可以归结为性格、经验、知识，或者教练的角色和名声。然而，在训练场上，也可以用一些微妙的方式来提升风度和气场：

· 记住所有球员的名字，热情地迎接每一名队员，就好像世界上没有任何其他事情更能吸引你一样。

· 你说话的时候要和所有人进行眼神交流，就像和他们单独谈话一样。

· 穿着得体并且专业——这一点非常有用，如果穿着过时，那么你的工作看起来也会落伍。④

· 注意肢体语言——要有目的性，并且保持精力充沛。

· 像在"中心舞台"一样——我从一个有表演背景的朋友那里学到了这个。他说的是通过眼神交流、手势和改变语气来吸引听众。因此，你在训练中要表现得像在舞台上一样，要吸引球员。

具有原创性和创新性

教练们最喜欢的往往是一份训练报告、一张 DVD，或者一本全是训练计划和教案的书，特别是来自顶级俱乐部和著名教练的。我自己也有关于顶级比赛的训练计划，这些计划可以扩展到成千上万的计划。很多

---

③ 当我向他请教时，他说，这种气场源自经验、知识和理解，且能激励球员。

④ 我曾经指导过一位很用心的教练，他穿着一件滑稽的迪士尼 T 恤执教，而没意识到队员们把他当成了一个笑话。

教练和我一样，像飞蛾扑火一样被它们吸引。

我们被这些训练方案吸引，是因为它们来自最好的教练或俱乐部，这是每个人都可以接受的训练方案。然而，新一代足球教练的一个重要特点是具有独创性和创新性。**教练获得这些课程计划的真正意义在于将其应用于实践，而不是简单地死记硬背和模仿。**毕竟，每一支队伍的球员都是不同的，每个年龄组都是不同的，而且每个教练也都是不同的。教练需要根据自己球队的情况，适当地修改计划，再加上教练的个人理解，这样才能适合自己的球队。

网上有一份很受欢迎的文件，详细描述了何塞·穆里尼奥惯用的39个训练方法。作为一种资源，穆里尼奥的训练方法对于教练来说是非常珍贵和无价的。然而，富有创新精神的教练会明白，这些都是切尔西俱乐部一线队的例行训练，对于自己的球员来说，这些做法可能不那么适用，结果可能完全不同。成为一名具有创新精神的现代教练意味着要不断学习和反思自己的实践。

随着互联网的发展，世界各地的足球教练都可以从顶级教练和顶级学院那里获得训练计划。教练应学会明智地使用它们。

使用新技术

新科技和互联网使足球训练发生了革命性的变化。有些人可能害怕这种说法，因为他们认为一个好的教练需要使用各式奇妙的小工具才能发挥作用。这是不正确的，但这些小工具很可能提高你的工作效率。**要知道，你所指导的青少年球员一直生活在一个有手机、互联网或卫星电视的时代。这是他们的世界，他们的生活经历，他们的语言。**

因特网给教练提供了广泛的、有用的管理俱乐部和管理球员的工具，其中有一些可以帮助他们与球员和家长保持联系，给家长提供反馈，有一些可以帮助他们创建电子教案。

在尝试使用新科技的初始阶段，我建议每个教练建立自己的个人互联网社交账户。社交网络不仅仅是刷朋友圈，那里还有成千上万的教练通过互联网分享的成千上万的资源。推荐大家搜索并关注 @coachingfamily，你会发现来自世界各地的青少年足球教练员的文章、文件、训练计划和训练视频等海量资源。我每天都会从其他教练和互联网的社交用户那里获得一些新的、令人兴奋的或与众不同的知识。

教练也可以通过新科技感受比赛分析的重要性。目前，已经有软件可以帮助教练对球员的表现进行分析并生成统计数据和模型。如果你觉得这太复杂或者太耗时，你可以直接使用高分辨率的手持摄像机来录制比赛实况，并为球员提供有价值的反馈（球员喜欢观看自己在视频中的表现）。虽然这个视频不是天空体育或福克斯足球上的视频，但它是一个非常有价值的工具。视频还可以帮助教练在非工作时间重温比赛（令人惊讶的是，在你看完比赛录像后，你可能会对你在激烈的比赛中错过的细节和球员在比赛中的表现改变看法）。

青少年几乎每时每刻都在观看视频，这对教练来说是一个很好的教学机会。使用视频将帮助你与球员达成共识，因为你们使用的是同一种语言——视频。你可以给他们发电子邮件，给他们看精彩的比赛片段，给他们看激励人心的视频，或者给他们设置一个训练后的挑战，即让他们找出与自己相同位置球员的精彩片段[5]，形式无穷无尽……

如果你真的害怕使用这些新的科技手段，**那就去寻求帮助吧**。每个城市和小镇都有一所学院或大学，里面有很多学科的年轻专家，他们最喜欢的就是志愿服务，这也是他们学位、作品或简历的一部分。你的球员甚至可能会帮到你，而且他们中的大部分人会特别乐意帮助你。

有自信

我们通常会围绕球员的自信进行讨论并强调自信对达到巅峰状态的重要性，其实，自信对教练来说也同样重要。作为一支青少年足球队的

---

[5] 用"挑战"这个词代替"家庭作业"。青少年讨厌"家庭作业"这个词，因为它与学校功课联系在一起，占用了他们的自由时间。

教练，你常常会感到压力和自我怀疑。这种压力可能来自同事、家长或球员，也可能来自对比赛成绩的要求，或是球员对主力位置的竞争，或是某种战术的使用。

教练对现代足球的超前认识可能带来压力，可能因为做正确的事情或采用最新的方法而受到批评！还可能受到来自一个完全不理解现代足球的人（比如"我儿子用左脚踢球，为什么被安排在右路？他应该在4-4-2阵型中的左路踢球"）的压力。

自信的教练就是要做出正确的决定并坚持自己认为正确的理念，即使面对逆境时也是如此。有些人可能会说这是任性，另一些人则会说教练很顽固，难以接近。因此，教练要在自信和固执之间取得平衡。一个现代教练会回顾他的表现，如果表现不好，他会改变。

推销愿景

教练拥有适当的自信可以影响球员，这也是一个很好的机会向他们推销教练的愿景，而不是将愿景强加给他们。通过向球员推销愿景，教练为实现自己的目标增加了相当大的价值和筹码，因为每个人都参与进来了。如果球员和教练的想法一致，那么教练就有了一个非常强大的基础。如果教练把自己的想法强加于团队，球员们的反应可能良好，也可能排斥。

作为一名教练，我最骄傲、最难忘的时刻之一就是在英国一个大学的U19队工作的日子。在赛季早期，我们在一起确立了一系列共同的目标。我告诉队员们我相信我们的团队能够达到目标，同时向他们征求意见。作为一个团队，我们拥有了一个共同的愿景。因此，球员们对我们所做的一切都有积极主动的行为。他们认为新成员的训练方法是适当的，并理解进行某些训练的原因。团队一旦有了一致的愿景，他们便能接受团队中其他人的失败（比如，球员由于冒险而犯错或是由攻转守时缺位等）。在一场重要比赛的前一天早上，我收到消息说有几名球员不能参加比赛，而且他们都是边后卫。所以，我向球员们解释，我们必须改变比赛阵型，改打3-5-2。我的话还没说完，我们的前锋就提出打右后卫。稍后，一名中场球员提出打左后卫。球员们理解我们的愿景，他们想要保护它，即使这种改变意味着为了这个愿景要牺牲自己。

实现团队愿景的一个好方法就是设定目标，并了解团队每个人的追求。教练可以帮助球员设定令人兴奋和具有挑战性的目标，这些目标一定是可望也可及的。球员们可能有不同的目标，教练必须把他们团结起来，说服团队这是前进的道路。目标要灵活，如果可能的话，要对目标分层。

我们常看到很多球队设定的目标过于单一，当他们早早地达到目标时，他们会下意识地认为他们已经完成了所有能完成的任务，而整个赛季表现却相当糟糕。在《聚焦足球》一书中，贝斯威克概括了德比郡俱乐部刚升入英超联赛时设定的四层目标：

（1）获得第 17 名（第 18 名、第 19 名和第 20 名要降级）；

（2）赛季半程时名列前 10；

（3）获得欧洲比赛资格；

（4）争夺冠军。

这是教练推销自己的想法并激发球员热情的高明方法。球队一旦实现目标（1），他们就可以继续追求目标（2），以此类推。他们不会停留在他们已经完成的事情上，而是一直在追求更好。

是一个勤奋而聪明的工作者

努力工作的概念对教练来说并不新鲜。我认为，无论是全职教练，还是当地俱乐部的无偿志愿者，在足球教练这个职位上投入的时间和精力远远超过任何其他工作。青少年足球教练的工作包括开会、打电话、填写表格、看其他球队的比赛、读书、参加培训、与家长打交道等，这个清单实际上是无穷无尽的。

然而，**现代教练也是一个聪明的工作者**。如果努力工作是强健的肌肉，那么现代教练会在这个等式两边分别加上大脑和"聪明"。前欧洲杯冠军诺丁汉森林队（Nottingham Forest）教练布莱恩·克劳夫（Brian Clough）曾对助理教练在上半场记笔记的方式表示不满。笔记的内容是在中场休息时要传递给球员的，除非克劳夫是超人（我敢肯定他认为自己是超人！），否则他不可能记住 45 分钟比赛的全部细节。考虑到现代足球所涉及的细节，教练记录的内容可能是决定成败的关键。

　　现代教练要善于分析，要明白足球比赛中的小细节加起来会产生很大的影响。瓜迪奥拉被认为是一个工作狂，他把自己锁在办公室里一直观看对手的视频，直到他发现能帮助他的球队获胜的有用信息。

既是导师，也是学生

　　教练作为导师向青少年球员传授足球技战术（我们将在第三章详细讨论），但现代教练也是一名学习者，或者通常被称为**"比赛的学生"**。他渴望学习更多的知识，以最大程度地提高球员的能力。这种学习可能是参加教练培训课程，可能是在互联网上找一份关于如何教 9 岁孩子控球的详细资料，也可能是买张运动心理学的 DVD 来看。

　　足球运动发展如此之快，以至于教练员唯有不断学习才能紧跟发展的步伐，这就是英格兰足球总会学习主管杰米·侯臣（Jamie Houchen）所说的"自我责任"。现代教练认识到，他不是也不可能是所有知识的源泉。他会在某些领域成为专家，在另一些领域拥有一定的优势，但也会认识到他的知识库中存在需要填补的空白。经常到各个国家讲学的英国教练罗伊·霍奇森（Roy Hodgson）概括了这一理念："你所做的每一次训练都可以成为一条学习曲线，因为你在向球员学习，在错误中学习，在从球场上看到的东西中学习。"球员有时候会做出一些你从未想过的事情，所以我认为每次训练其实都是一个学习的过程。

　　许多足球教练的一个失败之处在于他们喜欢单打独斗。他们围绕着自己的工作和团队织成了一个茧，而且非常具有领土意识。教练寻求他人的帮助是极其重要的，有一个导师来帮助指导和提出建议则是非常宝贵的，这不应该让你感到尴尬或是在质疑你的权威，这将会把你的训练提升到一个更高的水平。我有幸在迪克·贝特（Dick Bate）的指导下观察和训练，他给我留下了非常深刻的印象。他的演讲能吸引一屋子的人，他在练习场上也能让球员们震惊。迪克已经 60 多岁了，他依然不断地学习并坚持从别人那里得到反馈，一直与比赛保持着密切的联系。他甚至会付钱让别人观察他的工作，并对他的表现提出反馈意见。同样，在一次对前曼联主帅弗格森爵士的采访中，谈到博比·罗布森（Bobby Robson）爵士时，弗格森爵士坦率地承认："我从来没有因为太高大或太骄傲而不去征求他的意见，而他也会毫无保留地无条件地给出建议。"

如果像迪克·贝特和亚历克斯·弗格森爵士这样有才干的人都能做到不耻下问并随时听取反馈，那么所有的足球教练都可以。

是积极的

可以说，把以上所有因素结合在一起的关键是积极性。我们都曾在更衣室里被公开地说成是消极的。⑥ 我们都经历过这样的情境：剖析问题和错误，而不是寻求解决方案。我们总是听到消极的反馈而不是积极的反馈，这种氛围会消耗能量。人们不管多么善良，和一个总是消极的人一起生活或工作是很累的，教练也是如此。**不要让消极的人靠近你的球员！**

现代青少年发展教练要强调积极的一面，这并不意味着问题被忽视，或者教练为球员找借口。这意味着教练能够后退一步，分析正在发生的事情，并推动球队或球员前进，即使事情看起来特别黯淡，但知道光明就在隧道的尽头。

积极地对待球员可以让你从球员那里获得满满的正能量。前欧洲杯冠军球队的布莱恩·克劳夫和助理教练马丁·奥尼尔（Martin ONeil）评价其主教练约翰·罗伯特森（John Robertson）道："当布莱恩·克劳夫来到诺丁汉森林时，每个人思考问题都还很消极——我不会铲球、我不擅长头球、我速度太慢等，但克劳夫似乎并不担心，他教队员们把注意

---

⑥ 十几岁时，我曾参加了一场成人业余足球比赛，比赛场地碰巧在一家精神病医院附近。在中场休息的时候，我被告知我的表现就像医院里的病人一样。

力集中在自己擅长的事情上。"

结论

我们总是给球员提出建议，帮助他们达到最佳表现。"如果你做了 x、y 和 z，你会成为一名更优秀的球员。"然而，教练也必须最大程度地发挥自己的潜力，对此，上文及全书都有详细的介绍。这就是伟大的教练所做的——他们用自己的能力去激励他们的学生走向伟大。在第三章中，我们将深入探讨教练作为教师、球员和学生的角色。

摘要

现代教练具有以下特点：
- 具有传统教练的一些特点，但在必要时会完善和革新。
- 对新想法持开放心态，但能识别出是否适合自己。
- 情绪可控，不像球迷那样行事。
- 以球员为中心，而不是以教练为中心，可以帮助球员发展自主决策能力。
- 使用从专制到民主的一系列训练风格。
- 相信自己和自己的想法，并能够向球员推广愿景，而不是期望他们盲从。
- 以分析的方式努力且聪明地工作，关注球员需求的细节。
- 认识到要成为一名有效的教练，他必须是一名"比赛的学生"。
- 承认自己知识的不足，并在适当的时候寻求帮助。
- 以积极的态度对待球员，最大限程地提高球员和自己的工作效率。

真实执教经历

是教练，不是球迷！

　　我尽可能地避免在这部分使用那些高调的教练作为例子。然而，史蒂夫·朗德的故事是个例外［史蒂夫·朗德（Steve Round），曾担任米德尔斯堡、埃弗顿和曼联的助理教练］。2007年，史蒂夫·朗德把这个故事讲给房间里的所有教练听，我当时也在场。这个故事的影响很大，它促使我重新评估自己在球员面前的执教行为。

　　史蒂夫·朗德是一名年轻的青少年足球教练，在德比郡足球学院的一支球队工作。他对这份工作的热情是毋庸置疑的，他表现出了我们在这一章中讨论过的许多特点。比赛开始前，史蒂夫·朗德请一位同事为比赛录像，这样他就可以用录像来分析比赛。球员们继续比赛，教练继续指导和管理比赛，比赛从头到尾都被记录了下来。

　　然而，当史蒂夫·朗德坐下来观看视频时，他吓坏了。摄像机没有记录足球比赛的起起伏伏，而是仅仅固定在边线上并对准教练。它充分捕捉了史蒂夫·朗德在整个比赛过程中的行为。他接着描述了他的行为是多么糟糕——对球员和官员大喊大叫，在边线上打手势和跳跃，他的表现像是看台上的古怪球迷。他肆无忌惮的表现完全不像受过教育、知识渊博、勤奋、专业的教练。想到其他教练、同事、球员和对手都目睹了他的行为，他感到非常尴尬，并认真反思了自己的执教方法。他的故事也让我和在座的大多数教练感到尴尬。所以，用史蒂夫·朗德的尴尬来鞭策自己做得更好吧。

3

足球训练中的教与学

你喜欢训练小狗……但是我更喜欢培养球员。

——罗杰斯
（Brendan Rodgers）

　　我一直觉得有两种职业是参与者都认为自己可以比专家做得更好——教师和足球教练。我同时接受过这两个方面的培训，很多次令我惊讶的是，一个没有任何这方面经验的人会就如何正确地做好这两种工作提出令人信服和大胆的见解。我想这是因为他们多年来一直在另一边——坐在教室里或在足球场上跑来跑去。

　　然而，足球教练要同时做好这两份工作，需要认真学习、努力工作、获得资格认证、积累经验与理解。作为教师和足球教练，我走得越远，就越发现这两个学科的联系紧密。我意识到，许多（不是全部）课堂学习环境的原则，可以而且应该在足球场实施。毕竟，无数的足球俱乐部和国家足球协会文件使用了在主流教育中常见的词汇——**发展、学习、理解、足球学校、学院和卓越学校等**。事实上，"academy"这个词被认为是一个"学习或训练"的地方。

　　成为一名足球教师，也许让一些人听起来有些滑稽，甚至是不受待见。然而，足球教练相对于主学科教师的巨大优势在于他们更容易掌握孩子们的学习动机。全世界数以百万计的青少年球员的学习动力超过了那些在上午 10 点左右吃力地学习数学、科学或历史的学生的动力。毫无疑问，教练是一名教师，一名足球教师，他的球员可能是现存的最专注、最受激励的学生。

创造一个积极的学习氛围

　　在第 2 章的最后，我们谈到积极的训练方法是现代青少年教练成功的必要条件，这是一个很好的起点。考虑到前一章中所讨论的许多其他特性，并将它们融入我们的训练，我们为球员创造的学习环境自然**就会具有积极意义**。

在成熟的青少年发展计划中，营造积极的学习环境再次成为一个共同的主题。例如，德比郡足球学院的"使命"是识别、发展和培养有天赋的青少年球员，使他们在积极和专业的学习环境中发挥出最大潜力。曼联足球青训学院则提出在积极的**学习环境**采用以球员为中心的训练方法（见下图）。

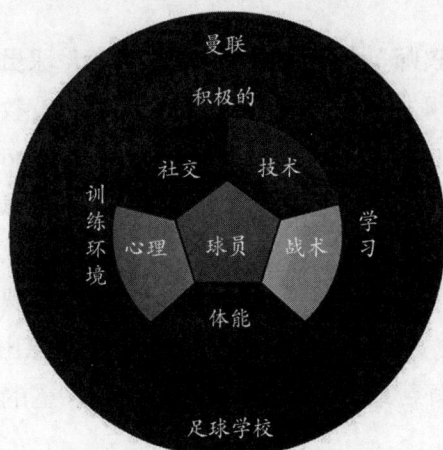

在《洞察》（*Insight*）杂志的一篇文章中，迪克·贝特（Dick Bate）详细介绍了几个可能有助于创建这种环境的因素，我对此进行了补充：

· 如何设计训练课（真实、有挑战、所有球员参与、有球！ [①] ）；

· 如何给球员分组（考虑差异化、避免派系，等等）；

· 如何认可球员（给予赞美和热情）；

· 如何评估球员的表现（不以比赛输赢论英雄，以发展的眼光看问题）；

[①] 在所有的训练和练习中应该都有球，这是没有商量余地的，即使是在准备活动和基础的体能训练中也是如此。很少有非球类的练习不能有球。在每周的训练中，我见证了无数次的训练，教练将一半的训练时间花在陪青少年球员在球场上跑圈，做不必要的穿梭跑。球员们讨厌这个，而且这对他们的发展没有什么价值。

·如何赞扬球员的成就 ② （一分耕耘一分收获）；

·如何应对失败（关注积极的方面，失败是成功之母）；

·建立现实的期望（贝斯威克在第 2 章中对此进行了详细阐述）；

·如何教育和鼓励球员［"孩子不会从他们不喜欢的人那里学习"——丽塔·皮尔森（Rita Pierson），教育论坛］。

教练是一名教师

教练要接受"教师"的标签，关键是要教会球员参加比赛。毕竟，在球员生命中学习和发展能力最强的一段时期，是教练在影响和塑造他们。英格兰 U17 的主教练约翰·皮科克（John Peacock）公开谈论了他为英格兰最好的球员备战时作为教师的角色，这是我们在这里讨论的许多细节中的一个极好的例子。皮科克解释说："进入教室后，我会有策略地利用黑板，向他们展示他们在上次课表现出的积极方面和需要改进的地方——我们在视觉方面做到了。然后我让他们想出一些改进的对策，这对他们的学习很有帮助。所以我们的培训是双重的：实践和理论并驾齐驱。"

尽管基于课堂的学习对于球员来说很重要，但大多数教练的"教室"是世界各地的草地和人造地面。对于那些经营足球学校、教育球员、帮助球员学习和发展的教练来说，有一个主学科教育中使用的可转移的知识目录可以借鉴使用。

下面，我将介绍我认为可以应用于足球环境的两个最基本的教育理论。这两种理论都得到了广泛的研究，关于这两种理论的文献大量存在，

---

② 研究发现，表扬球员的努力可以提高工作效率。教练应将球员的进步与球员的努力训练联系起来。那些仅仅因为他们的天赋而受到表扬的人可能会失去训练的动力，因为他们的天赋被认为来得容易，是自然能力的结果，而不是训练。马修·怀特豪斯（Matthew Whitehouse）在一篇题为《克里斯蒂亚诺·罗纳尔多的心态》（*A Lesson About Mindset from Cristiano Ronaldo*）的博客中，以足球为背景介绍了这一理论。

但主要是针对主流教育而不是体育。我的目标是从它们那里得到最好的信息，并应用到足球教学中，帮助球员们学习足球。

马斯洛需求层次理论

让我画一幅画……

晚上，你躺在床上，你的伴侣说着他们白天发生的一切。你在专心地听，直到你听到楼下一个无伤大雅的噪音。你不太确定它是什么，也不确定它是否只在某个夜里突然出现。作为人类，我们生来就有感知危险和威胁的能力。当我们觉察到对自己的威胁时，我们所能关注的就只有这些。我们忽略了周围的一切，它们都与我们的需求无关，这只是为了保证我们的安全。在这种情况下，你会更仔细地倾听那个噪音，寻找它的来源，或者寻求帮助，或者逃避。与此同时，你与伴侣的谈话，那个你原本全神贯注地听着的谈话，却被淹没了，甚至变成了背景噪音。你只是在受到威胁的情况下不能继续听下去了。

这是马斯洛研究的前提——正如下图所描述的，如果你自身的安全需求尚且得不到满足，更别说有效地学习了。

这看起来是一个过于夸张的开始，但是它至关重要。如果你的球员感到恐惧，你要考虑球员是否受到了你教学的影响。这种恐惧可能是来自教练冷漠或凶恶的表情，可能是来自家长的压力，也可能是与队友或对手的紧张关系阻碍了你的球员进行有效的学习。此外，你还要考虑到球员在足球训练之外的生活（学校、社交生活、社交网络、其他运动和家庭等），他们可能会背上心理包袱，这导致他们在参加你的训练课程时感到害怕。如果他们害怕，他们就不会学习。

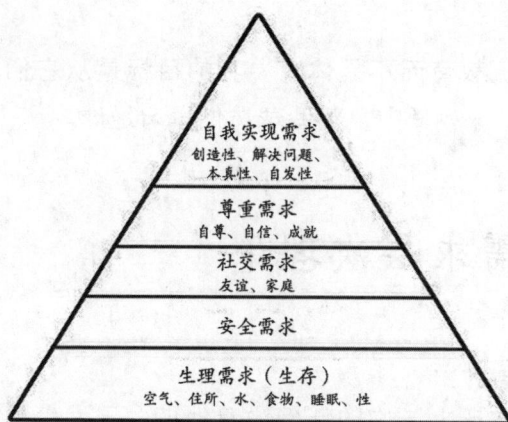

马斯洛需求层次理论

　　教练的目的是确保金字塔的底部得到满足，然后再期望球员充分发挥他们的潜力达到顶峰。教练可以做到的是，确保创造的环境没有恐惧和恐吓，确保足球场是一个积极和有吸引力的地方，确保这里有充满热情和善意的人。例如，我们可以根据球员的生理需求进行训练，确保他们有充足的饮水，[③] 并有规律地进行休息。当球员疲劳时，教练不应该安排复杂的学习。这尤其是在赛后给球员进行长时间的总结、分析和反馈是教练经常犯的一个错误。最好的做法是，教练在向球员讲解具体或冗长的细节之前，给他们一些恢复时间。

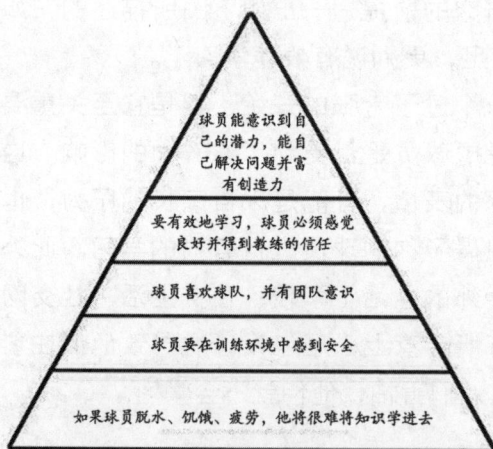

马斯洛需求层次理论用于足球训练

[③] 有一位教练曾在中场休息时拒绝给他的球员喝水，因为他认为他们的表现太糟糕了，根本不配喝水。

布鲁姆对学习领域的分类

布鲁姆分类法的中心论点是，要以一种自然渐进的方式构建学习。例如，数学老师必须在教授更复杂的方程之前教授基本的算术，逐步提高这门学科的学习水平。

我曾经看过一个橄榄球教练和七八岁的球员们一起训练。他让 4 名球员排成一列，并试图教他们一种进攻模式，即 4 名球员围绕 1 名最常触球的中锋互相穿插。4 名球员和教练一遍又一遍地练习这个动作。在 10 秒钟的比赛模式中，他们一定有过 20 次不同的尝试，但都没有成功，通常只有两三次传球。这其中的核心原因是，这些青少年球员还不具备简单的投掷和接球能力。即使是稍微复杂一点的战术套路，也会因为这样一个事实而失败：用我们的数学课类比，球员实际上是被要求在他们学会数数之前就尝试复杂的数学方程。

足球训练的核心任务是确保球员以正确的方式接受挑战，而不是面对超出他们理解力和能力的任务。举例来说，作为教练，我们不能期望青少年球员在技术上、战术上或体能上有超出他们能力范围的表现。我自己也犯过这样的错误。听说曼联比赛中的"6 脚传球"战术 ④ 后，我决定和我的足球联盟青年队一起执行。我的意图是正确的，我提供的信息是正确的，但它失败了，因为这个战术水平超出了球员当时的能力。我是试图在他们还未成年的时候就教他们像曼联球员一样踢球！

就像在学校学习一样，足球运动员的学习过程是随着时间的推移而发生的。最好的结果是一个课程安排到位时是分阶段的，并有年龄的考虑。数学老师不会给八岁的孩子布置微积分问题，他要确保学生能够先做一些基本的学习——数数、加法和除法等。这需要耐心。但通常情况下教练会忽略这一过程，他们的目标是取得立竿见影的效果，并复制他们在

---

④ 在一次准备与曼城的德比战时，曼联队的弗格森爵士和他的教练团队要求球员无论在哪个半场，累计 12 次传球中至少有 6 次是连续不中断的传球。他们的目的是要从对手激烈的压迫中摆脱出来，一旦球队能够保持 6 次连续传球，他们就能控制比赛的节奏。

成人比赛中所看到的场景。

　　教练在确保实践和期望不会远远超出球员能力的同时，也要确保他们仍然面对适当的挑战。他们在发展中需要某种形式的成功，但也需要某种特定的压力，[⑤] 这种压力使他们处于舒适区的边缘。

　　举个例子，在射门练习中，我们经常会在训练中创造进攻人数的优势以支持前锋（如 2 名前锋对 1 名后卫）。教练这样做是为了让前锋获得成功，这是一个合理的起点。但是，前锋一旦取得成功，就要对他们施加压力。在真正的比赛中，防守的人数通常是多于前锋的。为了发展，青少年前锋需要学习，并且参与实践，以应对这种压力和以少打多的局面。球员们需要接受挑战，在挑战中超越目前的水平，但不要太过分。维果茨基（Vygotsky）（1896—1934）将其定义为**近侧发展区（ZPD）**。

　　球员在发展的过程中难免会犯错，教练要做的就是引导球员改正错误。教练要鼓励球员接受错误，因为否认这些错误将不利于他们的学习。

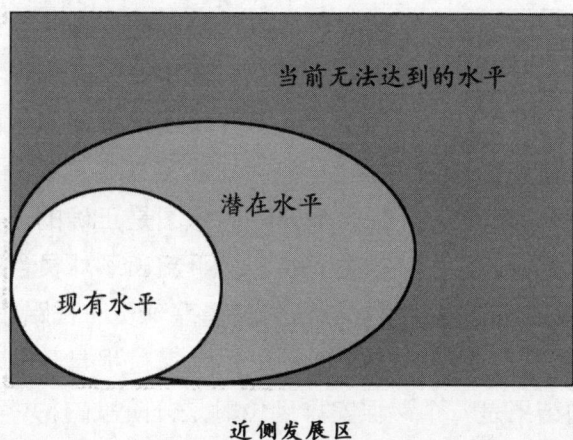

近侧发展区

---

⑤ 我们所说的"压力"是指发展压力。与心理或生理上的压力不同的是，发展压力吸引你、挑战你。

让比赛成为一名老师

大多数教练都熟悉 "让比赛成为老师" 这句话，它被多次引用在教练培训的语境中。这个术语表明，训练和练习的时间应该更少，要留更多的时间给球员进行不间断的比赛——一个真正的教学工具。不幸的是，这句话的基础信息在许多方面被误解了。**让青少年球员进行不间断的比赛不足以让他们从整体上了解比赛**。这句话应该是 "让比赛成为一名老师"，即不间断的比赛只是教练在训练中使用的方法之一。

采用这种适应性训练的方法，并不是让教练从他的核心职责中脱离出来。教练的核心职责依然是教球员比赛，"让比赛成为一名老师"也不能成为教练懒惰的借口，从而忽略了传授帮助球员提高的知识。

英格兰国家发展教练约翰·奥尔普雷斯（John Allpress）用 "轻足迹法"（light footprint approach）来指导球员的发展。换句话说，"让比赛成为一名老师"是让球员在不需要教练过多输入和指导的情况下学习。通过使用这种技术，现代教练仍将使用他的观察和分析技能来判断球员哪里需要改进以及需要什么帮助。他可以观察球员的心态，甚至利用这种不太正式的由球员主导的环境来发展与球员的融洽关系。教练可以利用这个比赛环节，以一种不同的方式教会球员一些相关的知识。

所有的教练都在哀叹青少年球员生活在一个不断变化的世界。毕竟，我们年轻的时候，足球就是我们所拥有的全部，是我们真正关心和在乎的。我们在上学前踢球，在课间休息时踢球，放学后在街上踢球。我们不需要裁判或教练，自主分成两支球队，使用我们能找到的任何区域，放上外套当球门，比赛可以是 1V1，也可以是 16V17。如果团队没有办法提供一个匹配的对位，我们会自己改变。如果有更多的球员来，我们就把他们分到两队中去。我经常在有限的空间里和那些更高大、更强壮、更年长的男孩们比赛，这让我进入我的近侧发展区。我们没有队服，只有一个球。在假日里，我们从日出踢到日落，很少有人因为轻伤而离开，也没有人在场边而不上场。

这种街头足球使我们得到了大量不间断的比赛锻炼。我们可以做很多的尝试，可以学习，也会整天犯错误，这是我们比赛最好的**基础**⑥。

由于文化的变化，街头足球在经济发达的国家很难见到。青少年球员还有其他的兴趣爱好，比如互联网、游戏机和手机，街头足球被认为是不安全的。

作为教练，我们必须明白，哀叹街头足球的消亡不会让街头足球复活。球员将球和墙作为他们唯一的兴趣和娱乐的日子已经一去不复返了。那么现在，教练需要找到一种方法来填补这种美好的、非正式学习环境的消失所留下的关系球员发展的空间。

幸运的是，教练可以通过给球员创造不受干扰的比赛机会来重建这种学习环境。我们可以把它融入到我们的教练计划，并把它作为一种训练球员的方法。我知道有一所英冠足球青训学院，他们每周都有一个"足球之夜"，球员们都会按时到达，教练给他们一些球，孩子们就开始踢。他们会制订自己的规则、分队和划分场地，让比赛成为老师。

领会式教学模式［Teaching Games for Understanding（TGfU）］

我们什么时候有比赛啊？我们今晚能踢场比赛吗？我们一场比赛要踢多长时间？

作为教练，我们需要不断地处理这些问题。有时，我们甚至会觉得自己受到了侮辱，因为我们从巴塞罗那或尤文图斯学院得到的那些极好的练习内容并没有得到应有的尊重，而**比赛时间才是球员所关心的**。球员们渴望比赛，不管他们在哪所著名的学院接受了训练，或者观看了某位专业教练的训练，比赛给予他们的内在动力比教练做任何工作都有效果。我们通常会以这样的回答来结束这个问题："我们首先要热身，做一些传球练习，**然后看看还有多少时间来比赛**。如果你的第一步做得不对，

---

⑥ 请注意"基础"（Grounding）这个词在句子中的引申意思。这种初始的、不间断的比赛是有用的，但球员还是要有教练的建议和指导。

就不会有比赛。"

教练通过提供这个答案，就将球员的动机从内在转变为外在。[7] 球员会认为你所计划的精彩练习是他们"必须"做的一件事——在他们实现踢比赛的愿望之前必须完成的一件琐事。它甚至可能会使教练和球员陷入一种冷战，球员们不配合教练的训练计划，教练也不愿意给他们比赛的时间。

想象一下，如果你是数学老师，全班同学都来上课了，他们不顾一切地跳过一些练习题，直接做考试卷。你会怎么做？坚持让他们花很长的时间来解决之前的练习题，还是接受他们对学习的渴望。

优秀的老师会捕捉学生的热情和内在动力并加以利用。我建议这类老师让学生在考试问题上放松，而是从过往犯过的错误和遇到的障碍上做文章。他可以赞扬学生任何良好的实践，或对学生的巨大进步和努力进行肯定。教练只有用与考试水平相当的问题来考察学生，才能真正了解那些学生的实际能力。

体育运动中针对此类问题的方法是**领会式教学模式**，这种方法是由罗德·索普（Rod Thorpe）与大卫·邦克（David Bunker）提出来的。该方法的基本前提是用类似比赛的方法训练，再回头去处理比赛中出现的问题。球员们的动机是内在的，但是教练提供了一个合理的学习工具来帮助球员学习足球。

然而，与"仅仅是场比赛"的前提不同，教练在这些比赛中提出了解决问题的方法。可能是一个战术问题，要求队员做出产生特定结果的决策；也可能是一场比赛，有一定的条件或规则，球员必须遵守，这样一个特定的主题就可以成为训练的焦点。这是一种**强大的隐性学习**[8]。下面的例子来自穆里尼奥"39个首选练习"：设置一个包含6个球门而不是2个球门的场地，场地宽且短，以及一个边后卫没有对手干扰的区域。

---

[7] 我们将在第四章研究内在动机和外在动机。
[8] 隐性学习指的是队员在没有意识到的情况下接受信息的输入（当队员有意识地学习比赛时，不需要解释）。

这个练习的目的是鼓励球员换位，特别是边后卫。

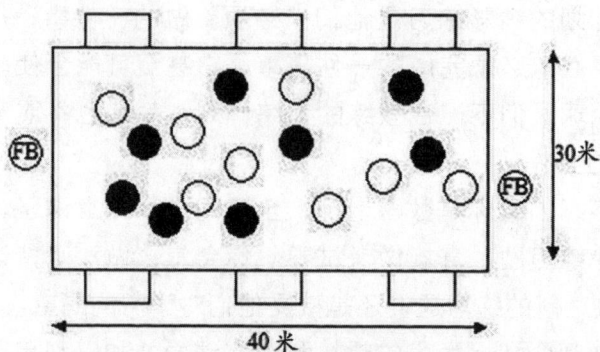

与真实比赛相关的鼓励转换进攻练习
（摘自穆里尼奥的"39个首选练习"）
注：FB＝边后卫

　　技术是需要不断训练的，但是要在接近真实比赛的情况下训练。比赛需要把技术和相关的战术整合在一起，要非常小心那些与比赛无关的纯技术练习，它们与"真正的"足球几乎没有任何关联。球员通常无法在比赛中复制使用这些技术，除非他们是在现实中不断受到挑战。只有当挑战超出球员当前的能力范围，但并非完全无法企及时，球员才会在现有的能力基础上有所提高。

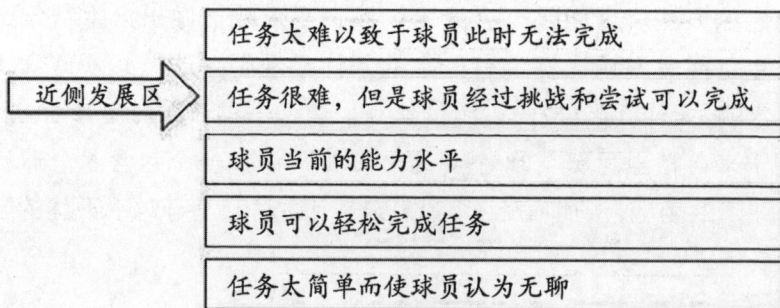

　　记住，领会式教学模式只是一种工作方法。同样，这只是众多教练教学手段中的一种。没有必要把技术和技能练习扔出窗外，这些类型的训练仍然非常重要，并且有一些方法可以迫使队员感受到压力并远离舒适区。实际上，使用"**整体—部分—整体**"这种类型的练习方法，可以让你从类似真实比赛的场景中选择一个主题，专注于它，然后再让球员回到真实的比赛中。这种类型的练习方法向球员展示了他们被要求执行的技术练习是如何与"真实"比赛中所面临的问题关联的。

TGFU 在许多方面挑战了一些传统的足球训练方法，在这里我们将其称为"练习阶梯"，它是一种逐渐过渡的线性方式，从没有防守队员的技术重复开始，到有防守队员的对抗练习，最后考察球员在接近真实比赛环境中的使用情况。这两种方法都很有价值，我绝不主张让教练放弃传统的训练方式，特别是在球员学习新技能的早期。使用"整体—部分—整体"的方法，允许球员把更多的时间花在真实的与比赛相关的场景里。更多的比赛时间会增加球员的动力，并使学习者的局部与整体的思维更加紧密地结合在一起。训练不再是球员们的"苦差事"，也不再是他们在比赛前必须要做的"苦差事"。

传统的"练习阶梯"模式	"整体—部分—整体"模式
练习 1　热身	练习 1　热身
练习 2　无对抗的技术练习	练习 2　整体：模拟的比赛练习
练习 3　有对抗的技能练习	练习 3　部分：技术／技能练习
练习 4　模拟的比赛练习	练习 4　整体：模拟的比赛练习

球员也是学生

根据足球教练也是教师的理论，球员也是学生。教练了解球员在足球学习中的角色是非常重要的。所有的球员都是不同的，有不同的技能，不同的学习方式。足球教练员要真正发挥教师的作用，探索他们是如何学习的，帮助青少年球员挖掘自己的潜能。

学习方式

一般来说，我们都有一个吸收和理解信息的最佳方式。我们大多数人都有自己最喜欢的学习方式。

在 20 世纪 80 年代，尼尔·弗莱明（Neil Fleming）的 VARK 学习方式理论得到普及。弗莱明指出，人们的学习方式各不相同，教师应根据不同的学习方式来调整教学方法。

（1）视觉型学习者（Visual Learners）：通过使用图片、表格等取得最佳学习效果的人。

（2）听觉型学习者（Aural Learners）：通过听别人演讲、解说等取得最佳学习效果的人。

（3）阅读和写作学习者（Reading and Writing Learners）：通过读写文字信息，取得最佳学习效果的人。[9]

（4）动觉型学习者（Kinaesthetic Learners）：通过身体动作，取得最佳学习效果的人。

与任何革命性的理论一样，VARK 学习方式理论也受到了批判和分析，以确保它的有效性。这个特殊的理论可能带有一个警告信号。许多专家，如皇家学院院长和牛津大学教授巴洛妮斯·格林菲尔德（Baroness Greenfield）、丹尼尔·威林厄姆（Daniel Willingham）教授都不同意这个理论。**不同的人可能有不同的最佳学习方式，但这并不意味着他们就不需要以其他方式提供的信息。**例如，如果一名球员的最佳学习方式是视觉学习，教练仅仅通过图形来教他足球显然是不够的，球员依然需要教练做一个听觉上的解释，需要在运动中练习。诀窍在于，**要不断地用各种不同的方式提供你要传达的信息。**

大多数教练会告诉球员他们需要什么，球员们也知道应该有足够的

---

[9] 有趣的是（正如欧洲俱乐部协会所描述的那样），在比利时的青训学院，年龄大点的球员经常被要求在他们的训练课上做笔记，并被要求在第二天展示这些练习和关键信息。这是他们"以大脑为中心的学习"理念的一部分。

时间来进行身体练习。然而，最重要的是在训练中增加更多的视觉学习方式和更多的阅读和写作学习方式。我所见过的优秀教练都是用白板或战术板来做的：

· 在白板上写下训练的主题和关键点，以帮助阅读型的学习者；

· 绘制练习示意图，并增加听觉上的解释；

· 在训练间歇或比赛休息时回顾示意图，重新强调关键点，或者增加练习的难度；

· 通过在战术板上移动标记来解释战术要点。

前德国国际球星、曾任美国足球队主教练的尤尔根·克林斯曼（Jurgen Klinsmann）就没有忽视视觉学习材料对现代青少年球员的重要性。他指出，"青少年一代有一种不同的好奇心，而这种好奇心更加直观……我们作为教练必须学会处理这个问题。我怎样做才能使每个人都达到最好？用谈话，还是用视频分析？我们也需要教练，比如运动心理学方面的专家。

大卫·贝克汉姆有多聪明

一个"聪明"的人通常是通过他们的学业成绩来衡量的。被认为聪明的人会有某种硕士学位，或是数学天才，或是物理学家。拥有聪明的"大脑"就是能够在智商测试中取得高分，记住大量信息或拥有大量词汇。

让我们来驳斥这种普遍观点。

1983 年，霍华德·加德纳（Howard Gardner）提出了**多元智能理论**。加德纳的中心论点是，"每个人都是聪明的，只是方式不同"。他概述了八种智能（后来又增加了第九种，存在主义智能或"宗教智能"，但引发了很多争论）。

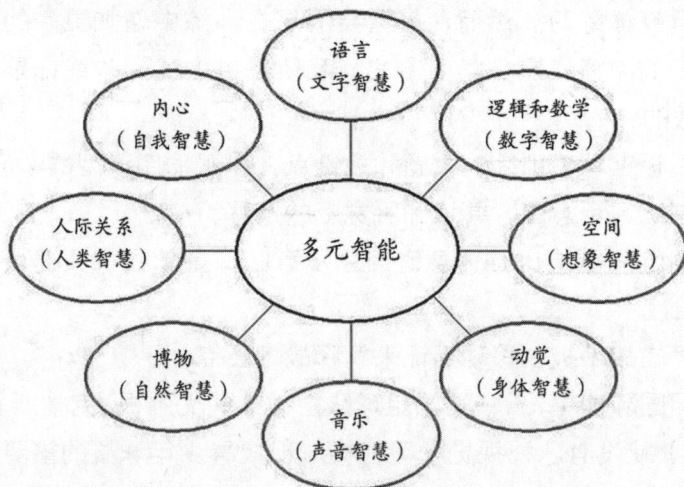

霍华德·加德纳的多元智能理论

足球运动员通常不被现代社会认为是"聪明的"。他们是出了名的没受过良好教育、头脑简单、四肢发达的群体，这是一个有点跑题的笑话。然而，让我们退后一步，看看足球运动员在比赛中的表现。

大卫·贝克汉姆以其精准的远距离传球能力闻名于世，但也经常被人拿智商开玩笑。YouTube 上有一段很棒的剪辑，内容是贝克汉姆在皇马时为巴西前锋罗纳尔多送出的助攻。[⑩] 你可以花一分钟的时间来搜索并观看这个视频！

作为一项技术，贝克汉姆的助攻是出类拔萃的。我们来设想一下贝克汉姆在前两次触球后的推断：

· 我的队友越位了吗？
· 如果附近有对方球员，最近的防守队员会有多快赶来对球施压？
· 左边的中卫有多高，传多高的球才能确保球越过他的头顶？他原

---

⑩ 在 YouTube 搜索：David Beckham Crazy Pass（Cross）。译者注：在优酷上也可以观看该视频，网址为 https：//v.youku.com/v_show/id_XMzE3NjY0ODY4.html？ refer=seo_operation.liuxiao.liux_00003303_3000_Qzu6ve_19042900。

地起跳能跳多高？

· 我踢出的球的速度应该多快，才能越过这名中后卫的防守，然后确保它在下落时能让罗纳尔多得到球并破门得分？

· 我踢出的球的弧度应该多大，才能避开所有的防守球员并将球传到罗纳尔多抢点的线路上？

· 这脚传球需要多大的速度才能确保出其不意？

· 我能不能把这个球传到罗纳尔多安全的一侧并远离第二名中卫？

· 罗纳尔多的身体状况如何？他能抵挡住第二名中卫吗？

· 罗纳尔多在技术上有能力完成这次进攻吗？（也许是他最简单的盘算！）他准备好接我这脚传球了吗？

· 守门员起始位置在哪里？我能确保传出的球不在他的控制范围内吗？我能引诱他来接这个横传吗？

· 风速会影响球的飞行速度吗？如果会，它的影响有多大？

· 现在场上形势如何？我需要冒这个险吗？

· 我的其他选项是什么？我的队友对我有什么要求？

· 如果这脚传球没有成功，接下来会发生什么？

· 我的支撑脚应该放在哪里？我左臂的动作应该是什么？我的头和臀部的位置呢？

足球运动员的智力超越了我们通常所说的"聪明"。贝克汉姆的例子显示了一名球员的大脑有多么强大。一脚传球所涉及的推断是非常值得考虑的。我并不是说贝克汉姆要像一位科学家那样去描述速度、体重、风速、后卫的高度、自己的手臂位置等这些细节。这种智慧来自贝克汉姆的实践、重复练习、肌肉记忆，来自承担风险的能力、空间智力、个人智力和运动智力，甚至来自于贝克汉姆的数学和人际交往的智能。

最令人吃惊的是，所有这些都是贝克汉姆在不到一秒的时间内推断出来的。作为一名教练，你有必要考虑一下摆在面前的"多元智能"模式。

差异化

我们已经在本章中提到了每名球员都有不同之处。每个人用不同的方式学习，拥有不同类型的智力，并具有不同的个性和特点，这就决定了每个人有不同的学习和发展方式。德国人在经过灾难性的 2000 年欧洲杯比赛之后，计划重建青少年发展体系，德国青少年发展的中心论点变成"每名球员都需要个体关怀"（**10 年培养计划**）。

关注每名球员，陈述和承认起来很容易，但是管理差异化可以说是教练必须面对的最大挑战。

与任何一组课堂学习者一样，每一组球员也可以大致分为 3 类。[⑪]

（1）正在努力前进的人，即引领者；

（2）应对挑战的人，即奋斗者（最大的群体）；

（3）那些正在努力追赶的人，即追赶者。

教练需要确保训练适合这些"引领者""奋斗者"和"追赶者"。此外，差异化训练的背后还有很多误解。

这种趋势可能会根据"引领者"（通常是人们最喜欢的群体）的能力来定位课程的水平标准。我想这是很自然的事情。但教练的挑战是要更有创造力，确保所定位的课程能满足所有球员的发展需求，并允许每一组和每个人进入他们的近侧发展区。

差异化训练通常会被误解为一种将更多的注意力集中在弱势球员身上的方法，即努力将追赶者提升到更有能力的球员的标准。虽然这种想法很高尚，但有些人会引用"你最薄弱的环节有多强大，你就有多强大"这句话，如果遵循这个逻辑，你实际上是在积极地歧视那些同样需要你帮助才能进一步发展的"奋斗者"。随着时间的推移，我发现自己犯了过分关注弱势群体的错误：我在这类群体中投入的精力比对其他两类球员投入的精力更多，从而忽视了自己的职责，也就是让所有人都变得更好。

---

⑪ 有一种情况是，每一组的每个人都在以个人的速度进步。

只有当我退后一步时，我才意识到，我在追赶者身上投入的时间和精力可能要比那些我相信将来可以进入英格兰国家队的队员要多十倍。

另一方面，教练如果只关注奋斗者，就可能疏远团队中的大多数人，并可能让你作为青少年发展教练的道德责任受到质疑。

如何做好差异化训练

我想剩下的问题就是怎么做了。如何在群体环境中准确区分队员？在《青少年足球：从科学到表现》（*Youth Soccer：From Science to Performance*）一书中，斯特拉顿（Stratton）、雷利（Reilly）、威廉姆斯（Williams）和理查森（Richardson）概述了在体育运动中进行差异化训练的两种方式：

训练活动可以通过"任务"或"结果"加以区分。按"任务"区分要求教练为不同的人设定合适的任务。在最简单的形式中，教练可以要求一些球员用他们的惯用脚射门，而更有能力的队员则使用非惯用脚射门。按"结果"区分是指教练在训练中为小组设置相同的任务，但是在训练期间根据个人表现来进行任务调整。能力越强的，设置的任务越难；相反，能力弱的，设置的任务就容易些。

然而，请记住，教练如果通过施加限制和改变正常的比赛规则来搞差异化训练，就会影响足球比赛的真实性。如果按教练要求球员"一定要"使用非惯用脚得分，那么球员会拒绝用惯用脚射门得分，这也许是正确的做法，但是又可能脱离比赛实际。因此，教练要确保球员对这种"取舍"感到满意。[12]

同样值得注意的是，每一组球员的动力都是不同的。我认为没有任何两个群体是相同的，即使他们有相同的年龄、水平和经验。针对同一年龄段的球员，我建立了同样的练习计划，他们的水平是相同的，但这

---

[12] 我们将在第 11 章更详细地讨论这种训练课程的"取舍"。

种练习在一个组中效果可能很好，而在另一个组中则完全没有效果。对于教练来说，关键是要了解组成团队的个人的特点、激励他们的因素、主导团队的气质以及什么样的训练能够得到团队的最佳反应。

结论

青少年足球发展就是教育。它是教，也是学，这是我们无法摆脱的。有些教育理论可以从教室转移到足球场，希望教练员们能够利用这些理论和原理来帮助球员达到他们的巅峰状态。

摘要

·世界各地的顶尖青少年足球发展计划都使用教育术语，并设立专门的**足球教育基地**。

·教练建立一个积极的学习环境很重要，能让球员在做决定和犯错误时继续学习并很受用。

·**马斯洛需求层次理论**指出，除非球员的生理和人类生存需求得到满足，否则他们将无法学习。

·**布鲁姆分类法**认为，教练必须在他们的计划中建立循序渐进的学习模式，而不是设置超出球员能力的挑战。

·**近侧发展区**理论表明，如果教练要提高球员的能力，就必须设置稍微超过球员目前能力的挑战。

·"**让比赛成为老师**"已经取代了"街头足球"，教练能否复制这种环境，在球员身上留下"轻微的足迹"。

·使用**领会式教学模式**和"整体—部分—整体"的训练方法可以提高球员的学习能力，同时也能满足他们内在的动机需求。

·球员拥有不同的学习方式（视觉、听觉、读写以及动觉），教练可以使用不同的技巧满足不同学习方式球员的需要。

　·足球智力与传统智力不同，但要注意智力有多种形式。

　·所有群体都是不同的，所有的队员都是不同的。教练应满足所有球员的需要，以确保他们都得到发展。

真实执教经历

如果梅西来到你的俱乐部

如果一个年轻的梅西来到你的足球俱乐部，你会感觉怎么样？我想答案显然是"太好了，我的团队将会赢得更多的比赛！"但是，我们还要想得更深一些。

你会如何影响这位年轻的足球天才的发展？我最近看了一场初中生足球比赛，有一名球员主宰了全场。他进了一个又一个球，突破了一个又一个球员，表现出了丰富的技能，似乎覆盖了球场的每一个角落。他喜欢比赛，就像任何青少年球员一样，他想要赢。

然而，教练认为这是一个问题，并开始在比赛中通过"积极的歧视"进行差异化区分。

他首先要求詹姆斯（这个孩子的名字）不能再得分。詹姆斯不情愿地接受了这一挑战，他开始不断地突破对方球员，帮助队友轻松得分。我作为旁观者觉得詹姆斯很可爱，但詹姆斯只是解决了教练提出的问题，并在规定的范围内活动。然而，教练仍然不满意，他规定詹姆斯在进球之前只能踢两脚球，并把他限制在禁区里。这一切都是因为詹姆斯太容易完成教练所设计的训练了。

教练是在区别对待球员，这样做只是为了满足他自己的需要。你也许会觉得教练在和詹姆斯斗智斗勇：詹姆斯尽管被限制了手脚，但他还是决定展示他的价值；教练想通过限制詹姆斯的能力来使训练更容易管理。你可能会觉得教练宁愿詹姆斯不在场。

如果梅西来到你的俱乐部，你会告诉他不要带球和进球吗？你会限制他只能有两脚触球吗？你会把他赶到一个10平方米的区域里吗？我想知道有多少杰出的青少年球员就是这样变得平凡的。

4

足球心理学

忘掉你所有的训练环节和技术练习，你首先要给球员们点上一把火。

——克雷格·肖特
（Craig Short）

"心理学"是一个令人回味的词。对外行来说，这似乎是无法理解的东西，最好留给学术界和论文撰写者，就像其他的"学科"一样。我们不相信"xx学"，我们误解了学问。我们通常用其他表达使这个学科的术语更加边缘化，如"思维教练""巅峰表现教练"而不是"心理医生"。

——比尔·贝斯威克

人们的这种恐惧和不信任来自对足球心理学这门学科的不了解，因此，有能力的人甚至宣称他们"不相信"足球心理学。从某种意义上说，这就像人们不相信地心引力。实际上，运动心理学和地心引力尽管看不见，但都是存在的。

用一章的篇幅来概括足球心理学几乎是不可能的。我曾为一个名为"心中的运动"（The Sport in Mind）的运动心理学网站撰稿，当滚动索引条时，可以在这家网站找到 100 多个主题。H.A. 多尔夫曼（H.A. Dorfman）写的《心理游戏指导》（Coaching The Mental Game）一书非常精彩，书中有很多关于教练和运动员的话题，但心理学是一个雷区。

因此，在这一章中，我将尽力根据我所遇到的最有用、最可行的主题，为大家提供足球心理学的"一站式"指导，但不是提供关于足球心理学的一切信息。

给不相信足球心理学的人的两个练习

我总是觉得很遗憾，当我在足球中引入心理学时，我得为它去辩护，然后希望人们加入进来。事实上，许多其他的行为科学，如生物力学、营养学等，比心理学更容易被人们接受，而在过去，它们也被认为是不重要的。为了证实足球运动中有心理活动，我在下面列出了两个练习。第一个练习可以在几秒钟内完成，第二个练习需要一位助手……

第一，即使不信足球心理学的人也在使用心理学

我想让你想想你所知道的思想最老派、最狭隘的教练。他总是固步自封，从不接受改变，并且只说不听。如果你提到任何以什么"学"结尾的词，他就会瞪着你。他的团队谈话也许是这样的：

· 今天的努力在哪里？

· 你不要要求太多。

· 你失去了你的原则，这就是我们失败的原因。

· 你们有些人还在犯晕。

· 我们输是因为你不在乎。

· 你没有全力以赴。

· 你失去了对第二个目标的注意力。

· 你们自己让自己难堪。

· 比赛胜负在于谁更想取得胜利。

无论你是否是心理学家，你都会注意到，上面所有陈述都提到了心理学和比赛心理学的方法。这足以证明教练需要接受心理学了吗？或者，你需要用身体证明……

第二，大脑赋予身体的力量

这是一个非同一般的练习，可以向教练甚至球员展示心态和积极思维的力量。我不会声称它是我自己的，我要感谢《感受恐惧，尽管去做》（*Feel the Fear and Do it Anyway*）一书的作者苏珊·杰弗斯（Susan Jeffers）。

选择一名球队成员站在整个团队面前。为了实现更好的效果，可以选择块头最大、最有活力的球员。你让他抬起手臂，使手臂与身体成90°角，然后告诉他你要把他的手臂推回到他身体侧面，而他要举臂抵抗你的力量。在推之前告诉他，他是"软弱无力、一文不值的"，他只是一根在风中飘动的羽毛。让他自己重复几遍，"我是软弱无力、一文不值的"。然后你会毫不费力地将他的手臂推回身体侧面。

练习的第二部分则是反过来。你告诉他他是"强大而有价值的"，告诉他他是一块岩石、一座不可移动的山峰，让他重复"我强大而有价值"这句话4～5次，他必须大声地说出来，发自内心地重复这句话。你试着推他的手臂——你将无法把他的手臂推回去！他将用身体的力量抵制你的推力。

　　这个练习唯一的改变是球员的心态。仅仅来自教练 30 秒的建议和反馈，以及一些积极的自言自语，就会导致球员的身体表现完全改变，这完全取决于他的心态！

自信心

　　原英格兰国家队队员、切尔西中场弗兰克·兰帕德（Frank Lampard）讲述了一件他与教练何塞·穆里尼奥之间的精彩故事：[1]

　　他知道如何进入人们的大脑。他从来的那一刻就进入了我的生活。他有一种傲慢自大的气息，一种自信，而且很快就会感染别人。

　　从来没有一个教练在我淋浴时告诉我说我是世界上最好的球员，他却这么说了。我永远不会忘记。他说得很随意："你是世界上最好的球员，但你需要赢得冠军。"

　　从那一刻起，我就有了更多的信心。并不是说我认为我是世界上最好的球员，而是刚刚赢得联赛冠军的教练这么认为。所以我不断告诉自己是一个与众不同的球员。

　　在接下来的内容里，我们将详细讲述心态如何影响个人表现。正如穆里尼奥这样的教练所理解的，所有这些因素都倾向于归因到一个方面——信心。信心是足球运动员可以使用的主要武器之一，球员缺乏自信会影响其创造力、冒险精神、决策力，并阻碍其个人能力的发展，阻碍其求胜的欲望和动力。

　　《足球大脑》（*Soccer Brain*）与《足球硬汉》（*Soccer Tough*）的作者丹·亚伯拉罕斯（Dan Abrahams）在《足球硬汉》[2]一书中提出"信

---

[1] 引自马丁·塞缪尔（Martin Samuel）的文章《何塞在洗澡时对兰帕德大加赞赏》（*Scrubbed up Nicely for Chelsea after José Showered Him With Praise*）。

[2] 撰写本文时，参考了托尼·莱利（Tony Reilly）的免费电子书《运动员的运动心理学》（*An Athlete's Guide to Sport Psychology*）。

心的敌人"有以下几个因素：

- ·担忧
- ·犹豫
- ·害怕
- ·怀疑
- ·焦虑
- ·紧张

根据亚伯拉罕斯的观点，这些因素击中了心理稳定性和一致性的核心，它们在身体上和精神上都会让球员放慢脚步，从而毁了球员的决策能力和调整能力，阻止球员成为最好的足球运动员。

我不能夸大教练对青少年球员信心的重要性，但是教练帮助球员克服这些"敌人"非常重要。毕竟，教练在反馈方面拥有巨大的权力，他的意见很受球员欢迎和重视，他总能让球员印象深刻。

作为一名教练，你是一个榜样和权力的拥有者，仅仅命令球员"自信"是远远不够的，但这太常见了，"自信"又是一个我看到的被过度使用的词语。你不能像指导球员射门、传球或铲球那样指导球员自信，这需要球员从内心去培养。正如前英超中后卫克雷格·肖特在这一章的开篇所言，球员需要你"点燃他们心中的火焰"。值得庆幸的是，有一些方法可以帮助你点燃信心之火：

方法	详情
赞美	赞扬是培养球员自信最简单的方法。告诉他他做得很好，指出他成功的地方并与他一同庆祝。如果你能正确地表扬，你就能营造一个更容易接受批评的环境。2012 年，弗格森爵士在哈佛商学院的一次演讲中，将"干得好"（well done）形容为"体育史上最棒的词语"。
"锚定"/使用"触发器"	让球员参考他们过去的成功表现，如"我们上次和这支球队比赛时，你在上半场做出了 4 次伟大的扑救"。这就在他们的头脑中"锚定"了积极的心态，使他们有信心达到他们的最佳表现。

方法	详情
成功	自信来自成功。设计一些球员能够获得成功的练习，这种成功孕育了更多的成功和"我能做到"的信念。记住，成功也需要具有挑战性。我们在球员的近侧发展区理论[3]中提到，太容易获得的成功传递了这样一个信息：事情应该**很容易**实现，不需要努力工作。事实上，称赞"成功是努力工作的结果"是非常有效的，它鼓励球员要有一种**成长心态**。仅仅赞扬球员具有天赋会形成一种**固定的心态**，而在这种心态中，即时的满足比长期的进步更受重视。[4]
积极乐观	营造一个错误不被公开批评的环境，对球员太苛刻会进一步降低球员的自信心。表扬和奖励球员良好的表现和努力。因此，**只有积极的执教方式才能创建积极的执教心理模型**。
确立目标	为球员设定可以达到但又具有挑战性的目标。这不仅能让球员更加专注，还能让他们有机会庆祝自己的成功。
更大的格局	我们都熟悉一句话叫"外在的表现是暂时的，内在的实力才是永恒的"，这是一个非常积极的信息。可以在球员们短暂的不在状态时提醒他们，提醒球员们以更大的格局来看待问题——他们其他的一些发展方向通过努力取得了成功，他们的状态终将回归。
可视化	鼓励积极的可视化。可视化是一种需要心理准备和练习的技巧，而不是体力劳动。尽管这种技术经常遭到质疑，但在提高球员表现方面的价值越来越受到关注。韦恩·鲁尼（Wayne Rooney）是这项技术的倡导者："我在比赛前一天晚上躺在床上，想象自己进球或者表现不错的样子。你要把自己放在那一刻，让自己做好准备并在赛前形成'记忆'……我这辈子都是这么做的。"

---

[3] 先前章节中介绍了关于近侧发展区的细节。

[4] 拥有成长学习型思维的球员是渴望学习的，他们能意识到他们的能力和素质还可以得到提升。而那些拥有固定思维的球员并不能充分实现他们想要保持成功的潜能，并且在面对挑战时会很容易放弃。关于这个话题的更多信息可以参考卡罗尔·德韦克（Carol Dweck）的作品。

给球员一个"三明治"

给球员信心并不意味着球员就不能接受负面的反馈。你可以给球员一个**消极的反馈**，但应该用一种积极的方式。我曾经亲眼目睹一位 U18 青少年教练在中场休息时对青少年球员的精彩辅导。他强调了球员表现不好的一面，但将这种负面反馈转化为积极的激励信息。这种激励的方式大概如下："你今天的表现……（叹气）应该比这更好，我知道你的能力比这更好，你也知道你可以比这更好。那么把你更好的一面展示给我，展示给你的队友，并向你自己展示你是多么优秀。"这些信息虽然简单但赋予球员强大的力量。教练让球员知道他的表现不如他所能达到的那样好，而且他相信球员可以有所提高。

一个久经考验的提供负面反馈的方式是"**反馈三明治**"。这是一种表达批评的方式，但它会减轻对球员的潜在伤害。这个技巧就是把你的负面反馈夹在两段正面反馈中间。一个例子是这样的：

积极的："你确实做得很好，打开你的身体去接守门员的传球。"

消极的："但是，你还可以有所提升，你必须提前观察并检查你周围的情况。"

积极的："你一旦这样做了，就会开启我们在这场比赛中最好的进攻。"

教练必须概括出球员好的表现和坏的表现的各个方面。事实上，教练不但要通过发现球员在比赛中的不足来提高他们的水平，而且要最大化地提高他们的能力，这也许比以往任何时候都重要。一位优秀的、以球员为中心的教练会积极地寻找球员表现好的各个方面，而不是纠结于不好的方面。你会天天去一个老板经常批评你的地方上班吗？"反馈三明治"让我们缓和负面反馈。此外，越来越多的人认为，教练需要在给出负面反馈之前至少给出 **5 条**表扬。

四种心态

自信是影响球员在球场上表现的四种赛前心态之一。比尔·贝斯威克在 2007 年的一次教练培训研讨会上做了精彩的概述，如下图：

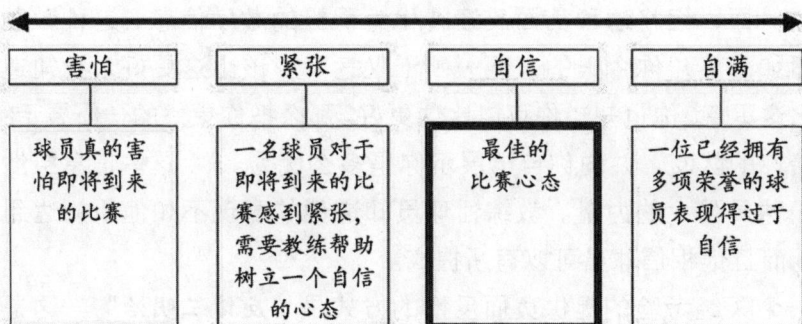

害怕	紧张	自信	自满
球员真的害怕即将到来的比赛	一名球员对于即将到来的比赛感到紧张，需要教练帮助树立一个自信的心态	最佳的比赛心态	一位已经拥有多项荣誉的球员表现得过于自信

贝斯威克提出的四种赛前心态

球员上场前的最佳心态是自信的心态。球员如果发现自己处于任何一端（害怕或自满），他们的状态就有大问题了。球员紧张并没有什么，稍微紧张也没问题——毕竟，紧张意味着有重要的事情要做。然而，如果球员被紧张感主导了大脑，那么他就要向教练求助了。

球员远离自信的每种心态都比较难以管理，他们需要一些帮助才能恢复到积极乐观、充满自信的心态。教练可以改变球员的思维方式，引导、激励他们进入自信区。让我们一同探索做到这一点的方法。

害怕

球员会因为多种原因而感到害怕，这可能是外部因素，比如对手的能力或者是内部因素，比如球队特别糟糕的状态；也可能是即将面临的对手在过去很沉重地击败了球员所在的球队。**这正是球员最需要教练的时候，他们需要教练的支持，需要教练不断地安抚情绪。请记住，教练**

是球员的领导者、榜样和评论家！如果球员处于害怕的状态，他们将不太可能取得最佳表现。如果他们在脑海里就认定会输掉比赛，他们就会在比赛场上被打败。曼联杰出的前任队长罗伊·基恩（Roy Keane）指出，他很多次从对手表现出的肢体语言里就知道他们会输掉比赛——有的甚至在开球之前就表现出来了。

感到胆怯的球员需要教练给予勇气。在热身赛中给予他们一些赞美，就算稍微夸张一点也没关系。教练设计一个简单的热身赛会给球员一种**成功感**。教练在热身赛时的表现以及教练对球员的要求至关重要。例如，你通常会让球员们在狭窄的区域内进行 5V5 对抗来结束热身，因为你知道比赛中的控球权很重要。从**战术**层面来看，这个练习是经过深思熟虑并且是十分合理的，但是作为**心理**准备，这可能是有害的。球员可能会频繁地丢球，可能把球传错位置。如果他们中的一个人压力过大，他可能会以一种过分生硬的方式将球传给队友。球员的胆怯情绪可能会高涨，因为他们已经处于一种有压力、消极的状态中，这种消极心态可能会在赛前热身中愈演愈烈。教练可以通过让球员做一些有趣和轻松的事情来改变热身的方式，让球员拥有一个积极的心态。

在更衣室里，教练所说的话至关重要。试着弱化这场比赛的意义和重要性。你听过很多职业足球教练在新闻发布会说这样的话："所有压力都在对手身上。"这个话可不是陈词滥调，它是一种给自己球员减压并将所有压力转嫁到对手身上的非常微妙的方式。如果你告诉一支本来就有赛前胆怯情绪的球队这场比赛有多重要，对手有多棒，那只会增加球队的恐惧。

紧张

正如我们上面提到的，球员紧张是可以的，只要不是过于紧张。如果某件事对人们很重要，人们就会感到紧张。这可以被教练利用和重视——知道你的球员关心他们的球队和他们的比赛！

再重复一次，赞扬是很重要的。提醒紧张的球员他们擅长什么，让他们相互提醒更好。让他们在更衣室里两两组合，给他们两分钟说说两三件对方所擅长的事情。你仔细想想，如果有人告诉你关于你的积极的事情，你会觉得自己的身高一下达到了 10 英尺。当赞扬来自同龄人、队友或与你状况相似的人，这种感觉会变得更加强烈。

即使只有一个人特别紧张，教练也可以通过回忆球队比赛的精彩瞬间，以及特定的比赛、进球、传球或一记绝杀，让球员感受到关于该特定事件的伟大时刻，并希望他们把这些经验应用到他们现在所处的环境。这样能增加球员动力，并使他们更积极地树立起信心。

即使只有一个人特别紧张，教练也可以用这样的方法问他："你是否记得那场比赛，你盯防对方的头号前锋直至他退出比赛，然后你又打进一球？记住，这就是你的能力。"你甚至可以巧妙地把那个球员拉到一边做做思想工作。毕竟，你不想在整个队伍面前指出他的紧张和痛处。教练与球员交流的关键是让他安心，**这是他们最想听到的**。

教练调整好球员的心态很重要。如果你调整得好，他们会按你的赛前计划去比赛。如果你发现他们很紧张，或者十分害怕手头的任务，那么是时候去做他们的思想工作了。教练要让球员们变得积极乐观，要鼓励并赞美他们。他们比以往任何时候都更需要你，并渴望你给予他们希望和积极的光芒。你要确保他们能得到自己想要的。

自满

自满是一段时间内积累成功的结果，在这段时间内，球员变得过于自信，并高估他们的表现能力。尽管教练希望球员通过保持自信的心态来达到最佳表现，但球员过度自信也会出现问题。

从某种意义上说，更衣室里的自满氛围远比球员感到忐忑不安时更危险、更负面。当团队因自满而输球时，人们丝毫不会产生同情。事实上，我们体育界的人十分享受这种发生在别人身上的因自满而导致的失败。当球员害怕时，他们对于得到你的帮助和指导的渴望是很强烈的，他们想听听你的解决方案。但是，当球员自满自大时，教练的一些信息很难传达并灌输给他们。通过失败预警来管理团队比用胜利预警管理球员更容易！不管我们愿不愿意承认，我们所有人肯定都经历过因为低估对手而遭遇失败。教练作为领导者和年长者，要远离自满的想法，这是非常重要的，否则这种自满会很快影响到球员。球员可能觉得他们不必努力训练就能战胜对手。如果球员在失败之前取得了优异的成绩，那么失败可能会异常痛苦。

球员们为了达到巅峰水平必须不断尝试，训练要足够努力。这将最大程度地发挥他们的技术能力和潜能。球员的自满会不断侵蚀他们的努力和勤奋，阻碍他们发挥潜力。正如古老的格言所言，"业精于勤，荒于嬉"。

教练引导球员克服自满情绪是一项艰巨的任务，但这是可以做到的。首先，我们必须认识到，**没有任何球员会主动选择自满**。这不是一种有意识的选择，而是一种渗入大脑的瘟疫。我们还必须再次认识到，自满不是命令就可以纠正的事情（"不要自满"⑤）。

当我察觉到球员有自满情绪时，我会确保球员保持我所设定的标准，甚至更高。我会高估对手的能力，并通过设定目标为球员设定需要面临的挑战。这使得球员可以通过专注于他们在特定方面的表现来重新集中他们的注意力。

在赛前热身时，我对球员有更高的期望和要求，我很少关注成功，更多的是设置挑战。我比平时更不容易接受马虎、轻率和错误，这可能是我作为一名教练所经历过的最具严肃性和权威性的时刻。

以上的技巧都是为了增强球员的信心，让球员做好表现的准备。教练的目的是鼓舞人心。记住，所有的群体甚至所有的个体都是不同的，所以也需要使用不同的激励方式。我的一位密友、职业运动心理学家凯文·克兰西（Kevin Clancy）从心理学的角度将其描述为"教练最重要的角色之一"。

---

⑤ 大脑在某种程度上难以处理负面指令（"否定"），而是专注于听到的主要内容。能够强调大脑这一状态最普遍的例子就是"不要想粉红色的大象"。不用说，我们想到的就是一只大的粉红色大象！这也适用于足球运动中的指令，比如"不要把球丢了"，所有球员的注意力都集中在"球丢了"这件事上。试着将这种命令转化为"护住球"，就可以排除负面含义。

动机

对教练员来讲，激励球员是运动心理学发挥作用的地方。激励和点燃球员的激情是教练的一项伟大任务，也给教练带来了一种成就感。

史诗般的团队讨论

教练员往往曲解激励球员的真正含义。他们倾向于设计和复制阿尔·帕西诺（Al Pacino）在电影《挑战星期天》（*Any Given Sunday*）中的令人发毛的演讲。教练通过球员离开更衣室时的噪声水平，或者他们的"比赛表情"来衡量激励是否成功。然而，在现实中，这类演讲从未真正达到教练的预期，原因很简单——它们是被迫的。人的天性决定了当一个人充满激情地谈论一个话题（任何话题）其他人会自然地被他吸引，并更加专注地倾听。球员的肢体语言会让你知道他们的反应——他们会靠近你，与你进行眼神交流，并记住你说的每一个字。当然，另一种情况是，如果你说话缺乏激情，就会给人留下空洞或不恰当的印象。因此，教练过度准备和编写演讲稿，实际上失去了演讲的激情。

随着教练意识从以教练为中心转向以球员为中心，越来越多的教练放弃了这种集体谈话，转而采用单人或更小团队交流的方式。教练会和球队讨论他们的战术方法，然后跟单个球员讨论他们的角色和个人准备。如果球队有 15～18 名球员，在球队沟通的大会中，教练很难向每个人准确传递其想要传递的信息。同样，教练对所有人讲述相同的信息也不可能使每名球员都产生共鸣。通常，在长时间的、以教练为中心的、对话式的团队沟通中，球员们会感到无聊、心不在焉，教练想要传递的关键信息并没有达到想要的目的。而教练通过对信息进行调整并传递给单个球员，直接与单个球员对话，此时意义就变得非同一般了。这样的方式能与球员建立融洽的关系，并增加了教练和球员之间的联系。

内在动机和外在动机

从广义上讲，激励可以分为两类——内在激励（内在动机）和外在激励（外在动机）。

内在激励是由乐趣和对比赛的热爱驱动的。这些被内在激励的球员往往表现得更有积极性，并且愿意提高自己的技能以达到自我提升。而那些受到外在激励影响的球员通常是为了获得奖励或者逃避惩罚。当头脑中的比赛任务更多地与奖励相关联，而不是关系自身发展时，他们就会失去动力。最成功的球员会很好地利用两种激励。当人们指责球员没有为国家队踢球的动力时，我总是觉得很奇怪，尤其是在英格兰。球迷和媒体会数落球员有失水准的场上表现或退出比赛的行为，认为这些球员根本不在乎，他们踢球的动力只是为了金钱、女人、汽车和超级明星一般的生活方式。

1998 年世界杯期间，大卫·贝克汉姆在英格兰队与阿根廷的比赛中被罚下场，起因是他与阿根廷球员迭戈·西蒙尼（Diego Simeone）发生争执。在 16 强比赛的一场点球大战之后，英格兰最终被淘汰出局。贝克汉姆成了众矢之的，他被认为是英格兰失败和随后淘汰出局的罪魁祸首。在贝克汉姆返回英格兰的途中，他乘坐的曼联球队大巴遭到了英格兰的球迷们袭击，他的妻子和家人也经常遭到侮辱。这样的反应足以让大多数普通人放弃、走开，再也不代表那些批评他们的人踢球了，但贝克汉姆并没有这样做。在 2001 年英格兰对阵希腊的比赛中，他以一记漂亮的任意球帮助球队战胜了希腊队，这是一个意义非凡的进球，这个进球帮助英格兰晋级下届世界杯。那天，他跑向英格兰队的球迷区，将他的手臂高高举起来接受球迷的欢呼。这一刻，他是那些曾经对他不屑一顾的人的英雄。他坚持的动力十分单纯，也发自内心："我喜欢为英格兰进球，为英格兰踢球……我喜欢为我的国家效力。"这个"喜欢"见证了贝克汉姆成为英格兰国家队并代表国家队出场 115 次。

对比赛发自内心的热爱应该体现在每一名青少年球员身上。教练要确保这样的想法扎根于球员心中，当你将球员的内在激励转变为外在激励时就要特别小心了。我看到过 10 岁的孩子因为每一个进球都有金钱的承诺而被激励。这个孩子将会更喜欢金钱而不是喜欢进球时发自内心的喜悦，结果就是，他的决策会不断地朝着目标而改变，而不是选择正确的决策。这可能在其他地方发生吗？

有一个关于青少年球员从内在动机到外在动机的改变的有趣故事。一群十几岁的少年在一位老人家门外踢足球，声音很大，这让老人很恼火。不管老头儿有多生气，或者他恳求他们停下来，孩子们还是我行我素。有一天，他有了一个主意。他没有恳求他们，也没有变得沮丧，而是给他们每人 2 美元，让他们继续玩。他们每次来踢球的时候，老头儿都会给他们相同数目的钱。第一天，第二天，第三天，这些少年每次来都拿到了老头承诺的赏钱。金钱，而不是比赛成了孩子们踢球的动机。过了几天，当孩子们来收钱时，老人告诉他们说他将不再给他们钱了。男孩们被激怒了，他们拒绝在老人的房子外面踢足球。一旦老人消除了孩子们的外在动机，他们就会拒绝做他们曾经最喜爱的事情——享受足球。

负面刺激

教练可以用积极或消极的方式刺激球员以获得球员的情绪反应。事实上，对教练来说，使用消极刺激似乎是一件很常见的事情，而且在某些特定的时候，尤其是当教练希望纪律符合要求的标准时。然而，这种外部刺激可能非常短暂，而且从长期来看，会对球员的动力和热情造成相当大的损害。下面是一些消极刺激的例子，以及它实际向球员传达的长期信息：

教练使用消极刺激的例子	球员实际收到的长期信息
照这样做，否则我会把球收起来，你就去跑步得了。	体能训练是一种惩罚，而不是备战比赛所必需的。（对于教练来说，让球员去参加体能训练会更加困难）

续表

教练使用消极刺激的例子	球员实际收到的长期信息
你必须赢下这场比赛，否则从下周开始，每天早上6点开始加练。	足球训练是一种惩罚，而不是我喜欢和期待的事情。
我到这里来不是看你这样的表现的！我就在家陪家人好了。（通过内疚去激励）	我让教练失望了。他有比和我们在一起更好的事情要做。
你再不好好踢，我就会换下你，你就再也不能上场了。	我的教练认为我不会从这次糟糕的表现中改善和提高。为了确保不会受到惩罚，我将不再冒险，踢安全的球就好。

上面的一些例子对于一名成年球员来说是很难接受的，对于青少年球员来说更是如此。教练员如果总是以这种方式传递信息，将会改变球员的长期心态和动力，并可能导致他们自我认知的方式发生改变。

自我对话

如果我们回顾一下苏珊·杰弗斯在这一章开始时的练习，会注意到心理上的自我对话是如何影响身体表现的。传递一些豪情壮语可以让我们在身体上表现得更强壮，而那些贬低轻视的信息则会让我们感到虚弱。

这种自我对话每天都发生在人们身上。我们不断地给自己发送信息来控制我们感知自己的方式，并对我们的行为产生影响。这些信息可以是正面的，也可以是负面的，或者两者都有。

以工作面试为例。如果你在面试前的自我评价是消极的（如果公司认为我不胜任这份工作，那该怎么办？如果他们问一些尴尬的问题怎么办？我没有体面的衣服，看起来很邋遢怎么办？），你的行为就会不那么自信，你回答问题就可能语无伦次甚至"卡壳"。这个过程中的任何"波动"，无论多么微小，都可能极大地影响你在面试中的表现。你对自己缺乏信心会在一次糟糕的面试中表现出来，你将得不到这份工作。如果你跟自己的对话是积极的（我得到了面试机会，因为他们想雇用我；我对任何问题都有充分的准备；我看起来很好，并且塑造了一个职业形象），你就会更自信地处理这个过程。你可以非常自信地回答问题，可以处理任何突发的状况而不被它影响。

在足球比赛中，运动员经常会在比赛前、比赛中和比赛后进行自我对话。我们既有很会运用自我谈话的积极乐观的球员，也有消极的不会运用自我谈话的球员。下面是一些我从球员那里听到的例子。

消极的自我对话

我不敢上前助攻，害怕对方断球后打反击。

如果让我来主罚球点球，我会射失的。

我在这个球场上总是踢不好。

当我带球推进到离对方守门员很近的时候，我担心把球带丢。

对手是一个比我更优秀的球员，为什么要尝试突破他呢？

积极的自我对话

上次他们赢了我们，我这次想赢回来。

我可以在逼抢的时候把球处理好，因为我相信队友会保护我。

我承认上一次的射门绵软无力，但这次不会再发生了。

我赢得了大部分头球，所以我可以和身体更强壮的球员争球。

我去年进了 35 个球，我知道我能处理好射门良机出现的情况。

上面的例子只是我从青少年球员那里听到的，当然还有不少是我们没听到的。教练必须通过球员的肢体语言、对情况的反应和行为举止来解释球员的自我对话。大多数教练都知道球员的内心活动，因此可以发现他们外在行为上的任何异常。重要的是，教练不仅不能忽视球员任何行为变化，而且要试图理解发生这些变化的原因。作为教练，我们可以通过正面强化和鼓励球员进行建设性的、有益的自我对话来引导他们，使他们变得积极并有更好的表现。

我们都有一些关于自己的负面印象，如在日常生活中，说到与体重有关的话题时，我们可能会有"我是胖子、我身体不好、我吃得太多、锻炼不够、我看起来很糟糕……"这样的自我对话。如果别人告诉你同样的事情，你会有多伤心？你很胖，看起来很恐怖？你为什么要用一种伤害人的方式与自己对话？教练要鼓励球员使用积极的自我对话，确保所传递的信息也是积极的。

信念的力量

我们可能需要把传统逻辑从窗口扔出去，以充分理解体育运动信念的力量。分析信念体系是复杂而精细的，但在马修·萨伊德（Matthew Syed）的《天才假象》（*Bounce*）和丹·亚伯拉罕斯的作品中，这一问题被巧妙地解决了。我从上述作家和其他心理学的著作中汲取了有用的知识，并将它们与我自己的经历结合起来，提出了一个对于理解足球教练的自我信念大有用处的指导方案。

我对足球研究得越多，对成功的管理者、教练和球员的研究也就越多。随着我对成功人士的行为研究增多，就会发现他们的成功似乎都归结为一件事，那就是他们具有善于自我肯定的能力。

事实上，我想说的是，信念是成功最重要的因素。如果你不相信正在尝试的东西，不相信你已经足够好，你是不可能成功地完成它的。缺乏信念，就没有信心，动力就会大大减少；缺乏信念会导致你产生更接近"恐惧"的情绪，而不是赛前那种持续的"自信"状态；缺乏信念会使球员陷入忐忑，从而抑制他们发挥最大潜能的能力。正如萨伊德说的那样："对一个球员来说，自我怀疑是毒药。"

当你出错时，当你失败时，信念也是让你前进的动力。在其他人的精神崩溃时，你可以坚持积极乐观的态度。球员的信念甚至可能不需要理性！看看杰拉德对他在2005年欧冠决赛中的进球反应吧："从半场0∶3落后开始，到AC米兰队完全被利物浦击败，我们总是坚信能够进球，但是没有人真正想到利物浦会在那个晚上完成逆转。"⑥

即使在最糟糕的情况下，如果一名球员能够学会相信自己而不是退缩（放弃），这就是获得成功的唯一方法。在观看了成千上万场足球比赛后，我还没有看到哪支球队是以退缩的心态取得胜利的。在许多场合，我看到了一些毫不动摇的甚至是不理性的信念帮助球队发起强大的反击，赢得了比赛，就像大卫（David）击败了歌利亚（Goliath）（故事源自《圣经》）。在某些情况下，我的脑海里会浮现出这样的情景：在 2002 年世界杯上，塞内加尔击败法国；在 2010 年非洲杯的比赛中，马里在 0:4 落后的情况下，在离比赛仅剩 11 分钟的时候与安哥拉队打成 4:4 平。尽管有一名国际米兰的球员在与巴塞罗那比赛前的半小时被罚下场，国际米兰还是在欧洲冠军联赛半决赛的两回合中击败了巴塞罗那，正如原阿森纳教练温格所言："要取得伟大的成就，你首先要相信你能做到。"

你经常听到球员说"我做不到""我不擅长那个"这样的话吗？你听到他们说"我不能"的时候就是你要介入并帮助他们的时刻，因为他们说了不能做到就不会去做。

人们有一种无法抑制的欲望来证明自己是正确的。人们在失败后经常先发制人地掩饰自己的失败。假如一名球员在主罚球点球时想的是"我讨厌罚球点球，我会罚丢的，"。他疯狂地尝试得分却没有成功，他肯定会说"我早就告诉过你我会罚丢的！"

教练如果听到一个球员说自己这不行那不行时，应马上给他打电话。教练要确保球员明白尝试挑战的价值，而不是在尝试之前就低估自己的能力。

因此，教练必须表现出信任球员。教练如果缺乏控制情绪的能力，就会让球员感到忐忑，这将会影响球员的信念，从而影响球员发挥他们的最大能力。我们经常听到精英教练告诉媒体他们会"关注球员积极的一面"，而大多数观众都把这当作陈词滥调。其实不是，这句话是为了确保球员坚定的信念。

---

⑥ 优秀的球员往往拥有"双重思考"的能力。他们相信，即使是不可能的事也会成为可能。一般而言，若不是受到公然的指责，他们都有能力承受失败。他们相信自己，也不害怕失败。

控制

为了达到巅峰状态，球员需要自我约束，需要尝试控制正确的事情。如果球员做不到这一点，他们的表现将会受到影响。

控制一切可控因素

"只控制你能控制的因素"。和我一起共事的不同年龄段的球员们，见证了我一次又一次地重复这句话。这种重复是基于我所确信的观点，它对球员的发展至关重要。这是我们必须尽早向球员发出的关键信息。

在足球比赛中，甚至只是一场青少年足球比赛，让人分心的事情就会很多，观众、对手、裁判、天气和交通等都有可能转移球员的注意力。教练向球员提供的关键信息就是，他们不需要担心那些超出他们控制范围的事情，只需要"控制所能控制的因素"，即把精力投入到他们能够直接影响的事情上，而不是与比赛无关的任何其他事情上。那些超出球员可控范围的事情，如果青少年球员给予过度的关注，就会消耗掉他们的精力。

可控因素与不可控因素

球员不能控制的事情	球员可以控制的事情
球场的状况	在球场上的表现
天气	适应不同的天气条件
裁判以及其判罚	如何应对裁判的判罚，即使他们认为裁判错了
对手的能力及表现	通过自己的表现来约束对手的表现
受伤／缺阵的队友	适应有队友缺阵的比赛
比赛时间	如何处理赛程表、开球时间、或者和对手来一场背靠背的硬对抗

续表

球员不能控制的事情	球员可以控制的事情
观众	关注比赛，而不受到观众的影响
球队大巴在交通中受阻	保持专注，保持冷静，集中精力比赛，即使准备时间减少
对手迟到	保持耐心，好好管理自己的时间，并适应较晚的开球时间

情绪控制

足球应该是一项充满感情的运动，甚至在青少年时期也是如此。不幸的是，我们经常在电视屏幕上看到高度情绪化的球员把足球视为一场"战争"或"斗争"。这给人的印象是，足球比赛充满争执，球员失去自我控制是其激情洋溢或准备战斗的标志。

然而，青少年球员在情绪控制上往往会犯错。针对裁判的错误（或通常是正确的）判罚，他们失去了控制，其实那可能只是一个界外球。他们的表现会因与对手、官员或其他人的争论而一落千丈。球员保持自我控制和做出正确的决定是至关重要的。

逆境可能会打击到球队中所有的球员。他们可能觉得不公正或不公平，可能因为输得很惨而感到尴尬并失去自信心。如果球员的这种情绪太过强烈，使得球员无法控制自己的表现，就会影响到比赛。教练需要帮助球员度过这段时间，并让他们意识到，他们需要控制自己的情绪，因为情绪会阻碍他们踢出最好的比赛。

结论

足球心理学的内容非常广泛，比这一章所讲的要多得多，如亚伯拉罕斯在《足球大脑》中总结的"4C"（Creativity，Confidence，

Commitment,Cohesion，即创造力、信心、承诺、凝聚力）理论，英足总则总结为 "5 C"（Commitment, Communication, Concentration, Control and Confidence，即承诺、沟通、集中、控制和信心）理论。我只是简单地提到了目标设定、想象和精神力量，而我没有描述球员从挫折中恢复的能力。

　　我鼓励任何想要进一步了解运动心理学的教练阅读本章中提到的作家的作品。对于这一特殊的学科不必再敬而远之，因为它的主题是可理解的、可行的、实用的，而且这些信息现在已经非常容易得到。

　　我想，所有工作的催化剂都是感同身受，将心比心——分享和理解球员的感受和情绪，并调整你的训练方式，让他们在比赛中发挥出最高水平。

摘要

- 在足球训练中需要相信和接受心理学——每个人都会用到它。
- 球员的心态可以在身体上表现出来。
- 自信是球员达到巅峰状态的主要因素。
- 四种赛前心态：害怕、紧张、自信和自满。
- 对不自信的球员进行单独鼓励。
- 小心你的史诗般的、令人毛骨悚然的团队谈话。
- 动力可以是内在的，也可以是外在的——使用外在动机鼓励球员时要小心。
- 在试图激励球员时避免使用消极情绪。
- 球员进行自我对话时，重要的是，要使用积极的语言和信息。
- 原阿森纳教练温格简洁地总结了信念的力量——"要实现伟大的目标，首先要相信它"。
- 教导球员只关注他们能控制的事情，并保持自我控制。
- 用同理心去理解球员和他们的精神需求。

真实执教经历

建立自信的练习

（雷·鲍尔）

我最喜欢的训练之一就是帮助球员建立信心，我在接手每支不同的球队时都是如此。我倾向于将它保留到球员最需要的时候，可能是在一场糟糕的比赛之后，也可能是在整个团队需要精神提升和增强自信心的时候。这个练习分为三个阶段：

1. 同行评估

我给所有的球员每人发了一张纸，上面有一个包含两列的表格。第一列包含所有球员的名字。第二列可以写一两句话。我要求他们把每名队友的特长都写下来。当所有队员都完成了评价，教练就会有一个积极意见的数据库。其中关于球员的信息都是由球队的其他成员传递的，这样一来，每个人都有7~8个（或更多）特长。这个评价很有影响力，因为青少年非常重视同龄人的意见，他们往往认为这样的意见比成年人对他们的看法更有价值。

2. 教练补充

收回上面所说的评估表格后，我会为每名球员做一张海报，展示他的长处。如果某个球员收到的评估不够多，我倾向于从我的角度增加他的特长以确保这个评价的影响最大化。我也经常会在他的评估中加入一些目前还不是强项，但他正在努力的内容。这给球员的持续进步增添了额外的动力。

3. 结合弱点，完整布局

上述评估一旦完成，海报上就会有足够多的正面信息，同时也包括球员的弱点或发展领域，但不是明显的批评。

　　然后，在球员到达之前，我把海报张贴在更衣室。球员的兴奋是显而易见的，这最终营造出了一个充满正能量的、积极进取的更衣室环境。球员们可能一直被自信的问题困扰着，但现在他们已经重新开始了。这项工作是一个很好的工具，可以使你的团队更加融洽，这种融洽的关系可以让你在任何行程中带着你想带的球员。我始终记得我之前带过的一名队员，大约有五年多了，他还保存着当时我给他做的海报。

球队优势表格和个人海报要点

球员姓名	写出队友的一条长处
亚当（Adam）	停球十分稳
斯图尔特（Stuart）	速度很快并且善于奔跑
康纳（Conor）	左脚的长传球十分精准
约什（Josh）	领导者、组织者
大卫（David）	一脚出球非常棒
汤姆（Tom）	抢球十分凶狠
麦考利（MacAuley）	定位球的传球速度非常快
马特（Matt）	出色的跑位接应
罗布森（Robson）	沉着冷静，总能找到传球的目标
杰米（Jamie）	速度很快，很机敏并能过掉对方球员
凯尔（Kyle）	从中场就能进很多球
科尼利尔斯（Cornelius）	努力训练，从不言弃
安东尼奥（Antonio）	在1V1对抗中有独特的优势

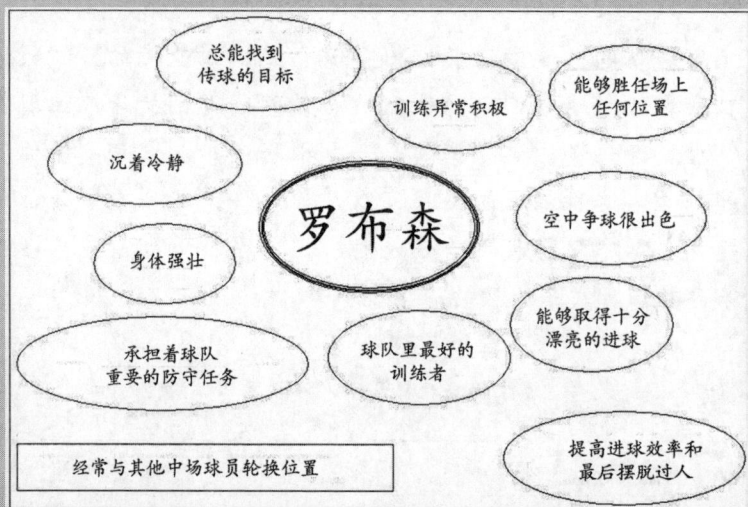

5

足球场上的沟通与交流

"交流"一词在足球界最常用，但人们却知之甚少。

我在这一章的开头特别强调了这一点，因为我坚信事实的确如此。在足球运动中，"沟通"是最常用但却是最不被理解的词。

事实上，在我参加的每一次教练员培训中，我都能看到"沟通"这个词。教练要么认为沟通需要改进，要么认为沟通是训练中的关键点，要么认为沟通是成功训练所缺少的主要因素。

这就是教练对"沟通"的强调以及"沟通"被使用的频率。我注意到球员几乎用它来回答教练提出的每一个问题：

我们能做得更好的是什么？"沟通。"

训练中遗漏了什么？"沟通。"

是什么让比赛更有效？"沟通。"

这就是"沟通"这个词的使用规律，它正在失去一切意义和影响。球员们知道，如果教练问任何类型的开放式问题，他们都可以用"沟通"来回答，并且有相当大的概率得到肯定，即使这不是教练想要的答案。

沟通与交流的真正含义

有一种说法认为，足球中的交流就是说话，就是大声说、多说。然而，真正的交流远远不止这些。口头交流，或者**我们说的话**，只是日常交流**和足球交流的一小部分**。

球员将以三种方式接收和理解教练的信息：

· 你说了什么；

· 你说话的方式；
· 非语言沟通（肢体语言）。

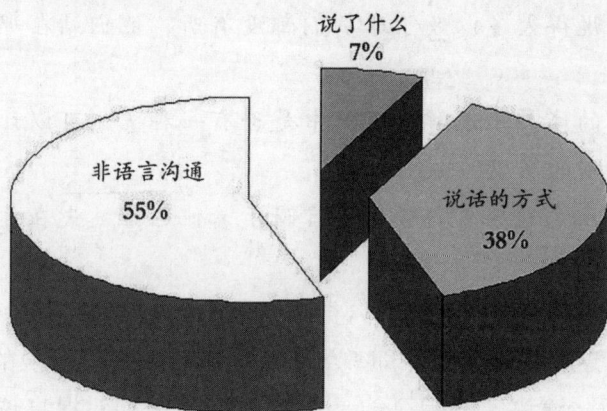

说了什么
7%

非语言沟通
55%

说话的方式
38%

你说了什么

让我们先澄清一件事。尽管你所说的内容只对沟通产生 7% 的影响，你对你所提供的信息仍要三思。一名出色的教练会运用语言交流来给球员提供比赛的细节和复杂性。**他说话的方式和他的肢体语言将会加强或突出他的信息。**

你的球员知道你在说什么吗

当你读到这里的时候，我假定你是在一个安静的房间里，或者是独自一人在一个繁忙的地方——火车上、单位食堂或公园里。如果你是一个人，读到这里而没有感到尴尬，那么让我问你以下几个问题：

· 当你说话时，你的队员真的明白你在说什么吗？
· 他们是否真正理解你所传递的复杂技术信息？
· 你是否更注重展示你有多聪明，或者展示你知道的知识，而不是真正想帮助球员提高？

· 你经常说球员难以理解的术语？

· 你使用的语言是否过于复杂以致于球员无法领会吗？

· 你是否说得太多以致于球员们都没有听，他们站在那里只是等着你讲完？

· 如果有的球员不理解，团队中是否有一种文化可以让他们询问并进一步探索清晰的答案？

· 你是否注意到球员的肢体语言暗示着他已经迷失在你一股脑儿抛给他的信息中？

作为一名开明的现代教练，你要仔细考虑以上问题，并检查你的习惯。人们可能会有这样一种看法，即教练应该发表奇特的、冗长的、复杂的、信息量大的团队演讲，原因可能是教练要有热情和对提高球员能力的无限渴望。然而，这也可能是为了让教练显示自己超级聪明。与球员的交流并不一定是这样的。

几年前，我和一名学院教练一起工作——我们叫他罗布吧。他对球员们很好，他很有风度，举止优雅。他一走进房间，球员们就觉得很开心。他很热情，他的活力感染着球员们。他表现出的风度和感染力，把被动的球员变成有真正灵魂的人，使得他们在学习足球时全身心地投入其中，但他的讲话偶尔也会打破这种和谐。他的赛前讲话、中场休息时的讲话以及赛后谈话都让人觉得难受，训练后或是训练中的问询也会使人感到疲劳。因为伴随着他的热情，他将所有可见的事情一股脑儿全部说出来——一口气也不喘，不提问，也不用任何可视的材料来解释他所说的内容。让人感觉他想把所有要说的东西一口气全部扔给球员们，并且希望他们能够完全吸收。老实说，他一开始讲话，我站在他旁边也不能完全跟上他的节奏！如果连我都不能完全理解他的话，又怎么能指望那些球员能理解呢？

然而，罗布的过人之处在于他的开放思维以及自我意识。他知道自己是一个优秀的激励者和融洽氛围的构建者，同时他也乐于接受建设性的批评。他的主要目标是提升自己以使球员获得最好的发展。我们有着共事的关系并且有着相似的足球理念和执教方法，因此我们可以相互接近并且坦诚地讨论彼此的缺点（不像传统教练们，会彼此之间隐瞒决定和教学方式）。因此，我知道他会读到这段话并且露出微笑，而不是觉得受到侮辱。

在几次这样的团队谈话之后，我根据我的观察与他亲密地聊了聊。他听后目瞪口呆，他甚至没有意识到他在这么做！我指出，他花了大约10分钟的时间和球员交谈，其中大部分都是关于"如果他做了A，那么B和C就会发生。或是，如果他做了这个，那么他就能那样。如果他做了第三件事，那么整个球队都可以做X、Y和Z"这类假设。

那次谈话之后，罗布跟我说，如果他再这样做，我可以随时打断他，使训练重回正轨。

亚历克斯·弗格森爵士曾经说过，教练在中场休息时与队员的谈话就可以决定他是否能赚到赢球奖金。所以，教练要考虑沟通交流的重要性。在讨论了罗布之后，让我们来看看我们在比赛日与球员的团队谈话。

赛前

距离比赛越近，球员们能接受的细节信息就越少。在比赛前的时间里，你可以强调一下既定的战术和目标。任何详细的战术信息都应该在比赛开始之前很长的一段时间里与球队进行沟通。如果教练在赛前告诉球员新想法和细节会导致他们思想混乱，并且没有时间来检验他们是否真的理解了。教练在比赛前告知球员新信息往往会导致一句很常见的话——"我告诉过他不要这么做"。这是因为球员是在一个不适宜的时间点被告知的，因此他无法完全理解和执行这一信息。

教练应该在比赛的前几天就把细节传递给球员，而不是比赛前的几分钟。在赛前，教练可以简单地强调一些关键信息，使用一些个人的评论以及任何与之相关的激励或鼓舞的技巧。记住，你面前的这群人，有很多不同的需求。有些是紧张的，有些是自信的，有些则是害怕的或自满的。说出你所想说的以满足团队的需要，然后在必要的时候与他们进行一对一沟通。

教练要确保在赛前对球员的态度是积极的。教练也会紧张或焦虑，但要记住，你要让这些情绪远离你的球员。永远不要突出你的团队或个人的弱点——只强调球员的优点。这将是你的比赛计划的基础。

半场更衣室谈话

教练在中场休息时的团队谈话是向球员传达信息的一个重要时机，可以让球员们得到在上半场比赛中无法得到的帮助。教练们常常会一味地指出球队的不足，批评球员。请不要浪费这个短暂又宝贵的改进球员表现的机会，不要说些像"你应该……""你没有……"这类的话。这些评论会产生消极的氛围，可能会导致球员无法完全响应你的信息。

如果上半场打得不好，这 10～15 分钟的时间是一个重新调整和向前推进的机会。如果情况特别糟糕，我认为痛骂那些可能已经知道自己失败的球员不会起多大作用。关键是要找到问题的解决方案，并把重点放在如何改变当前的情况上，以便使下半场比赛有所改观。教练要提醒球员他们擅长什么，鼓励他们发现并改进，告诉他们细节和信息以促进这种改进。

反过来，教练要记住，球员表现糟糕的原因有很多，可能来自球员技术上、战术上、身体上或是心理上的问题，也可能来自于团队的准备情况。

对于球员不佳的表现，教练最常用的一句话是"你还不够努力"。在球员的不足被公开提及之后，球员们得到的唯一指令就是"更加努力"。据我所知，球员从未有意表现不佳，所以不要用这种方式对待他们。糟糕的表现并不是一种犯罪行为，教练需要对球员的表现进行识别并加以处理。如果你的老板在工作中毫无理由地指出了你的所有缺点，并简单地命令你应该更加努力，我敢打赌你的工作效率会下降而不是提高。

如果球员在上半场踢得很好，那就鼓励他们再接再厉。反之，对于上半场出现的任何不足也要引以为戒。如果球员在上半场表现得非常不错，那么就通过重新设定目标来防止他们出现自满情绪。例如，如果你的球队 7：0 领先，就鼓励球员保证控球率，或是让他们尽量保证零失球。

赛后总结

与普遍的看法相反，赛后的总结需要非常简短。大部分球员踢完整场比赛已经很疲惫了，他们无法一次性地接受太多的信息，他们可能更需要进食和补充能量。你如果还记得第 3 章中的马斯洛需求层次理论，就会明白球员在有效学习之前需要先满足几个基本需求。

教练要完全避免过于情绪化的总结。对球员使用愤怒、埋怨或怨恨的语言，就像把一颗手榴弹扔进房间一样。如果你感到过度悲观，在比赛结束后花一些时间使自己平静，也让球员们补充水分或冷静下来。**记住，你要向你的球员展示，你是一个情绪可控的现代教练，会使用细节来指导他们。**几年前，我从我的一个同事那里得到一条很好的建议，他说："下次遇到你的队员们时，你会发现他们的心情是由你上次谈话决定的。"无论情况多么糟糕，你都要向他们传递积极的信息，因为他们还要接着打比赛。

教练判断团队的情绪是当务之急。如果球员感到愤怒、失望或情绪激动，你最好在他更冷静、更能接受信息的时候，再分析与他的表现相关的关键点。你会注意到，处于这种心态的球员通常不会进行眼神交流，他们只会给出简短的回答，基本上不想参与特定的对话。你可以在下次遇到这个球员时来分析他的缺点，会更有益和有效。

使用"流行语"

在足球中使用枯燥的专业术语的行为经常受到批评，这通常是正确的。我们在上面几段中也提到了，在某种意义上使用行业术语的作用是消极的。

教练可以使用术语和足球语言，但关键是要确保球员熟悉你所使用的语言。教练经常使用不同的术语来表达相同的意思，无论球员的年龄有多大，这常常会导致球员产生困惑。我最近开始和一位足球语言和术语与我截然不同的教练一起工作。作为两名不同的教练，我们将足球词汇整理出来就非常重要，这样才能满足球员的理解需求，以及我们相互理解。

教练将枯燥的专业术语转化为"流行语"可以确保球员们容易理解。你要在没有时间压力的情况下给球员们解释它们的含义，并在训练课程中将这些词语付诸实践。

比如，我常用以下的练习来让青少年防守队员了解一些关于防守的"流行语"。这个想法来自出色的前埃弗顿足球学院教练托什·法雷尔(Tosh Farrell)的一节课。

设置很简单，让后卫线的四名球员作为一个整体移动，来对应一些广为人知的术语: 向前慢跑、向后慢跑、原地慢跑、左侧滑步和右侧滑步。

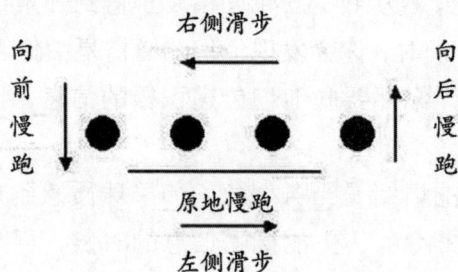

给防守队员植入"流行语"
（根据托什·法雷尔的演讲改编）

当球员熟悉了这些术语，并可以同步完成这些动作时，你就可以用你想用的"流行语"来替换它们:

普通语言	"潮词"
向前慢跑	前压
向后慢跑	后撤
原地慢跑	稳住
右侧滑步	右移
左侧滑步	左移

提问

正如我们在第 2 章中探讨的那样，教练使用的主要教学方式之一是问答式。提问可以让教练识别球员们是否进行了学习，并使球员进入比赛或训练。通过问答的方式来教学比单纯地给他们答案要有意义得多。

因为有着各式各样的问题，所以我们提问的方式扮演着举足轻重的角色。问题主要分为开放式问题和封闭式问题。封闭式问题有着一个特定的答案，通常是简单的"是"或者"不是"；开放式问题则要求球员具备提供更多信息的能力，并且答案是需要球员经过思考的，且更有想法。以下是一些足球问题的案例：

封闭式问题	开放式问题
你觉得我们今天踢得好吗？	从什么角度来看，我们今天踢得还不错？
你今天接到几个传中球？	请列举一些影响你今天接传中球的因素？
我们做那个练习的目的是什么？	你能告诉我这个练习是怎样与比赛实际情况联系起来的吗？

使用开放式问题可以促使球员们思考得更加深刻。这类问题具有更高层次的复杂性，因而促使球员们进行更**深入的思考**，但这并不意味着封闭式问题没有效果或者不应该使用。只是在长时间的学习中，开放式问题相对而言更有好处。在一个封闭式问题后追加一个开放式问题同样十分有益，这可使球员们进行更多的思考并且评估、判断以及延伸他们的回答。上面的表格，就是一个关于先问封闭式问题然后再问一个开放式问题的案例。

真正投入的球员也会通过提问来获得更加清晰的答案和理解。球员接受这些问题，并努力做出使他们自己满意的答案，将帮助他们学习并且塑造更好的自己。提问应该得到教练的重视，并且我希望所有的教练都能营造一个可以让球员自由提问的环境。

"贴标签"

　　教练传递给球员的信息是很有分量的。毕竟，在评估球员的进步程度和表现时，教练们的身份通常是评判者和惩罚者。欲戴王冠，必承其重。

　　人们在讨论他人时，无时无刻不在给人**"贴标签"**。我们用聪明、高效或是努力来给他人贴上正面的标签，反面的标签则有懒惰、没有价值或是靠不住。我们每天都在做这样的事，别人在评判我们时也做着同样的事。

　　我想让你想一下那个你认为比较懒惰的同学——那个肢体语言体现着无精打采、对所有事情漠不关心的同学。你的老师可能，也许不是每天，至少每周都会指出他的懒惰。他收到的每一张成绩报告单都会写着诸如懒惰、虚度时光以及缺乏努力和热情之类的词汇。当家人和朋友询问他有关未来的展望或是考试预期时，即便是那些与他亲近的人也会忽视他成功的机会，因为"他很懒"。他自己可能也会说"我很懒"。

　　第4章我们谈论过自我对话的作用和反馈的影响。一旦某人告诉自己"我很懒"，我们会发现一个自我实现的预言开始了。**如果一个学生或是球员不断地被人贴上标签，那么他将会变成那个标签的产物**。因此，如果你给球员贴满了负面的反馈标签，那么你也就削弱了自己帮助球员提高的权威。如果你不断地指出他们的缺陷，尤其是心智上的，那么你实际上是在强化这些反面的品质。如果你不断地给球员贴上"懒惰"的标签，他可能每天在学校和在家里都听到这样的词。据我所知，教练指出一个球员的懒惰并不能改变他的现状并使他更加努力。与其用负面的标签，教练不如花点时间来庆祝他努力踢球的时刻，指出他们的潜力并对他们的努力给予奖励。教练要帮助球员用积极的、有力量的标签取代他们有限的、消极的标签。

　　正面的标签是有益的。这可能并不会立马见效，但是在潜意识上，你会创造出一个变化，从而使球员们做出行为上的改变。

"绝对的"陈述

教练给球员们提供的细节很重要。由于它的重要性，这些信息需要是实际的、可靠的并且是牢固的。教练有时会在总结球员个人和球队表现时向他们传递一些错误信息。

绝对的陈述使用了那些确定性的字眼比如"总是""从不"（Karia，2013）。**教练在教学中要避免使用**。这样的陈述方式是不准确的，因为它是基于假设和趋势，而不是事实：

绝对的陈述	事实
你总是罚丢球点球	你在最近 4 次球点球中罚丢了 2 次
你从不传球	上周比赛的上半场，有 4 次绝好的分球机会，但是你选择了盘带
你总是能争到头球	周日的比赛中，7 次空中球你争顶到了 6 次
你每次都能接到传中球	10 次传中球你接住了 8 次

如果你使用事实性的语言和评估，而不是错误的猜测，球员会有怎样的印象？他们会更相信你的方法、你的观点吗？如果你的反馈是真实的，球员家长会更容易接受吗？答案当然是肯定的。你通过提供事实来判断，球员和家长将会把你看作是一位知识渊博、注意细节的教练，他们会更容易地接受你的负面反馈。

剩下的 93%……

我没有忘记这一章的重点。我以**"你说的内容只起到 7% 的作用"**开始，但却花了很多篇幅来探讨"说"的内容。然而，剩下的那 93% 是支撑、支持和加强你所说的内容。做对了那 93%，你所说的内容会变得更加有力。

前面我向你介绍了我的前同事罗布，他有很多优秀教练的特质，但总是话太多。在我们谈话后的一段时间里，他指出了自己在沟通上的一些不足。他并没有专注于技术和战术的发展，也没有进行无休止的足球"演练"，而是研究了自己的沟通方式。他有意识地放慢了语速（快的语速通常表明教练紧张或焦虑——这是教练不能向球员传达的信息），他开始把他所说的和其他交流方式结合起来——使用肢体语言和视觉辅助来展示，并改变语调来强调意义和重要陈述。他开始更多地关注他是如何说的，以便更好地与球员沟通，这也是我们现在要做的。

如何去说

"重要的不是你说了什么，而是你如何去说。"我们经常会说或是听到这样的话，并且经常是用一种斥责的语气。我们都知道这些斥责是在说什么，但是这些话的内容与它们被说出来的方式不匹配。在足球领域，我们有效沟通的能力与我们说话的方式息息相关。

输出变换器

在对球员讲话时，教练总是有一些事情需要强调。用同样的语调、音量和语速对球员讲话显得非常无聊——就像一首没有变化的曲子，毫无味道。这样一成不变的讲话方式很难将教练希望传达的信息清晰地传递给球员。为了让教练所说的内容变得更加有效，我这儿有一些技巧，我管它们叫**输出变换器**。

语调

教练在与球员交谈时使用的语调透露了教练真正的意思。尽管教练说的内容是相同的，但其语调可能是极大地赞扬球员，也有可能是残酷地批评他们。微笑着、用可信的语调说"你今天踢得真棒"，这句话就是一个赞扬；然而，如果用一种讽刺的语调，意思就完全变了。注意你说话时的语调，并且谨慎使用讽刺——它会反映出你的意思。

　　球员，尤其是青少年球员，可能仅从字面的意思来理解你的要求。如果你的语调不是很清晰，他们可能会陷入疑惑。最近，我听到一个U12的教练在比赛中对他的中场队员说"就这样！你继续把球往偏了传，我们就能进球了！"你来说说看，这是要求球员继续把球分边呢，还是一句尖刻的、讽刺的话，以阻止他这样做？需要理解这句话的人（那个中场队员），陷入了疑惑。

音量

　　改变音量是最重要的输出变换器。你突然提高音量可以使球员们集中注意力，让你把重要的信息告诉他们。这样的音量变化也可以把走神的球员重新拉回来。想想看，拳击解说员用提高音量的方式来鼓动观众们，提高人们的呼喊声来增加比赛的刺激程度。当你觉得有些人不如你期盼的那样集中注意力时，你可以通过提高音量来提醒他们，看着他们的视线从地面移回来直至与你有眼神交流。你会突然发现，他们不再走神，而是完全地投入你所说的话里。

　　前任英超经理阿兰·柯比什利（Alan Curbishley）在他的自传里详细描述了他第一次见到原阿森纳主教练温格时的场景。他在描述温格时表达了他的惊讶："温格安静地站在边线上，几乎不朝他的球员叫喊，几乎从不失控，也没有不停地给球员们下指令。"当柯比什利探究这种行为时，他的解释很简单："温格不叫喊、不失控，他偶尔这样做的效果才会好。" 2009 年，已经在阿森纳效力 6 年的法布雷加斯（Cesc Fabregas）在赛后接受采访时所说的话支撑了这一解释："温格在一次阿森纳对阵利物浦的比赛中，中场休息时，他在更衣室里极不寻常地大发脾气……他怒吼着，我从未见过他这样过……下半场，我们扭转了局面。"这种方法的影响在职业足球的顶端感受到了。

温格平时很少喊叫和生气，他偶尔这样做的时候效果很好。如果你总是对球员怒吼或是生气，那么他们很快就会对你的行为产生免疫并对你的话充耳不闻。就像我们在读书时，老师每天都怒吼、咆哮，一旦他开始这么做，我们就会想着"又来了……"，然后我们就对他的话左耳朵进右耳朵出。

实际上，轻声细语地讲话也是有好处的，可以使听者更加投入，更加认真地听你在说什么。他们为了听清你说的每个词而多付出的努力对你很有帮助。设想一下，你在看电视或是听收音机时，房间里有另外的人在说话，你不会在意它们的音量，而是更聚精会神地听电视、收音机播放的内容。这样做也有明显的缺点，但是偶尔这样做不失为一个有效的技巧。

节奏

改变传递指示的节奏，同时使你的指示与你传递的方式保持一致，这会使你的指示更有说服力。如果你想让球员保持冷静和专注，你需要用冷静和简明的方式说话。你想通过你的话来使球员保持平静，可是语速又很快，这会给球员带来混乱的信息。如果你想要他们冷静，那么你说话的方式也要冷静。如果你想要更多的能量、激情，就要更积极快速地和他们说话，同时也要确保这样做不会使自己显得焦虑或者不安。

通过**变换节奏**，我们可以为那些我们可能很快就会忘记的单调的歌曲增添一些风味和吸引力。

用语言来描述画面

我的一个同事，也是一名教练，他在用语言描绘情景并且帮助球员理解方面是一个大师。我们合作的越多，我对他用语言展现自己说话的艺术的感受就越深。我们经常一起用各种形状还有影像来列举球队的战术阵型，**如圣诞树阵型、中场的菱形站位**，还有 20 世纪兴起的不出名的

WM 体系。比赛解说员和评论员也经常使用视频影像来帮助观众理解比赛进程，"他的射门就像飞鱼导弹一样""防守球员扫清了险情"，等等。

不仅如此，我的这位同事还将这样的教学方式融入到个体教学中。他会向青少年守门员讲解，他们应该调整自己的手型，就像被戴上手铐一样。当球员练习盘带时，他会向他们说，这些标志桶就是地雷。[①] 他也会向中场球员、防守型球员说，他们就是中场的**盾牌**。通过描绘这些画面，他把技术讲解得更容易被球员记忆，使教学更加直观。

口音

我知道与拥有不同口音的球员在一起是什么感觉。有时它可能是幽默的来源，如果是这样，那就没什么好担心的。[②] 就像我们在有些场合需要低声讲话以获得注意力一样，口音也有类似的情形。球员们可以依靠自身努力去捕捉教练所想传递的信息。但是，最重要的是你要先学会广而告之，并弄清楚哪些口音是球员可能不熟悉的。使用这个球员不太熟悉的口音可能对强调某事有利，但要确保每个人都能明白。如果球员有任何困惑，教练需要演示或使用其他形式的非言语交流来确保球员能够理解。

非语言交流（肢体语言）

肢体语言专家会告诉我们，我们通过身体不断地与人交流，而且**我们从来没有停止过交流**。一些非语言的信息是显而易见的，我们都会注意到它们，如有些人感到失望时会耷拉着肩膀，低下头看着地板。还有

---

① 这样的比喻不仅对青少年球员有效，对年龄大些的球员同样适用，只要教练在使用时稍加变通即可。如果我在给青少年球员讲课，那么我会告诉他们障碍物就是地雷。即使球员已经足够年长和成熟，但是要避开障碍物的重要性是相同的。

② 这甚至可能帮助你营造让球员们捧腹大笑的和谐氛围。

一些更微妙的信号，专家们更容易识别，比如当有人说了我们不喜欢的话，我们想要"推开"这些人的时候，我们会下意识地把舌头压在上唇下。

教练不需要成为肢体语言专家，但需要在同自己的队员交流时认真地看他们的身体反应。原普利茅利斯队主教练伊恩·霍洛韦（Ian Holloway），也曾经担任过莱斯特城队（Leicester City）、布莱克浦队（Blackpool）、水晶宫队（Crystal Palace）和米尔沃尔队（Millwall）的教练。他给我讲了一个许多年前发生在一场教练会议上的趣事。在比赛中，如果他对球队的表现感到满意，他会在教练席上静静地坐着。如果球队在比赛过程中需要改变比赛形势，他就会离开教练席，站到技术区，这是他向队员们传递信息的一个简单却有效的方式。

很明显，霍洛韦认为自己的肢体语言给球员们传递了信息。以下是一些有关于肢体语言给球员们传递信息的例子：

教练的肢体语言	传递给球员的信息
当球员出现失误时，在边线上挥动胳膊	教练很容易激动，因此球员们根本不敢冒险，因为那样很可能造成失误，以致惹怒教练
当球队出现破门良机时不断跳跃	教练情绪紧张，这很容易传递给球员
当球员错失良机时表现出沮丧	教练的这种反应可能导致球员的信心下降，因为他把这个肢体语言理解为他犯了一个非常严重的错误
疯狂庆祝进球	这会使球员们认为比赛已经结束，并且教练也默许他们大肆庆祝，从而导致注意力不再那么集中

即使我们每周都会在电视上看到职业教练表现出上面表格中的肢体语言，我们仍要再次提醒自己，青少年球员不是"迷你版"的成人。职业球员能够应对挫折和重新集中精力，而青少年球员在处理这些情绪问题上还差得很远。记住，球员会根据你的行为做出反应，所以，如果你在前锋错失良机时挥舞自己的手臂，其他的队员会将这种行为理解为他们同样也可以这样做。

就像**教练需要使他们说的话与他们说话的方式匹配一样**，他们使用非口头的身体语言来强调信息也是同样重要的。

我们的脑海中都有这样的画面：电视上的教练疯狂地做着手势，目的是为了让球员改变位置回到防守线上，或者让他们执行某种战术。虽然观众对出现在电视屏幕上的这些手势很疑惑，但**场上的球员对于这些手势却是非常熟悉的**。如果你对这些手势情有独钟，那你必须确保球员们理解这些手势的含义。否则，这些手势可能会引起球员的混淆和误解。教练使用手势和其他身体暗示来强调要点更能吸引听众。作为一种交流方式，用肢体语言比僵硬地站着说的效果要强得多。

倾听

沟通交流，根据它的定义，是一个双向的过程，包含着传递者与接受者。因此，倾听是教练与球员交流的基本方式。球员可以提供许多能够帮助教练以及球队运作得更好的想法。倾听，并不意味着示弱或是什么尴尬的事，相反，它体现着你的自信和理解力。

在前一章的"真实执教经历"部分，我详细介绍了一种提高球员信心的技巧，在这种技巧中，球员们概述了彼此的特长。我无法告诉你我曾经多少次使用这个练习，但是每次我都会从球员的话中学到一些东西。有几次，球员指出了我从未注意过的某个球员的优势！这并不令我感到尴尬，反而让我有了更多的信息去思考我的球员，并且有能力做得更好。

如何倾听

你是否记得在学校里，老师正在讲课或读一本书的一段文字，你的思想和注意力却已经飘走？我认为我们所有人都在某个时候做过类似的事。在你做白日梦的时候，老师注意到你注意力不集中，要求你重复她刚刚说的话，你总能重复她刚说的话，尽管你把它当作背景噪声处理了。

如果你的回答让老师觉得有点不安，毫无疑问她会先用下面一句话来教训你："你可能听到我说什么了，但是并没有听进去。"然后再继续她的内容。你并不确定她的意思，但你只是很高兴自己摆脱了棘手的局面！让我解释一下虽然你没仔细听但能重复是怎么做到的。

倾听与简单的听见、听到不一样——它不仅仅是听见了，而且需要你保持安静，等待某人讲完他的话，然后你可以添加你的信息。成为一个有效的倾听者需要放下一切，专注于你被告知的事情，包括展示开放的肢体语言，与讲话者进行目光接触，并通过点头表示同意，甚至不时地提出问题，表明你希望获得完整的信息。

当你和某人说话时，他们甚至没有与你保持眼神交流，这有多恼人呢？他们看起来很粗鲁，这种行为让你非常失望。现在，如果我正在讲话，但是听众注意力分散，没有与我进行眼神交流，那么即使是在社交场合，我也会等到他这么做完了再接着讲。我说话的时候我不希望我的听者会有这样的行为，当我的队员或是同事在讲话时我也不会有那样粗鲁的行为！

他们不听

就像在一个社交场合说话一样，如果你说话时球员不用心倾听，这会让你有一种挫折感。教练有许多知识需要分享，如果球员表现得不那么乐于接受，那么这会成为教练愤怒的一个原因。

安静	在讲话之前，你要确保队员们保持安静，如果必要，可以制造一个尴尬的沉默。这可以让你省去使他们安静下来的口舌，也可以避免球员之间互相"嘘"的情形。
不能动球	球员最开心的是脚下有球。为了获得球员的全部注意力，你要让球远离这种交流的情境，或者让球保持静止不动。如果球员必须这样做，那么你也必须这样做。例如，你一边在脚下滚动球一边说话，球员的注意力也会从你的语言转移到你的身体动作上去。

注意天气	如果是晴天，你要面对太阳站立；如果是下雨或者刮风天，你要面对风向或者雨落下的方向站立。这样可以使队员减少干扰，更加专注
教练说了多少	你的观点要简明扼要，并通过问答的方式使球员更多地参与其中
不同的传达方式	使用不同的方式传达信息，比如视觉教具、磁带录像以及运用"输出变换器"
引用名人名言	用"我曾经听瓜迪奥拉说过……"这样的话开始，会让你的话更具权威性。这不仅是你的观点，也是世界上最受人尊敬和最成功的教练之一的观点
凝视	这是一种行之有效的技巧，并且在各类教学中得到推广。如果一两个球员在不恰当的时候谈话，你可以用一个沉默的凝视来表达你的不满
讲个小笑话	微笑，并分享一些球员很容易理解的笑话，可以增进球队的融洽关系，使球员与你的想法保持一致。也会让他们关注你，而不是关注其他任何事情

如果球员不是造成教练愤怒的原因呢？**如果需要做出改变和调整的是教练呢？**如果球员不能全神贯注地听教练的长篇演讲（就像上文中罗布的案例）呢？相比于让 16 个队员改变他们处理信息的方式，让教练改变他们的讲话方式更加简单易行。

为了能让球员在你说话的时候仔细倾听，以下几点能够提高你说话的能力。

发展融洽关系

着手写这本书的时候，我就做了个决定，我不会以字典定义的模式写任何一部分，但是在这里，我要改变这个决定。这样做是为了塑造一个融洽的交流模式，并且使教练和球员们获得最佳表现。以下是维基百科对"融洽"的定义：

融洽：发生在当两人或两人以上同时感觉到他们之间非常相似或关系密切时。

Rapport

From Wikipedia, the free encyclopedia

For other uses, see Rapport (disambiguation).

Rapport occurs when two or more people feel that they are *in sync* or *on the same wavelength* because they feel similar or relate well to each other.[1]

丽塔·皮尔森是有着近 40 年经验的美国教育家，她在吸引人的、鼓舞人心的 TED 演说中给出了两句有关融洽的陈述：

孩子不会向他们不喜欢的人学习。

没有有效的关系就不会有有效的学习。

我见过的最好的青少年教练是那些与运动员同步并且完全融入球员生活的人，他们不只是关心足球训练，还关心球员的生活。他们和球员处于一种融洽的关系中，球员相信他们能够用十足有效的方法教他们踢球。

纽尔斯卡联队学院教练、著名的 Twitter 撰稿人尼尔·温斯凯尔（Neil Winskill）在一篇优秀的文章中介绍了教练如何在足球训练环境中发展融洽关系的方法。他允许我在这里分享。

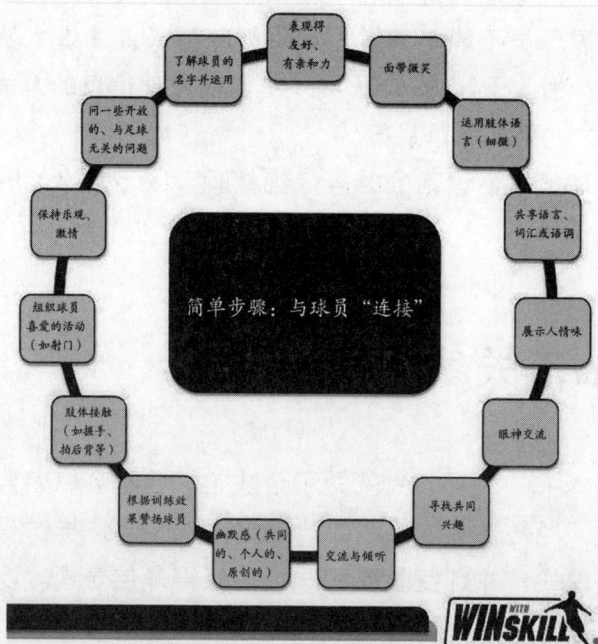

"连接"

　　就我个人而言，我有意识地努力做到每周与每名球员进行一对一的谈话。谈话内容可能关于他们的表现、球场外的生活、教育，或是其他任何话题。我这样做是为了让球员感受到我关心并且很在乎他们。这样的对话可能是在他们来训练时进行，帮助他们解决一些发生在球场外的问题（比如打个电话给他们学校的老师）；可能是一张关于表扬他们努力训练的留言条；也可能是简单地倾听他们说一说上述事情。

　　正如丽塔·皮尔森所说，孩子们会从他们喜欢的人那里学习，这种私人时间或"连接"会促进教练与球员间的融洽关系，帮助球员达到最佳表现。在取得融洽关系和与球员成为朋友之间有一条微妙的界线，这可能会破坏你作为领导者和纪律执行者的角色。球员需要知道你在他们身边，但也要接受这样的事实——你偶尔也会根据规则惩罚他们。

　　汤姆·施莱特（Tom Schreiter）在他那本极有用的《如何得到瞬时的信任、信仰、影响和和谐》（*How to Get Instant Trust, Belief, Influence and Rapport*）一书中简洁而全面地展示了 13 种用以营造和谐融洽氛围的方法。尽管他并没有指定哪项运动，但我们可以将他的理论运用于足球教学。我将他的建议罗列在下文中，并适当增加了足球方面的内容（下文的例子是一个可能发生在与一名需要调整场上位置的中场球员的对话）。

技巧	内涵	足球案例
告诉球员你和他都会同意的一件事	人们认同与自己相似的人，认同与自己信仰相似的人	"我们彼此都知道你想要成为什么类型的球员——一个四分卫那样的中场球员。"
节奏	人们需要用他们理解的方式和反映他们思考和操作方式的速度与人交谈	"四分卫中场的职责是从后卫那儿得球，然后发起进攻。"

续表

技巧	内涵	足球案例
告诉球员你和他都会同意的两件事	这加强了你们在思想上的相似性	"你现在的位置不是最好的，我和你都希望你每周都在队里。"
微笑	人类本能告诉我们可以信任微笑的人，因为微笑意味着没有威胁	微笑
"大多数人……"	人类本能的另一个方面是成为群体的一部分——这是一种生存方式。这些短语帮助人们保持与你一致的思维方式	"大多数人都知道在这个位置踢球，需要球员对球有超强的控制能力和十足的勇气。"
"每个人都知道……"		"每个人都知道，这类球员是顶级球队想要的。"
"人人都说……"		"人人都说你有踢好这个位置的能力。"
"你看，你知道……"	这类短语可以让人觉得如果我已经知道这个，或是有句老话这么说，那么它一定是真的	"你看，你知道我们一直在努力完善你在这个位置上的表现。"
"老话说得好……"		"老话说得好，位置最深的后腰是一支球队里最重要的位置。"
"你首先想知道的是什么？"	这种方式可以让球员觉得自己在掌控这段对话，并且使他把注意力放在自己身上	"我们想让你在这个位置试训。关于这个位置，你首先想知道的是什么？"
先给一个表扬，然后再提问	给予别人一个真诚的赞赏，而不是一个很明显的奉承，这样使他觉得你能看到他的本质，随后再提问，可以有效地避免尴尬	"你接球转身后继续向前的这招很机灵""你从哪儿学来的？"

技巧	内涵	足球案例
让你的队员讲话	让队员讲话是一个让他们分享意见和与你融洽相处的有效方式	"跟我说说你的足球背景和经历，你以前踢过哪些位置"
避免使用"为什么"这类可能会使球员产生防御心理的词来提问	谨慎使用"为什么"这类问题。如果使用不当，会使对方产生防御心理并逼迫他们怀疑自己的决定	"当有更好的选择时，你为什么要变向面对对方的前锋？"

场上队员的交流

　　与教练一样，球员在场上也会用到各种方式进行交流。他们会用口头交流以及非言语交流，因此，他们不同的说话方式会产生不同的影响。

　　教练时常发现球员在比赛时缺乏沟通。我个人认为，教练们过度地关注了这件事并且做出了不必要的过度批评。我看到内向的球员因为缺乏言语交流而受到批评。

　　在最近的一个英足总教练员培训课程中，我问了同伴们有多少人觉得他们的青少年球员之间有足够的沟通。令我惊讶的是，15 个人中有 11 个人认为他们的球员**"太安静了，说得不够多"**，尤其是在比赛中。我还发现这种情况在整个青少年足球培训中都存在。

　　在评估这些统计数据时，我们是否应该假设七成以上的青少年球员都不沟通？还是说我们应该把这看作是青少年球员的特点——青少年需要随着年龄的增长而发展，就如同他们的传球、头球、射门以及其他技术动作一样需要时间来提高？我比较倾向于后一个观点。

　　青少年球员缺乏言语沟通的原因如下。

- 他们还没有很好地理解比赛。
- 青少年球员倾向于以自我为中心，并且只专注于自己的表现。
- 有些青少年的性格内向。

·他们不知道自己应该说什么!

我们要记住的是,球员的身体无时无刻不在进行着交流。当你观看球员比赛时,你要思考他们正在使用哪些身体信号和动作标志,举手、挥手以及其他手势都是球员常用的。眼神交流可以使球员相互理解,比如,两人之间将要传球。根据动作的不同,其他的肢体语言会产生不同的作用,如前锋作势往后卫身后跑,中场球员在转换进攻时打开身体,后卫拖后准备接球,或者守门员调整他的身体姿态,所有这些都是帮助球员彼此理解和交流的方法。

肢体语言还可以使球员在带球、传球和射门时通过假动作来避开对方球员。[③] 尽管我们的嘴巴没有发出声音,但我们的身体无时无刻不在诉说着。

我对教练想提高球员沟通技巧的愿望并不反对。我常看到教练要求球员加强彼此交流的训练。常用的方法就是让他们玩一个游戏,但是不许他们讲话——这使得他们在可以讲话的时候更加珍惜交流的机会。我的团队暂时还没有确定这个策略的长期有效性。

球队里会有外向型球员和内向型的球员,有些球员可能在社交时声音挺大,但在球场上可能会由于对足球的理解不够而无法大声;另一些球员可能在球场外不怎么说话,但在场上却说个不停。这取决于球员的个人性格和一种与生俱来的品质。作为教练,我们是否坚持让他们改变自己的性格呢? 因此,将更多的时间投入其他对比赛更有效的方面是非常值得的。

结论

幸运的是,作为教练,你的沟通交流是否到位是可以估量的——通

---

③法国足球联盟在克莱尔方丹的国家足球技术中心的一份研究中指出:"接球时的伪装很重要,持球时的伪装同样重要。"

过队员们的行为和反应。你能通过他们的口头回答和非言语肢体语言来知晓他们是否投入了，毕竟，如果听者没在听，那么说话者说的意义在哪里呢？

　　为了总结这一章节，我将分享一则我最近在 19 岁以下球队训练课上发生的事情。由于第二天没有比赛（如往常一样），那次训练相当于一次加训。我对球员们说的是："我们明天没有比赛，所以今天就相当于放松训练。因为没比赛，所以我们今天没有比赛的压力，你们可以享受自己，尽情地踢。"

　　在我看来，我的表达很清晰，然而接下来的训练却少了我们平时要求的学习意愿、比赛节奏、比赛质量和决策等。队员们所理解的是那天的训练不需要太严肃紧张，只需要很少的努力或互动。我的这番话导致球队那天的训练没有任何效果，因此我想我再也不会那样说。你要确保你想传达的信息和队员们接收的信息是一致的，这非常重要。你的表达成功与否，在于其他人能否正确地解读它。

　　记住，**你不可能不交流**。即便是沉默，也是一种交流。对自身的沟通习惯特别感兴趣以及希望与队员建立融洽的沟通方式的教练们可以去了解一下**"神经语言规划"**（Neuro Linguistic Programming，NLP），它在体育领域的影响力正日益剧增。

摘要

・沟通交流是足球教学中过度使用但却被理解得最不透彻的词语。

・沟通交流是由 7% 的内容、35% 的说话方式以及 55% 的肢体语言组成。

・问问自己，队员们是否理解了你说的话。

・在平时给队员们灌输细节，而不是在赛前告诉他们新信息。

・中场休息时，帮助球员寻找改进的方法，而不是简单地指出他们在上半场所犯的错误。

·赛后谈话要简短。

·把你的足球术语转换成实用的短语、"流行语"。

·多提开放式问题，少问封闭式问题。

·改变自己说话的语调、音量和节奏。

·你能用你的语言来描述一个画面而帮助球员理解吗？

·留意自己的肢体语言可能会给队员传递什么样的信息。

·试着倾听队员——你会学到一些东西。

·"孩子们不会向自己不喜欢的人学习"——营造你与球员间的融洽关系。

·队员们在场上无时无刻不在交流，当你因此批评球员时请三思。

·你的交流成功与否，在于其他人能否正确地解读它。

真实执教经历

极限交流技巧

「托尼·米（Tony Mee），
约克城足球俱乐部青训学院经理，英足总教练员培训讲师」

人们很容易认为沟通是理所当然的。作为英足总的一名教练员讲师，当我在唐卡斯特聋哑学院（Doncaster Deaf College）教授二级教练课程时，我才深深地体会到这一点。我以前做的课程，面对的听众都是在"听"的，所以当我发现我的学生都是听力有障碍的人时，我觉得有点震惊。

第一天，我们来到了现场，并被介绍给了学生和两位翻译。在接下来的几个星期里，两位翻译被证明是无价的，他们的工作是把我们的"足球用语"翻译成适当的手语，展示给那些完全（而不是部分）失聪的学员。但是，这两位翻译却不是"足球人"，所以我们需要非常认真地选择措辞，并且需要运用我们的肢体语言来"画图"。

另一个挑战是我们在实战训练时的站位。如果我们站在训练场当中，那么部分球员和翻译会看不到我们，这意味着我们需要认真、有策略地选择我们的教学位置，以及采用最有效的干预方式。

我们需要翻译将我们的话转化成手语，所以我们在指示和练习中总是有一段停顿，这导致我们的训练节奏更慢。从那时起，我学会了不急于求成，确保我要传达的信息能够准确地传递给学员。

作为一名教练、讲师，我在教学中已经相当成熟了，但是和这样的团队在一起相处后，我更加坚信教练员的肢体语言在与队员交流中的重要性了。你可以用肢体语言来强调某个关键点、来解释你要表达的内容，也可以用肢体语言来加快动作的节奏或是使队员们冷静下来。

课堂教学是另一个有价值的学习体验，它让我知道与对话者保持眼神交流的重要性。因为你不可以单单与翻译进行眼神交流，然后让翻译把信息转达给提问者，翻译也不一定完全理解你所说的话。

和这个团队一起工作真的是把我从舒适区推了出来，每天都有新的挑战——如何最好地呈现信息。作为一名培训讲师，那段时间对我来说，每天都感觉身心疲惫。尽管我可以依靠自己的经验，但每天都有新的考验。我当初希望它只是一个挑战，事实上它就是一个挑战，但我从中更好地了解了沟通交流在教学中的重要性。

6

领导力和团队

教练经常被比喻成指挥家。每个乐手在管弦
乐队中都演奏着自己的乐器,发挥着自己的作用。
指挥家不仅要确保每个乐手都能够发挥好,他还
必须确保整体效果是和谐的。

——里努斯·米歇尔斯

(Rinus Michels)

一支足球队里，每个独立的个体最终都要团结起来。团队是所有这些个体蓬勃发展的框架。荷兰的传奇足球教练里努斯·米歇尔斯用乐队指挥类比足球教练，他生动地描述了教练在把一支球队凝聚在一起的过程中所扮演的角色，以及团队中每个成员和谐相处的必要性。通过领导，将发展中的个体融合在团队的框架之下是青少年教练的责任。

领导力

足球运动员不只是需要领导，他们想要并且渴望领导。在某些情况下，我们都想被领导。不是每个人都能完成天生领导者的任务，但**每个人都需要领导力**。虽然有时看起来不太可能，但多尔夫曼（Dorfman）在《心理游戏指导》一书中指出："青少年需要一致的参数、方向、秩序、结构、组织和纪律。不管他们知不知道，他们都需要它。这给了他们安全感，反过来也帮助他们变得更加自信。"因此，教练要确保自己的领导才能是建设性的，对人们有积极的影响。

意大利人法比奥·卡佩罗（Fabio Capello）在 20 世纪 90 年代担任 AC 米兰队主教练期间，曾有过一个关于领导力的精彩故事。那是 AC 米兰队赢得意甲冠军后，这支才华横溢、经验丰富的球队在球场上庆祝，在球迷的掌声中享受着他们的成就。

在这个欢乐的时刻，卡佩罗从边线挥了挥手，把球员们叫出球场，带到球场下的更衣室。这些人都是成年男子、职业足球超级明星和冠军。这些球员在近两年的意甲联赛中，连续 58 场比赛保持了不败战绩。然而，教练的一个手势就能让他们排好队，听从他的指挥，他们既不表示怀疑，也不表示反对。卡佩罗这样的影响力，让其他各行各业的领导者都梦寐以求。

权力的种类

上述卡佩罗所展现的领导风格，可以解读为法定权力。这是 20 世纪 50 年代后期社会心理学家弗伦奇（French）和瑞文（Raven）所提出的社会权力基础理论的五种权力之一。

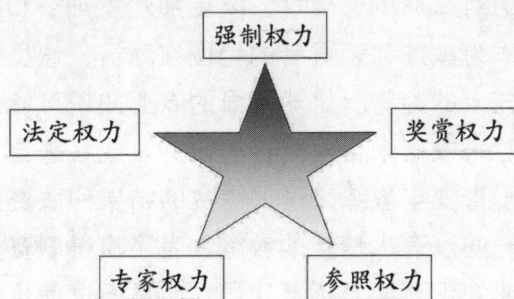

弗伦奇和瑞文的权力模型

法定权力

法定权力包括领导者利用天生的权威地位来控制或影响一个群体。我们都见证过或参与过这样一个过程——主教练或"老板"进入球场，比赛的节奏和专注度立即提高。我曾经听诺丁汉森林队的一名球员说过，球队的经理布莱恩·克劳夫（Brian Clough）对球员在场上的态度和行为有着直接的影响。他一出现在训练场上，球员的速度、质量和专业水平都有了显著提高。

然而，请注意，**法定权力不会自动发生**。即使你身居要职，要想让人们真正听从你的领导，也不只是简单地命令。球员不会仅仅因为你的地位或声誉而跟随你，你必须首先证明自己，证明自己值得追随。例如，一位前国际球星入主球队时可能会立即获得短期的尊重和权力，但从长远来看，证明自己拥有超越法定权力的领导能力才是被球员继续钦佩和追随的关键。

专家权力

在我看来，一名教练被认为是足球训练的专家是对他最大的赞誉。专家权力意味着教练员知识丰富且对比赛有专业的认识。在第5章中，我们强调了避免绝对陈述的必要性，要更加注重细节和事实。如果建立起这种权力，你作为教练和领导者的地位在球员、球员家长和其他教练的眼中会有一个向上的趋势。足球方面的专业知识可能来自卓越的职业生涯和丰富的经验，或者来自对比赛的研究，或者来自针对教练资质的学习。然而，对于青少年教练来说，比赛的结果和联赛冠军并不总是最重要的。我见过一些没有人情味的教练，为了赢得联赛和杯赛的冠军，他们并不是靠专业知识和能力招募球员，而是通过使用强制权力和不近人情的方式组队。

奖赏权力

奖赏权力是利用激励来影响人。在足球比赛中，这可能涉及内在的奖励，比如口头表扬。在青少年足球训练中，这种领导方式至关重要，因为它是教练对孩子们成长的一种欣赏。当孩子们的努力受到赞扬时，他们会更愿意一次又一次地重复自己的行为，这并非巧合。这里的关键是有效地使用权力。

前托特纳姆热刺队和西汉姆联队的主教练、现女王公园巡游者队的主教练哈里·雷德克纳普（Harry Redknapp）的大部分工作都是基于这种领导风格。他经常在新闻发布会上和采访中谈到他的球队和球员是"伟大的"　"了不起的"　"与众不同的"。前托特纳姆中场范德法特（在雷德克纳普执教时期）在接受报纸采访时表示，主教练的训练并不复杂。你会觉得雷德克纳普的意图是确保他的球员感觉良好，确保他们达到最佳表现。

使用奖赏权力有一个适用期限。要确保在表扬与建设性批评之间取得平衡，并在必要时使用强制权力。

强制权力

强制权力依赖于使用惩罚的方式让追随者实现预期目标。在青少年足球中，这通常是体罚。比如球员因行为不端或表现不佳而被罚做俯卧撑或跑上几圈。这类领导方式的长期价值微乎其微。

我们在第 5 章中讨论过，使用身体练习作为惩罚会让球员在进行体能训练时失去动力。我认为消极的行为往往会产生非常不好的后果。球员的行为如果有时候不够好，他们需要一次严肃深刻的谈话。我有无数次不得不牺牲团队其他成员的利益甚至是我自己的理智而原谅球员！

然而，作为教练，如果球员不愿意跟随我们，我们就不能成为真正的领导者。如果球员是基于一种更具强制性的权力类型而被迫跟随，他们将无法达到最佳表现，因为有一个影响表现的恐惧因素存在。动机是外在的，球员只是在努力避免惩罚。正如戴维·亨特（David Hunter）在《成为一名领导者——理解并运用改变生活的领导技能》（*Become a Leader Understanding and applying Life-Changing Leadership Skills*）一书中所指出的，"如果你是鼓励而不是威胁人们，他们可能会变得更有效率。"

参照权力

教练通过尊重、忠实和赞赏来展示他们的参照权力。球员会通过同情心和人际交往技巧尊重教练。这种"个人"力量是通过建立融洽的关系和信任而发展起来的，球员会基于这种信念和尊重跟随教练。这种类型的领导对于那些很难管理或者比其他人需要更多纪律的球员来说是非常有效的。如果这类球员知道教练关心他们，并将他们的利益放在心上，他们将更有可能听从教练的指示。最近，一位参加教练培训项目的当地教练告诉我，他手下的一名女球员很难管理，喜欢打架而且喜怒无常。他给这名女球员发短信关心她的伤情，这名女球员非常感激。事实上，她家里人从不支持或照顾她，一条简单而富有同情心的短信对她的影响非常大，她的训练效率和态度都有了极大的提高。

我最喜欢的教练以前就是用这样的方式执教球队的。一旦球员进入房间，或来到球场，他会激励与欢迎他们，让球员们觉得自己变得非常重要且充满自信，甚至身材都会显得更加高大。我清楚地记得，他曾对着一位经历了长时间失业首次参加训练的年轻职业球员疯狂地喊着他的名字，"欢迎回来，小子！"就好像他是看台上狂热的支持者一样。

几年前，大卫·博尔乔佛（David BolchoVer）在《星期日泰晤士报》上写了一篇关于橄榄球教练韦恩·班尼特（Wayne Bennett）的精彩文章，题为《好领导关心员工》（*Good Leaders Care for Their Staff*）。班尼特是获得过很多荣誉的澳大利亚教练，他毫不质疑参照权力的价值和重要性，"当我有一个我关心的教练，我知道他同样关心我，知道我对他很重要，我会为他做任何事情。我可以在任何时间工作。我不会质疑任何事情。然而，当你遇到另一个不在乎你或其他人的老板时，你就会失去动力。"

正如我们在第 5 章里提到的，教练在发展与球员之间的融洽亲密关系，以及简单地与他们成为朋友时，要存在一种很好的平衡。教练与球员成为朋友会影响教练对球员表现的判断，影响球队纪律的建立与遵守。

足球教练应该使用哪种领导风格

利物浦大学（Liverpool University）体育研究主任、足球应用管理证书（Certificate in Applied Management for Football Soccer）课程的授课者苏·布里奇沃特（Sue Bridgewater）博士在她的《足球管理》（*Football*

Management）一书中详细阐述了足球教练在球队管理中的领导力问题。她提出了一种理论，认为领导力的外部影响因素会超出教练员的直接控制，这些因素包括追随者（球员）的角色和组成，以及影响绩效和领导力的资源，尤其是在高层。

布里奇沃特博士的结论是，**没有一种领导方式在所有情况下都是有效的**。背景、环境、球员的特点以及资源的范围都会最终影响教练扮演的领导者角色。

教练通过专家权力（"要想重新回到这个比赛中，我们需要做 A、B 和 C"）、奖赏权力（"你今天在训练中的表现会让你在明天的比赛中获得首发"），或者确实要用强制权力、参照权力或法定权力等方式来领导团队都是很重要的。希望你能在领导和与球员合作的方式中掌握这些风格的组合（如下面的风格拼图所示），创建你自己的领导风格拼图。

使用所有权力的类型

球队领导者的肢体语言

在第 5 章中，我们讨论了很多关于沟通技巧的内容，并研究了我们的肢体语言——通过手势、反应和动作传达给球员的信息。在本章中，我们将探讨领导者使用的肢体语言，以及应如何应用这些肢体语言。

在《领导者的肢体语言》（*The Body Language of Leaders*）一书中，布莱恩·奈特（Brian Night）解释道，"强有力的肢体语言会给人一种权力和力量的印象……许多领导者难以鼓舞和激励一群人的一个原因就是语言沟通和身体语言相冲突。"因此，教练的非语言交流可以对球员产生影响。

在语言中加入手势

政治家是（或者应该是）肢体语言的专家。他们会通过手势或动作来强调重点。他们会使用较慢的、有规律的动作，而不是反映其压力的烦躁不安、无法控制的动作。奥巴马在当选总统之前，他用了很多手势来体现他的活力、独特性和积极性。

政客们不会把手藏起来，因为人们不信任那些看起来像在遮遮掩掩的人。焦虑不安的人往往会把双手插在口袋里，或者下意识地把双臂交叉，以免让人看见。

作为教练，我们还可以将关键信息与积极的手势相结合，强调重要部分，并在信息和手势之间建立联系。球员如果在踢球时需要一个关键信息的快速提醒，你可以使用这个手势而不需要详细解释信息。我的一位同事是一名教练员讲师，他熟练地运用了这一点。有一次，我从远处观察他的动作，通过他的手势和肢体语言，我几乎可以了解到他所有的训练要点。

"权力"的姿势

你的站姿，你如何向人们展现自己，这些都很重要。最近我与一位教练聊天，他告诉我他马上要去执教一支正在参加地区联赛的球队，他的当务之急是整顿和重振球队。他向我描述了上一任教练在全国杯半决赛前，对球队如同"狼吞虎咽地吃汉堡"般地进行更衣室谈话。我猜上一任教练本想说一些鼓励或传递细节的话给他的球员，但他的肢体语言与此相矛盾，给球员的暗示就是这个场合不重要，不值得他们付出全部的注意力，这会让球员有一种挫败感，一种虎头蛇尾的感觉。

关于"权力"的姿势，有几个黄金法则：双脚自然分开，与肩同宽，挺胸抬头。但如果你仅仅随意地站着，斜靠着墙，手里拿着汉堡，试图在一群青少年球员职业生涯中最关键的时刻激励他们，你觉得你的肢体语言和影响力会有多大？

这种"权力的姿势"可能不会让每个人都舒服地坐着，事实上，假装或做得过火会让你给人留下自大、过度自信和令人讨厌的印象。但是不要害怕，《领导者的肢体语言》建议你开始慢慢来，"当你习惯使用肢体语言且用得熟练时，你会自然地融入'权力的姿势'。当身体语言和姿势控制成为你的第二天性时，你真的可以看到另一种结果。"

说服的艺术

近年来，人们对说服的艺术进行了大量的研究。像詹姆斯·博格(James Borg)的《劝导》(*Persuasion*)和戈尔茨坦、马丁和恰尔迪尼的《是的！》(*Yes*！)都不遗余力地为那些希望成为领导者的人提供了建议。

说服是通过某种方式让接受方接受我们想要推销的东西，从而获得我们想要的结果的一种方式。说服的艺术经常用于广告、销售和政治中。上述两本书都有一些精彩的故事讲述了如何以某种方式使语言、措辞和行动更有吸引力。

你说话的时候务必认真

我们在第 4 章中评论了阿尔·帕西诺在《挑战星期天》中的著名演讲，他的演讲吸引并激励了一大批美国职业足球运动员。我们注意到，任何缺乏热情的或被迫模仿这类演讲的尝试都可能存在缺陷。简而言之，你要完成这类演讲，或任何你想要推销某样东西的演讲，你必须相信自己说的。有了这种信念，就有了力量，就有了听众。

"你" "因为"

英语中有几个词被认为特别有说服力。除了"**自由**"和"**立即**"这样的词，还有两个简单得多的词，如果使用得当，可以帮助你说服别人，从而让自己更有领导力。

"你"

名字对于我们人类来说至关重要。它可能是我们学会读、写和听的第一个单词,并且每天都会被不断地重复。

在一个 100 人或 1000 人的大楼里,如果听到有人提到我们的名字,我们就会自动转身!有证据表明,当人们听到自己的名字时,大脑的某些组织会受到刺激。《是的!》中关于名字的力量的研究称,人们喜欢与自己名字相关的事物,哪怕只是听起来像自己的名字!因此,当我们看到自己的名字在灯光下的时候,我们会有一种被关注的自豪感。

当你和球员在一起的时候,**喊他们的名字**,或者至少喊他们想被称呼的代号,比如昵称。这样说起来简单,但并不是每个人都能接受或者支持你所做的。在无数的场合中,教练甚至在球员在场的情况下称呼他们为"我的守门员""前锋""我的 4 号"等。更糟糕的是,教练有时会忘记或者弄错球员的名字。

在第 4 章的"真实执教经历"部分,我跟大家分享了帮助球员建立自信的办法。当球员处于一个非常困难的阶段时,我会使用精神激励来帮助他们。几年前,当我使用这个方法时,我像往常一样整理所有的信息,把它们打印成彩色的单页,并在球员到来之前把它们贴在更衣室的墙上。当球员一个接一个进来的时候,他们会很热闹地围着看。我微笑地看着他们,仔细分析结果,然后走进办公室,对自己做的这件事取得了预期的效果感到满意,直到队长来到我的办公室告诉我没有左边锋的信息单页,他的名字不像其他人那样在灯光下闪闪发光。我飞快地把他的单页打印出来(不过这次是黑白打印的),然后穿过人群把它贴在墙上,显然这对那名球员的影响不如其他队员那么明显。

"因为"

如果有人给我们一个命令、建议或问题,当我们听到它后面跟着一个简单的词——"因为",这会让球员服从的愿望变得强烈得多。将这个词添加到一个短语中,将有助于证明你想要表达的内容。一般来说,人们喜欢了解故事的背景，他们想知道为什么被要求做某事。这对于球员来说是一样的。如果你提供的理由越好，那么你的球员就越有可能去接受它，因此你便能从他们的努力和行动中获得最大的收益。例如，当用"因为"做后缀时，下面的声音听起来更有吸引力：

无理由	有理由
对右后卫说："你今天踢左后卫"	"约翰，你今天踢左后卫，因为你两只脚的技术都非常好，你也是最适合这个位置的人。"
对全队说："我们今天要去健身房"	"我们今天要去健身房，因为我们明天没有比赛，我希望我们为接下来的三场比赛做好体能储备。"

法定权力的领导风格有时会让我们陷入一种"我让你做你就做"的文化中。我记得小时候大人们说这些话时，我很讨厌。别人要求我们做什么，无论是积极的、消极的，还是介于两者之间的，当有理由支持时，人们会更容易接受，因为人们对它的反应更好。

成为 "老大"

领导肩负一定的责任。人们期望领导者在大多数情况下做出正确的决定。在我认识的领导人中，无论是足球、体育、政治还是社会，从来没有一个人能一直做出正确的决定。作为人类，我们可能会高标准要求我们的领导人，但我们都知道，判断和行动永远不会 100% 完美。

"机长综合征"

如果你是这个房间里最有资格或最有经验的教练，或者在职业足球领域有着杰出的职业生涯，那么要注意一个被称为"机长综合征"的问题。"机长综合征"指的是最了解情况的人由于领导人的资格、经验或职业做出了糟糕的决定，但下属却不顾后果地盲目追随。这个词源于一名飞行员的决定，他忽视了机上计算机系统检测到的故障警告信号。尽管副驾驶很担心，并将这些担忧传达给了他的上级，但这位固执的机长依然决定起飞。航空公司的工作人员欣然接受了机长的决定，因为机长被认为是专家。最终飞机坠毁，机上人员全部遇难。

如果你是一名主教练，请记住，即使你拥有较高的地位，你也很可能会犯错，而你的下属，以及你的球员则很可能帮你做出更好的决定。如果你是助理教练，学会质疑（当然是以正确的方式）正在做的决定。

承认错误

真正敢于承认自己的错误并能坦然面对才是一名优秀教练的特征。比起你虚张声势并试图坚持一个有缺陷的想法，球员们会更尊重勇于承认自己错误的你。进一步地说，就是教练员要离开球场，研究问题，找到解决方案，并将其正确地传达给球员。更好的做法是，如果你不确定一种特定的打法、阵型或难题，让球员参与到试错训练中来，一起找到问题的解决方式并学会应对。

选择助理教练和工作团队

当你在考虑助理教练（或者球队其他人员）人选的时候，有一条黄金法则——**永远不要让任何消极的人靠近你或者球员**，不断地否定或吹毛求疵的教练不会给球员留下持久的积极印象。一个真正的领导者不会总是关注缺点，他会关注并强调球员的优势，帮助他们成长和提高。他还会确保他的教练团队也这样做。

消极的人不能使训练高效且会影响你的团队。作为一名教练（或者助理教练），他是否经常抱怨球员在训练中的表现很差，是否会首先指出球员的缺点而不是优点？在球员训练之前，他会不会不尊重球员的能力，在没有帮助球员克服自身缺点的情况下抱怨球员的表现吗？

如果你的团队里有这样的人，为了你的团队利益，最好让他立刻离开。

选出球队队长

在足球领域内，挑选队长是每位教练都必须要做的事情。

球队队长的重要性是毋庸置疑的，然而，一些教练会很直接地说这并不重要。他们会说，不管谁戴着队长袖标或者在开球前去扔硬币选边，比赛一旦开始，所有球员发挥的作用和影响力都一样。也有证据表明，对"队长"的强调存在文化差异，如英国更关注和重视队长，而欧洲大陆则不同。

还有一些教练会强调队长在足球等级体系中的重要作用。队长是球队成员和教练之间的纽带，对鼓舞、激励和沟通场上的信息非常有帮助。有关球队队长和副队长的决定值得教练和俱乐部官员仔细研究和讨论。

年龄的争论

在低龄青训阶段，没有必要选出一名固定的队长。我完全赞同一场比赛换一个人当队长的想法。事实上，8 岁以下球员中谁是队长并不重要。它不会影响球队个人或集体的表现。

轮流当队长的好处有很多，可以让所有的球员都有机会在聚光灯下感受这份工作的自豪和责任。随之而来的是每名球员对共同责任的认识，以及感受队长的领导力和权力。在这个过程中，团队中天生的领导者会脱颖而出，而一个天生的领导者很可能是通过偶然的机会发展起来的！

在低龄球员中任命队长的危险在于，他们会想当然地认为自己是最好的球员，并坚持让每个人都按自己说的去做。小球员非常自负，他们会利用一切机会让自己得意忘形。记住，如果你从一名青少年球员手中夺走队长的位置，可能会让他觉得自己失宠了。

在与 16 岁以上的青少年球员打交道时，选择一名队长就显得尤为重要。在这个年龄段，球员的自我意识变得更强，并真正确定了他们在群体社会结构中的角色。有些人会很高兴和自豪地接受队长这个角色的挑战，而另一些人则宁愿在没有额外压力和更多责任的情况下踢球。后者只关心自己的表现，给他们赋予额外的责任只会适得其反。

不同的教练选择队长有不同的标准。有些教练喜欢能鼓舞、激励和指导别人的球员（切尔西的特里）；有些教练喜欢用最善于沟通交流的球员来帮助球队传递信息（AC 米兰的巴雷西和马尔蒂尼）；有些教练会选择最好的球员（阿根廷的梅西，葡萄牙的菲戈、C 罗），或者是最具统治力的人物（曼联和爱尔兰的罗伊·基恩）。也有许多教练更喜欢他们的队长以身作则（英格兰的贝克汉姆），或者选择一个一直扎根于俱乐部的球员（巴塞罗那的卡莱斯·普约尔、利物浦的杰拉德）。

如何利用队长的身份

我用一个有趣的弧线球理论来进行这场关于队长的讨论。与其为了利益而选择一名队长，不如选择一名有责任心的球员。如果你有一名有可能对队友产生负面影响的问题球员，那么选他当队长则是非常有益的。这是一种在教育中被广泛使用和提倡的方法，在这种方法中，一个班级中的捣乱分子被赋予额外的责任，他便把精力集中在一些积极的事情上。**这种授权带来了责任**，他现在有责任对团队的其他成员、他的同龄人表现出积极的一面。

球员有时候并不知道自己的影响力有多大，他们可能会消极地利用这种影响力。几年前，我和一支 19 岁以下的球队一起工作时就遇到了一位非常有影响力的球员。他有很强的个性，在很大程度上也因为他在足球项目之外的社会地位受人尊敬。他的队友基本上都是年轻人，非常容易受他影响，生活在他的"魔力"之下。他如果表现得懒散或喜怒无常，团队中的大部分人会立即效仿。

有一天比赛前，在球队热身之后，他说了一句看似无关紧要的话，说自己要把球衣塞进裤子里。令人惊奇的是，全体球员就像一排旅鼠一样，要么把自己的球衣塞进裤子里，要么仔细检查自己的着装是否整洁得体。因为一个有影响力的球员认为这很重要，所以其他球员也这么认为。

在这次比赛之后，我找了一个时间和他单独讨论这个问题。他不知道自己的影响力有多大，当我告诉他这件关于球衣的故事时，他惊呆了。我给了他一个积极领导球队的机会，他接受了。我们约定一起工作，并利用他的新影响力在团队中进行建设性的工作。在团队谈话中，他开始附和我的观点，并斥责任何有不当行为的球员。他在更衣室里就像是一个迷你版的我，但有更多的声望！结果，他开始充分发挥自己的潜力，不仅他自己表现好了，而且带动球队的比赛效率也提高了。

教练赋予那些问题球员以更多额外责任时要非常小心——**这并不总是有利**。你对队长的任命有可能会被视为对不良行为的奖励，这会影响到团队其他成员的做法。所以，要仔细考虑你的决定对团队的影响。

如何使球队做到最好

一群人并不就是一个团队。团队是指所有的队员为了一个共同的目标而一起工作。这个目标或愿景一旦被创建，就需要所有成员发展和维护直至成功。

在我们的足球环境中，我们会使用"团队"和"团队建设"这样的词汇，并且也有"团队中没有'我'""团结起来，每个人都能取得更大的成就"这样的说法。然而，"建立团队精神"和"团结"远不止简单地要求一群人"成为一个团队"。**教练让球员"像团队一样踢球"并不足以打造真正的团队凝聚力**。一方面，要让团队自然成长，并接受所有团队都会有的不同的发展阶段；另一方面，要看教练何时以及如何进行干预。

团队的自然发展

1965 年，布鲁斯·塔克曼（Bruce Tuckman）提出了著名的团队发展阶段模型，该模型认为所有的团队在成为一个高效团队之前都要经历四个发展阶段。

塔克曼的团队发展阶段模型

篮球教练帕特·莱利（Pat Riley）在他那本精彩的《取胜之道》（*The Winner Within*）中向我们讲述了他在球队发展初期与球队合作的奇妙经历。他的球队纽约尼克斯队（New York Knicks）刚刚招募了泽维尔·麦克丹尼尔（Xavier McDaniel），他是一个在身体素质上具有统治地位的球员。但是在尼克斯队的花名册上，安东尼·梅森（Anthong Mason）也是一个占主导地位的人物。在莱利训练营第一天第一次训练开始的几分钟里，这两个人就发生了冲突，最终导致了一场激烈的身体碰撞。在这个"激荡期"阶段之后，两名球员开始意识到他们有很多共同之处，他们作为个人和团队的一分子，一起工作对他们来说将是富有成效的。

我希望所有的球队不是都要经历肢体冲突才能更团结！值得理解的是，新团队之间可能会有一段时间的不信任，这需要克服，但团队最终会变得更强大。

团队愿景

在《领导力》（*Leadership*）一书中，德里克·斯坦扎（Derek Stanza）断言，"任何优秀的领导者只要有一个清晰的愿景，并且准备付诸实施，就能拥有正确的道路"。斯坦扎接着表示，"一旦**你有了一个清晰的愿景**，你的团队就会热情地追随你。"

伟大的领导者坚持他们的愿景，并利用每一个机会提醒他们的追随者——甚至到了过度重复的程度。奥巴马在其著名的《我们一定能》（*Yes We Can*！）的演讲中，一遍又一遍地使用"我们一定能"这个句子。观众非常希望这个美好愿景成为事实，他们跟着反复呼喊。

弗格森爵士在曼联的 27 年中，不断地重申，"没有一个球员比俱乐部更强大，球员的职责是赢得比赛，而不是接受一个平局。"他有一句非常流行的名言，"我们没有输，我们只是没有时间了。"无论球员的能力如何，球员和工作人员在俱乐部里都不能对愿景产生动摇。我们曾多次听到或是通过媒体了解到，瓜迪奥拉告诉他的球员，"所有人需要对巴塞罗那的价值观和身份负责。"

瓜迪奥拉的前辈路易斯·范加尔在加泰罗尼亚的俱乐部提出的球队愿景是一个非常精彩的哲学愿景，如今在网络上可以查到。他提出了三个愿景，如下：

（1）赢得尽可能多的冠军；

（2）踢吸引人的足球；

（3）让尽可能多的球员在俱乐部接受训练。

该文件详细说明了球队比任何个人都重要，球员有义务接受和捍卫俱乐部的理念。

瓜迪奥拉用范加尔提出的理念打造了属于他的巴塞罗那，并以个人的立场通过他的球队来维护俱乐部的价值。这个愿景在球场上，是传球、控球和保持耐心。下面是瓜迪奥拉在 2009 年欧洲超级杯决赛加时赛前的团队谈话记录。你要注意他提到了多少次"控球"和"我们的方式"：

2009 年欧洲超级杯决赛加时赛前瓜迪奥拉与团队的谈话

保护传球。不要在防守上冒险。把防守做好。不要传球到中场。

像往常一样，持续控球。用我们的方式。所有人在球的前面。

他们（顿涅茨克矿工足球俱乐部）正在等待反击，他们不会改变。

因此，现在要比以往任何时候都需要用我们的方式控球。我们如果有球，可以做我们知道的。30 分钟内就可以得分。

别担心。别担心任何事情。**做你知道的**。保持耐心。不要失控，否则他们会干掉我们。触球再触球。别担心！别担心！要有耐心。

10 个人像以前一样做同样的行动。现在，比以往任何时候都要做得更多。移动，再移动，创造一个持续控球的局面。找到空间，主要寻找两侧和中路的空间。

对吧！绅士们？像平常一样！上场吧！

这里有两种截然不同但又相互关联的方式来看待团队的功能。范加尔的愿景主要基于场外的细节，而瓜迪奥拉的团队谈话带来了球场上的细节。

团队合作

球场外的团队合作	球场上的团队合作
团队和谐	阵型、体系、战术
愿景、目标	踢球风格
目的、宗旨	训练复盘比赛
攻城心态	进攻与防守
团队士气	事半功倍
纪律	场上位置
团队的形成	个人在团队中的角色

创建团队愿景

团队愿景是将团队所有的元素集合在一起，使其朝着同一目标努力。青少年球队通常没有巴塞罗那或曼彻斯特那样的俱乐部身份。球队的愿景需要教练和球员共同创建和维护。我再一次强调教练为球队创建愿景有很多好处，而且这个愿景的意义甚至超过了战术和阵型，这是球队赖以生存的核心价值观。英国 U18 教练雨果·兰顿（Hugo Langton）创建的球队愿景就是一个很好的例子，他提供了如下教练经验：

无论是在家里还是在学校，球员都必须遵守规则，否则会被人斥责。我讨厌在我们的足球环境中有球员因此而受到斥责。足球应该是很有趣的，所以我只有三条我们必须遵守的规则：

（1）准时；

（2）说真话；

（3）在场上和场下都表现出色。

在本章的最后，你将看到兰顿的核心规则和团队愿景是如何使处于困境中的球队受益的。

团队愿景如何实现

创建团队愿景也同样适用于高水平的职业球队。2008 年 9 月，在与博尔顿队的比赛前，阿森纳俱乐部的工作人员和球员在球队下榻的酒店召开了球队会议。记者在会后发现了一张 A4 纸，上面详细记录了小组会议的重点，记者将其发表在《独立报》上。

阿森纳的愿景

团队

·团队内部的关系有多强大，团队就有多强大。团队的驱动力是所有成员在团队中建立并保持良好关系的能力，这为团队的动力添加了额外的维度和稳定性；

·我们要用感恩的态度来关注团队，这将给我们的生活带来巨大的好处，也可以用来加深球员彼此间的感情，等待我们的将是一支强大而团结的球队。

我们的团队如何变强

·球场内外都表现出积极的态度；

·每个人都为团队做出正确的决定；

·坚信我们能实现目标；

·相信团队的力量；

·总是想要更多，总是给予更多；

·专注于我们的沟通；

·严格要求自己；

·保持活力，做好获胜的准备；

·专注于精神上的强大，并一直坚持到最后；

·当我们在客场踢球时，相信自己，就像在主场踢我们想要踢的那种足球一样；

·团结在一起；

·无论做人还是作为一名球员，保持脚踏实地和谦逊；

·无论你做什么，都要表现出获胜的渴望；

·享受并为团队做出贡献。

上面阿森纳的例子就是里努斯·米歇尔所说的"团队心理建设过程"。在《独立报》发表的关于阿森纳赛前会议重点的文章中，体育心理学咨询专家马丁·佩里（Martin Perry）将这份文件描述为"团队核心价值观"的根据，阿森纳团队成员显然达成了共识并共同为之努力。阿森纳的教练组通过提醒队员们牢记他们的价值观，重申了他们的共识和团队精神。

制订规则

球队的核心价值观是所有球员必须遵守的固定规则。当规则由球员制订时，球员们不只是认同规则，而且**会让规则发挥出最大效用**。也就是说，不是教练制订所有的规则，球员也应参与到规则的制订中来。比如之前讲到的捣乱队长，责任给他带来了义务。如果有球员违反了这些规则或不遵守核心价值观，他的同龄人有义务帮他重回正轨。在阿森纳的规定中，佩里再次强调了这一点的重要性：如果有球员不遵守规则，意志坚定的球员会提供关于球队规定的提醒。

在前诺丁汉森林和德比郡的经理布赖恩·克拉夫（Brian Clough）的自传中，他描述了一种帮助他增强团队力量同时也能加强团队纪律的方法。他允许球员自己选择训练时间！一旦球员自己做出了决定，他们就必须守时。如果他们迟到，就违反了他们自己的规定，因此要接受惩罚。

教练可以将团队的身份、愿景和核心价值观等写下来并得到团队成员的认同。有时，这不是必需的，因为拥有共同抱负和目标的人会自然地成为一个团队。对于那些没有这样做的球队来说，季前赛显然是教练与球员一起坐下来制订球队核心价值观的最好时间。在你的主持下，让球员们参与其中，定义什么是这个赛季的成功，以及他们坚持维护的标准是什么。这个赋予球员权力并让他们决定自己愿景的过程，会立刻得到团队的认可。

建立一个团队

我们都想重现电影《光辉岁月》（*Remember the Titans*）中的那个时刻：一支由两个学校合并的美国橄榄球队在清晨被带到一片空地，这里曾是美国内战时期葛底斯堡战役的战场，布恩教练在那里发表了一篇鼓舞人心的演讲，从而使一个种族分裂的群体走到了一起。他们有一条标语："如果我们不走到一起……在这块神圣的土地上……我们也将被摧毁。"

团队的建设是一个艰难的过程，达到布恩教练的水平可能很难。我们通常把"团队建设"与在森林中奔跑、完成任务联系在一起，这些任务需要人们一起完成。我不太喜欢这种关联。尽管我是一个非常有团队精神的人，但是站在河岸上做一个筏子把我和我的队友们送过河这样的事并不能引起我的共鸣。就我个人而言，我更愿意和球员们在足球场上一起踢球。

当我专注于团队建设时，我更喜欢用视频和足球比赛把人们聚集在一起。球员可以通过解决球场上的问题来学习如何合作，就像建造筏子过河一样。我有大量的视频，它们向球员们传递了非常好的信息。让我们离开造木筏的地方，到足球场去。

视频的妙用

视频、视效对青少年球员的影响巨大。有很多很好的团队合作视频，如《克鲁格之战》（*The Battle of Krugar*）和《大雁的启示》（*Lessons From Geese*）。更加具有说服力的是一个来自世界著名足球队的真实视频，为此我将再次谈谈瓜迪奥拉和巴塞罗那。

在 2009 年罗马欧冠决赛之前，巴塞罗那主教练瓜迪奥拉联系当地一家电视公司制作了一段蒙太奇视频，视频把他的球员们描绘成角斗士。值得注意的是，视频中包含了团队的每一名成员，他们在聚光灯下的时长都是相同的。例如，超级球星梅西受到的关注与替补守门员何塞·曼努埃尔·平托是一样的。所有的球员都会看到他们表现最好的片段，还有球队获胜和一起庆祝的片段。瓜迪奥拉在巴塞罗那重要比赛之前提供了球队精彩的信息。

在我的球队里，我还使用了一些关于巴西人阿尔维斯和阿根廷人梅西的和谐关系的视频，他们一起热身后进行了一系列吸引人的 40 米长传球的技术练习。如果我们可以在整个足球场建立这样的关系，那么我们的球队就会更加强大。

把消极的处境变成积极的处境

球队在比赛失败后听取顶级教练的意见总是很有趣的。我们通常不得不为裁判判罚、球点球未进或比赛"转折点"等那些改变比赛进程的瞬间寻找借口。几年前，穆里尼奥在他执教切尔西的第一个赛季就遭遇了罕见的失败。他采取了不同的立场，声称这次失败对球员们的努力程度敲响了警钟，他们需要努力达到更高的表现水平。他把失败变成队员们的战斗口号，消除任何潜在的自满情绪，从而加快前进的步伐。

我自己的球队在最近的一个季前赛中迈出了一大步。球员们正准备参加最高水平的青少年足球比赛，这次的赛事比他们以前参加过的任何比赛的级别都要高。因此我安排了几场与同级别对手的友谊赛，以此来衡量我们现在的水平，找到需要改进的地方，同时对我们本赛季剩余时间将要面对的球队的水平有一个良好的感知。

我们在第一场友谊赛中以 1：5 的比分失利后，球员们的乐观情绪消失了，一支同样实力不足的对手给了我们一个相当惨痛的教训。这不仅影响了我，也影响了整个团队。在真正开始比赛之前，球员的信心就崩溃了。我开始认识到，我们的赛季会过得非常漫长、非常艰难，球队在各个方面都将受到考验。

离下一场比赛还有 4 天。我虽然更能明白事理，但还是花了很长时间才从阴影中走出来，冷静面对比赛结果。作为领导者，我的工作就是扭转局面。**足球教练作为领导者，应该是第一个从挫折中恢复过来的人。**教练是激励球员站起来再试一次的动力。

我决定给球员传达的信息是"让自己重新振作起来"，把消极的结果和表现只当作一个标志和学习曲线上的一段，然后继续前进。我和一个同事不知疲倦地工作了几天几夜，把我们上个赛季最好的片段剪辑成蒙太奇视频，试图模仿一个低配版的瓜迪奥拉角斗士风格的视频。我们将比赛和训练视频片段进行了整合，添加了照片、励志名言和合适的背景音乐。视频积极向上，充满活力，给球员一种自豪感。这些内容都是我们所擅长的，也是我们前进所需要的。谢天谢地，这个视频击中了球员的要害。

看完这段 10 分钟的视频后，我和球员们一致同意与这场糟糕的比赛划清界线，更加专注地踢球，提高自己的竞技水平。后来，我们在面对强大的对手时取得了一系列令人难以置信的成绩和表现，彻底扭转了我们赛季之初的落后局面。我们需要将那些早期的伤痛和消极情绪忘掉，集中精力，积极地前进。

团队中的个人

本书在谈及青少年发展整个过程时，到目前为止，主要谈到了个人。在规划和实施培训课程时，在测试学习方式、智力和个性时，教练有必要了解个体差异性。作为青少年足球教练，我们甚至可以暂时不考虑比赛结果和联赛表，确保球员个人得到发展和进步。

然而，足球是一项团队运动。在球场上，个人的行为和反应不断地受到其他人的表现、决定和行为的影响。足球比赛不可能事先就做好准备，每个人都要受到球队其他队员的影响，甚至是对手的影响。

我支持青少年发展就是提高个人能力这一事实。举例来说，俱乐部考虑是否留下一名球员时，将会根据他的优点来判断。他完全靠自己。他的一些队友将会离开俱乐部，一些队友将会被保留，并继续在特定的组织中寻求进一步发展。

教练经常要求球员为了球队的利益而牺牲自己的优势。当然，这对于球员来说是很有价值的一课，因为终有一天，任何一名球员都不得不做出妥协为球队踢球。在足球比赛中，可能会由于环境的原因使球员处于不是自己擅长的位置，如要求擅长进攻的球员进行防守，或者选择一名球员而不是另一名球员，因为被选中球员的实力与球队的风格或方法很匹配。让一个球员为了团队利益而不断地牺牲自己的天生优势会导致其士气低落。为了使球员达到最佳表现，教练必须给球员大量的时间来完善他在擅长的位置上的技术或表现。

关于团队，我们可以引用亚里士多德的一句名言，即**一个整体大于其组成部分之和**。这的确很难，尤其是在现代足球中。正如加里·L. 库珀（Cary L. Cooper）在《独立报》上发表的关于阿森纳俱乐部球队建设的文章中写的那样："足球队就像紧密联系的家庭，这是他们强大和高效的原因。"**足球领袖在团队建设中的真正作用是把个人的优点转化为**

集体的力量。或者，就像博尔顿流浪者队国际学院经理约翰·辛德雷（John Hindley）在他们的青少年球员发展哲学文件中总结的那样："记住，我们关注的是球队整体结构中个人的'长期'发展。"

特立独行的球员

足球运动中有很多特立独行的球员。特立独行的球员是那种以自我为中心的球员，他们比其他队员更关心自己。他们更倾向于去做一个天赋型球员，相信自己单枪匹马也能赢得比赛，他们的团队合作意识极其匮乏。

我们常说，作为领导者，教练要"一视同仁"。这是不够准确的。你不能对每个人都一视同仁——不同的人需要不同的管理。

坎通纳（Eric Cantona）在 1992 年来到曼联的时候，就已经被打上了自私、标新立异的标签。他没有时间观念，无视着装要求，破坏团队道德规范和"人人为我，我为人人"的理念。弗格森爵士在消除更衣室里那些自认为是俱乐部最强大的球员的行为时做出了很多决定。这些球员包括贝克汉姆、雅普·斯塔姆、罗伊·基恩和坎通纳等巨星。针对坎通纳，弗格森创造了一种 20 世纪能让球员发挥出最佳表现以帮助球队取得成功的管理方式。

在坎通纳身上，弗格森看到了一个有缺陷的天才。他没有扼杀坎通纳的天分，而是暂时容忍他的问题。弗格森严厉惩罚那些出现类似坎通纳问题的其他球员，虽然这让其他球员最初感到沮丧。不过，这让坎通纳开始变化。他开始准时，开始遵守规则，并且穿着正确的俱乐部服装。双方一旦达成共识，坎通纳对球队的积极影响开始显现，他成了球队的主导人物并在俱乐部取得了成功，还当上了球队的队长。

特立独行的球员总是很难管理，他们会挑战教练的权威，把教练的耐心逼到极限。人们倾向于给他们贴上懒散的标签[1]，埋怨他们缺乏努力，

---

① 请参阅第 5 章给球员贴"标签"的效果。

讨厌他们表现出来的糟糕的肢体语言，从而最终放弃了这样的球员。毕竟，每一个足球教练、体育教练或老师都有可能因为同样的原因抛弃他们！

　　在放弃特立独行的球员之前，我恳求这些教练找到一个对待球队的刺头的方法。教练在把他们扔到一边之前，试着告诉他们团队合作的价值，同时也要清楚地知道，其他球员的进步是技术或战术上的，而特立独行者的进步主要是思想上的。就像技术或战术发展一样，特立独行的球员心理上的成长需要一个过程。不久之后，你很可能会得到一个极具天赋并遵守团队道德规范的球员。如果在某个阶段，特立独行者的行为没有发生变化，并将团队的其他成员推向崩溃的边缘，那么你将不得不去做对团队最有利的事情。

结论

　　在这一章的结尾，我将向大家介绍著名的、备受尊敬的前篮球教练约翰·伍登（John Wood）。伍登因他的领导能力而成为传奇，他将这些能力总结为成功金字塔。下图摘自于他的官方网站 www.coachwooden.com。

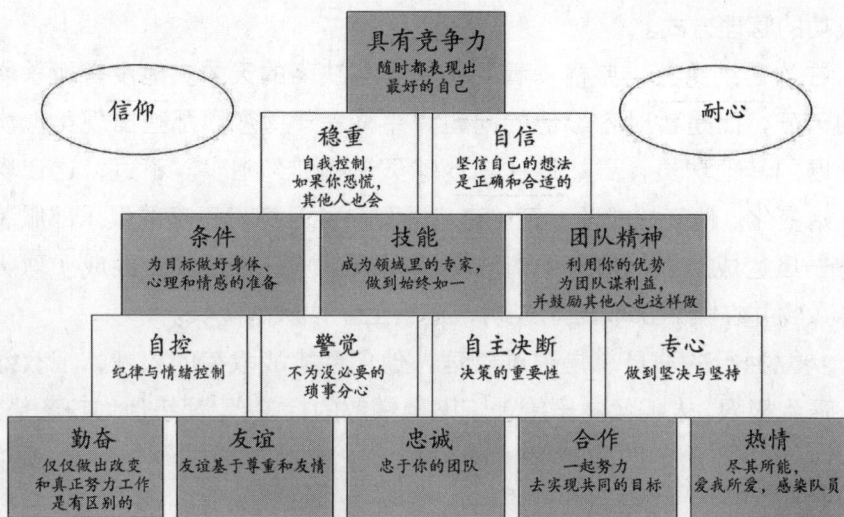

伍登的成功金字塔

这个金字塔是一个非常有用的"首选"资源，可以帮助你确定自己拥有什么样的领导能力，以及你的团队中存在的差距。

摘要

- 青少年球员可能不知道或不承认他们需要并渴望领导力。
- 权力有 5 种类型——法定权力、专家权力、奖赏权力、强制权力和参照权力。教练不能只依靠一种权力类型，他必须在不同的时间里使用这 5 种不同的方法。
- 伟大的领导者会用肢体语言展示权力、影响他人、增加影响力和突出重点。
- 教练不要总是认为自己是对的，理解机长综合征，承认错误并从中汲取教训。
- 使用球员的姓名，并提供指示的理由使球员遵从并执行。
- **不要让任何负能量的人或事靠近你或你负责的球队。**
- 在青少年球队中，没有必要专门指定某一个人担任队长，让队员轮流担任这一职责会好得多。
- 对于球员年龄大一点的球队，所有教练更希望队长身上有不同于其他球员的特质。队长的责任是一个有用的工具，可以用来约束球员或帮助问题较多的球员。
- 一群人并不是一个团队。
- 所有团队都会经历*形成期、动荡期、规范期和执行期*。
- 球员在场上和场下都需要表现出团队精神。
- 任何团队若想取得成功，都要有一个共同的愿景或目标。
- 以牺牲个人利益为代价，完全专注于"团队"的理念是有缺陷的。
- 给特立独行的球员一个机会。如果他能够做出妥协，你永远不知道他能变得多好。如果他一直影响着团队的其他队员，你就不得不做出选择。

· 团队大于各个部分之和。

· 使用视频激励，向球员展示优秀团队合作的例子。

· 不要对消极的情况感到绝望——想办法让球员变得积极。

真实执教经历

领导力的实际运用

（雨果·兰顿，欧洲足球协会联盟 A 级教练，U18 教练）

我和一群17～18岁的孩子一起工作，他们在这个年龄可能觉得自己什么都懂。他们认为自己将成为职业足球运动员，世界亏欠他们。所以，当事情不顺心的时候，他们会发现很难处理。

我们曾经有过踢得不好的时候，糟糕的成绩影响了我们的球员。当我告诉球员我们应该把长期发展放在结果之上时，球员还是表现出只想赢得比赛，当然我不会把这一点从他们身上拿开。取而代之的是，我更愿意帮助他们卸下压力，消除对失误的恐惧并从错误中走出来。我告诉他们，犯错也是好事，不要害怕犯错，但一定要确保从错误中学到知识。他们还没有进入更高级别的足球赛事，所以结果没有那么重要。

我喜欢在比赛中为团队设定三个目标，如果他们达到了这些目标，那么就像我说的一样——不管结果如何，我们都赢了。这些目标包括态度（永远不要屈服！）、压迫（离球最近的球员需要上前压迫）、更好的传球、在1V1中过掉对手、积极鼓励自己的队友等内容。我发现多用一些力量感十足的词语（例如"摧毁他们""不留情面"）是可以帮助球员的，并且能够让他们付出全力。

在一场特殊的比赛之后，球员们的士气很低落。他们在球场上所有可能出错的地方都出了问题，包括球员之间的争吵，有的球员甚至放弃了比赛。我们被对方以 2∶1 击败，这并不是一个令人尴尬的比分，比分不是主要问题，它并不能代表一切。球员们争吵着，互相指责，推卸责任，寻找借口。球队到了崩溃的边缘。我让他们第二天早上准时集合，至于问题，就暂时留在那里。

第二天早上我们开了个会。我告诉他们，我们一起已经走了这么远，我们需要用一种诚实的方式来解决我们之间的问题，但不是互相指责。我给他们一块白板和一支笔，让他们写下自己的问题（无论这些问题是什么），我们如何解决，以及在今后如何避免这些问题。然后我离开了房间。球员们在会议室里呆了一个小时，而我在外面等了一个小时。这一次我再也没有听到有人大喊大叫，他们作为一个团队根据我刚才提出的要求，认识到了问题并提出了解决方案。当然，从那以后我们也遇到过一些问题，但我们的团队更快乐，更有凝聚力。当时局艰难时，我们更容易团结一致，共同努力来提高。

7

不同年龄层次球员发展的需要

就像在学校里一样，有的老师因为学生的特点或个性，更倾向于只教授某个年级的孩子。在足球世界里也是一样，有的教练就只适合指导某一特定的龄组。

——国际米兰青年队教练
斯特凡诺·贝林扎吉
（Stefano Bellinzaghi）

　　这一章非常重要，是整本书里承上启下的一章，涵盖了不同年龄段的青少年在技战术、身体、心理和社交等方面的准备和练习方法。

　　在写这一部分之前，让我们先看下面的事实：2013 年，拜仁慕尼黑队横扫其他德国球队，赢得德甲冠军，后来又横扫欧洲球队，赢得欧冠冠军（欧冠决赛的对手是另外一支德国球队多特蒙德队）。巴塞罗那被许多人认为是有史以来最伟大的球队，而拜仁在欧冠半决赛两回合中，以 7 : 0 淘汰了巴塞罗那，这标志着欧洲足球的霸主地位正在发生变化。

　　在 21 世纪的转折点后，德国足协（DFB）的青年发展计划使表现不佳的国家队和德国足球的命运发生了积极的变化，并因此赢得了许多赞誉。我从德国足协的青年发展计划文件中获得了一个表格，这份表格明确了年龄分组。这显示了一个非常明确的与年龄有关的进程，从青少年球员进入成人足球的进程。

（7）保持巅峰状态	30 岁 +
（6）达到巅峰状态	21 ～ 29 岁
（5）准备巅峰状态	17 ～ 20 岁
（4）肯定和巩固学习效果	15 ～ 18 岁
（3）学习如何比赛	11 ～ 14 岁
（2）玩足球	7 ～ 10 岁
（1）学习移动	3 ～ 6 岁

不同年龄段球员的特征

任何一个有一技之长的人，掌握技能都需要一个过程。例如，青少年游泳者会先用手臂浮圈支撑着自己，在一个浅水池中学习。教练这样做是为了让他们先熟悉水性。随着时间的推移，他们会使用游泳圈或其他设备，最终在整个游泳池游完多个距离。你永远不会站在一个奥林匹克的高度教一个 5 岁大的小孩从一头游到另一头！游泳需要一个过程和相关的阶段，因为游泳者首先要熟悉水性，然后才逐步熟练掌握技能。

尽管青少年从成人足球和职业比赛中获得良好的训练方式很容易，**但高效率的青少年发展教练不会教青少年用成人的方式比赛。**有些教练容易重复使用职业队一线队的训练方法和他们在职业生涯中教练使用过的训练方法，或者使用其球员时期喜欢的某些练习。在某些时候，我们觉得某位教练的练习方法给我们带来了深刻印象，然后把这个练习方法拿到自己的球队使用，而不管球队是否需要，或者它是否适合这个年龄段的球员。

我们不能将青少年球员的个人发展完全寄托于机遇和运气，而要了解球员在特定年龄的能力以及他们的局限性。重要的是，球员必须在成长过程中的某些阶段，根据之前学习的内容，为每个后续阶段做好准备。

对年龄的定义

年龄以一个人活着的年、月、日来衡量。我们成年前的大部分生活都是由年龄决定的，如从开始上学到可以合法饮酒，这是实际或时序年龄。尽管年龄是我们将球员集结到一起的依据，但球员的发展不能简单地遵循相同的时间顺序。

教练可以使用"足球年龄"[①]来衡量球员的发展阶段。这个足球年

---

① 我们将在第 13 章中讨论相对年龄。

龄（或者有时被称为"训练年龄"）将反映出球员与同龄人相比，在足球技术或在战术理解方面的掌握程度。美国足球通过以下三个因素来决定这一点：

（1）个人情感和身体发育；

（2）踢足球的频率；

（3）所处的足球环境。

我们把球员的"情感和身体发育"称为他们的"生理年龄"，这反映了他们身体发育的程度和他们所表现的心理成熟度。

当我们重新考虑"年龄"这个词时，教练应该认识到球员所处的年龄阶段，并相应地调整教学方式，确保所用的教学方式不会与球员的自然年龄特征发生冲突。比如，10 岁球员常常注意力不集中，13 岁的球员因为生长突增而身体不适，18 岁的孩子被成年早期的诱惑分心。教练要努力顺应这些特质，而不是去对抗它们。

球员的长期发展

球员的长期发展，有赖于教练在其 5 岁到成年的某些时段给予的适当指导。很明显，在学校，在家里，或者在任何其他的环境中，我们都不会期待 5 岁的孩子能像 18 岁的孩子那样。那为什么要在足球训练里也这么认为呢？

教练给球员分组是非常困难的，即使对相同年龄的球员，也很难形成一个严格的框架（或模块）。事实上，按照出生日期划定的年龄组的每个球员在身体、心理和其他发展领域都有巨大的差异。我们能做的是根据在相关年龄的球员身上所看到的"正常"或显性特征来分组。

在接下来的几页中，你将看到一些与目前的球员分组理论唱反调的内容，以及一些球员表现出的与年龄无关特征的例子。例如，我最近和一个 16 岁的孩子一起工作，他表现出了和一个 8 岁孩子一样的自我中心意识。我还和一位青春期的小伙子共事过，他拥有 17 岁孩子身上的成熟、比赛意识和自我意识。当你阅读下面的特征时，请记住，总有一些人处于所呈现的框架之外。教练要有适应能力，并针对每名球员开展相应的工作。

　　所有的国家球员发展文件和学校俱乐部文件在球员年龄的划分上会有细微的差别。皇家荷兰足球协会（KNVB）的艾伯特·斯图温伯格（Albert Stuivenberg）在关于荷兰青少年发展的愿景中总结了青少年球员发展的过程，见下图，它显示了青少年发展过程是在不同年龄组之间流动的：

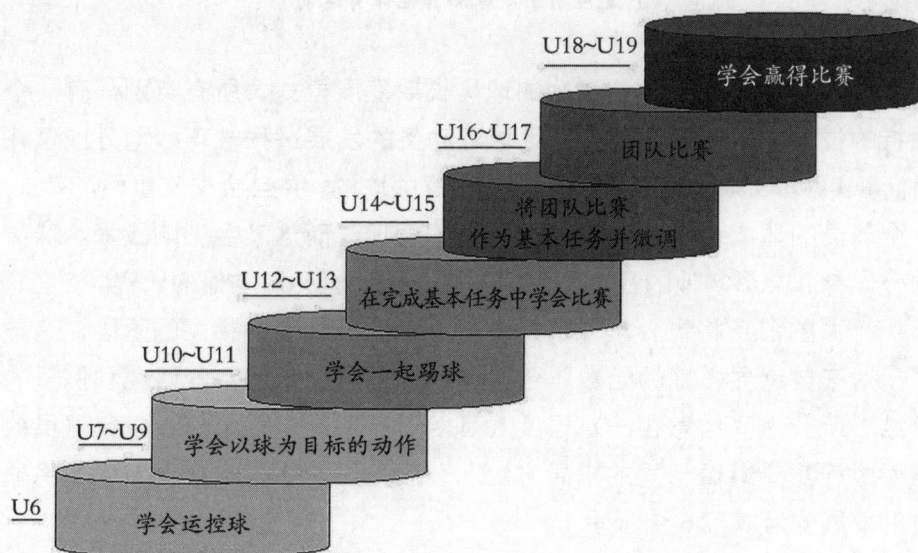

U18~U19　学会赢得比赛

U16~U17　团队比赛

U14~U15　将团队比赛作为基本任务并微调

U12~U13　在完成基本任务中学会比赛

U10~U11　学会一起踢球

U7~U9　学会以球为目标的动作

U6　学会运控球

皇家荷兰足球协会总结的青少年球员发展过程中与年龄相关的特征

　　教练允许球员在发展的过程中有效流动，前提是在球员们进入下一个阶段之前完成了某些工作。正如皇家荷兰足球协会所建议的，球员各阶段的发展都是相互关联的。例如，一个10岁的孩子要有效地掌握控球技能，他们的身体运动技能需要在更早的时候磨练出来。随着球员个人控球能力的提高，球员在技术上变得更强，这样才能进入下一个年龄组。在以后的发展中，"足够的技术能力"才能使战术实施更加有效。如果球员没有执行某些比赛战术的技术能力，那么任何战术都是有缺陷的。

球员的长期发展模式

技战术	心理
体能	社交

球员长期发展模式
（广泛应用于足球和其他体育运动）

我们经常看到上表中表达的球员长期发展模式，所有类别都有一个独特的位置。这就意味着一个足球运动员的发展过程被巧妙地分成了几类。事实并非如此。所有类别之间是相互关联的，并且会交叉重叠。例如，一个球员的体能会影响他们在技术上的表现，而这又会影响战术。球员的心理特点会影响他的社交和生活方式，因此也会影响他的比赛。

下面的信息将青少年球员的发展过程分成与年龄相关的阶段，这是基于对来自世界各地的无数职业足球俱乐部和国家协会的研究和例子的总结。所有这些信息在一定程度上可以有所不同，但培养青少年球员的核心过程需要遵循相同的指导方针。一般来说，球员长期发展模式将球员的发展分为以下 6 个阶段：

（1）基础阶段；

（2）学习训练阶段；

（3）发展训练阶段；

（4）比赛训练阶段；

（5）获胜训练阶段；

（6）退役或保持阶段。

出于关注青少年球员的目的，我们将深入研究前五个阶段。

第一阶段——基础阶段

(5 ～ 8 岁 +/-)

在这个阶段，球员的兴趣无疑是第一位的。足球训练应该是有趣的，教练要注重球员基本的身体运动能力的培养。由于这个年龄段的孩子集中注意力的持续时间很短，不能在较长时间里专注于一项任务，所以每次训练的时间不宜超过 45 分钟。

技术

这个年龄段的球员应该被允许有足够的时间去探索比赛，重点应该是玩游戏。球员们同样需要熟悉足球——它是如何移动、旋转和反弹的，所以在每一个环节中要尽可能多地触球。

这个年龄段的足球训练需要将焦点集中在熟悉足球和熟悉比赛上。因此，关于运球、传球、射门，或是其他任何技术的练习[②]都应避免长时间的排队和等待。

体能

球员需要将基本动作和运动技能的学习作为首要任务，这样他们在长大后才能更有效地踢球。教练经常抱怨现代的孩子缺乏运动，游戏机、电视和互联网占去了大量时间，他们不再像原来一样可以通过爬树、摔跤、玩跳房子等来发展和提高基本身体素质。

因此，教练需要帮助球员发展敏捷性、平衡性、协调性和速度(ABCs)，

---

② "排队训练"这个词也是我最担忧的。"整齐列队的简单重复训练"暗示着某种军事或机器人的训练，而足球训练肯定不是这样的。

提高其基础运动能力。诸如跑步、跳跃、落地、摔倒和翻滚等练习都能帮助球员提升身体运动素质，球员的基础**运动技能越好，以后掌握足球专项技能就越轻松**。教练要确保球员的身体素质能允许他们进行各个方向的移动，而不仅仅是在直线上移动。在有趣的足球游戏中，敏捷性、平衡性、协调性和速度的训练应该是蕴含其中的。

同样值得教练注意的是，孩子可能会有大量的精力到处跑，但也可能很快就会疲劳。因此，在练习期间，教练要注意短时多次的休息调整。

战术

这个年龄段的任何"战术"学习都是与**足球比赛相关的原则**。3V3和4V4比赛在这个阶段特别有用。我非常支持4V4，因为它是复制"真实"的11人制比赛的人数最少的方式，球员们可以得到更多的触球机会。同时，小规模比赛可以激发球员兴趣，能使球员学习进攻和防守的基本原则、进球或其他的得分方法。

另外，所有的球员（包括守门员）在场上的位置不应该被固定。

社交

这个年龄段的球员都是以自我为中心的，适合一人一球的练习。然而，这种自我中心意识也意味着这个年龄段的孩子还没有团队合作的概念。你可以引用和介绍团队的概念，但这绝不是重点，因为这个年龄段的孩子还理解不了这个概念。

在这个年龄段，孩子们踢足球，或者参加别的运动项目的主要动机之一就是和他们的朋友们开心地玩。训练和比赛环境帮助他们建立关系，所以教练必须确保他们在一个有趣、安全的环境中玩耍。当青少年球员在努力探索比赛的时候，我们应该努力培养他们对足球的热情，正如英足总在他们的青少年足球培养计划中所展示的那样，"帮助青少年爱上足球"。

心理

足球训练应该是有趣的、吸引人的，要让球员理解足球是一项进攻性的游戏 ③。每一名球员在训练时间内都应参与其中，而不是排队，被要求坐在外面，或者等着轮到他们训练。

孩子们喜欢用他们的想象力去探索新事物——使用充满想象力的游戏名称来捕捉他们与生俱来的创造力。由于青少年球员在一段时间内很难专注于一件事，所以你要在训练中不断地改变练习方式来提高练习水平，为孩子们提供不同的挑战来改善这种状态。不要因为球员走神就感到沮丧，一定要认识到这是这个年龄段球员正常的性格特征。

一个 5 岁或 6 岁的孩子还没有理解因果关系的能力，他们的记忆是短期的。他们会记住一个练习或训练内容，是因为它有趣和吸引人，而不是因为那些技术细节。使用内隐性学习方式是教练在这个年龄组中最好的教学工具，让孩子们通过体验而不是单纯地拆解分析式的技术动作教学来学习。

第二阶段——学习训练阶段
(8 ~ 11 岁 +/-)

在这个阶段，青少年球员可以开始更多地了解比赛本身，并开始他们的专业足球之旅。这一时期的训练时间可能会更长，但最佳的训练时间是 60 ~ 75 分钟。

---

③ 进攻性的游戏是指团队（主要）进攻一个空间，如球门、篮筐等，并防守同一个空间。其他的例子
　包括曲棍球、美式橄榄球、英式橄榄球和篮球。

技术

这个年龄阶段的主要关注点应该是"熟悉球"的练习，例如，足球青训著名品牌"科化足球"④的训练理念就是如此。训练时，球员一人一球，确保球员有尽可能多的触球机会。我常看到很多教练会在这个时候选择五人制低弹足球，甚至是网球来提升青少年球员对球的控制力。

也可以在这个年龄阶段介绍如何控制来自空中的球。例如，卡迪夫城俱乐部（Cardiff City）就会给孩子们布置"处理空中球"的练习作为家庭作业⑤。教练要让孩子们明白"首次触球是足球比赛中最重要的一环"，球员的创造力和想象力都源自首次触球。

控球是球员技术发展的基础。没有有效控球的能力，其他技术技能，如传球、射门、变向等会更难获得发展。

同样是在卡迪夫城俱乐部，在球员个人控球的情境下，教练特别鼓励球员具有创造性，鼓励球员带球突破，让球员在 1V1 场景中更加自信。我们在观看这个年龄段的孩子踢比赛时，通常会看到大多数孩子接球后就是一脚出球，将球踢得越远越好。在某些文化中，这甚至被称赞！球员不应因为漫无目的地将球踢远而受到表扬。相反，教练应该鼓励他们尽可能长时间地控球。

苏格兰足球总会青少年足球咨询资料将 8～11 岁这个年龄段称为"技能饥渴期"。球员有一种几乎无限的能力来发展他们的运动感官以获得大量的新技能。除了无对抗的技术练习，教练还要大量使用有对抗的练习和"领会教学法"（Teaching Games for Understanding），才能使球员的技能获得快速发展。球员技能发展的关键是把技术训练运用到比赛情景中。

教练不要限制球员处理球的方式，或者将一些约定俗成的说法作为规则。不幸的是，足球里确实有一些习惯，比如"千万不能在球门前横传"，

---

④ "科化足球"可能是技术训练的领先品牌，但它在某些方面受到了批评，因为它存在着很多球员排队练习的情况，而且没有将技术充分应用到有对抗的练习中。
⑤ 或者像我们在第 2 章中提到的"训练后的挑战"。

或者"只能在进攻三区带球突破"等。有一次，一个 10 岁的孩子告诉我，他的一位同学"有技术，但就是进不了球"，这个词显然是从成年人那里学来的，因为成人足球更喜欢功能性的球员，而不是技术上令人印象深刻的球员。

体能

在体能上，我想用一个几乎令人难以置信的事实来打击你——**孩子们从 10 岁开始就逐渐失去他们天生的灵活性！**孩子们看起来还很年轻，但随着他们的体能达到顶峰，他们的灵活性也开始下降。静态拉伸可以帮助球员延缓灵活性的下降。同样，大脑中支持新运动技能发展的神经回路在 11 岁之前是最强的，在 11 岁或 12 岁之后开始衰退。

球员在热身时必须确保有球练习，以及灵敏、平衡、协调和速度练习。我很少使用绝对的陈述语气，但是这点必须要例外：**千万不要让球员在场上通过简单的跑圈来热身**。球员如果在你布置场地的时候提前到达，不要用跑圈占用这段时间，可以用有球训练的方式代替跑圈！给他们每人一个球，让他们练习控球并进一步体验感受。即使一个赛季只有 30 次训练，用 5 分钟的脚下带球练习替代 5 分钟的跑圈，这意味着他们**在运控球上增加了 2.5 个小时的额外时间**——这是将球员长期发展的时间最大化的方式！

在这个年龄段，用体型来赢得比赛是很诱人的。身体发育较早的球员在这个年龄段会因为力量、体型和跑动能力在比赛中占优。正如本书开头所讨论的，这种受到比赛结果短期激励的做法将对青少年球员的长期发展产生负面影响。

战术

在这个年龄段，球队战术仍然是无关紧要的。但"个人战术"可以在这一阶段得到提升——换句话说，就是球员的决策能力。在某种程度上，这种决策一定是围绕着球的。再一次强调，教练要使用小场地比赛和领会式教学法让球员们体验比赛的场景，而不是使用重复的技术操练。使用太多的类似"暂停／停止！"的口令干预将使球员们脱离比赛，而且传递太多的战术信息将导致孩子们无法理解。我最近看过一个很好的例子，一名 U9 年龄段的教练试图终止一个训练赛来讲解空间选择和无球跑动路线等问题，由于这些战术是孩子们根本无法理解的信息，所以当他们花了很长时间站在一起听教练讲解时，有的球员开始交谈，有的在一旁玩自己的游戏。这让教练心烦意乱，导致了一场与球员的冲突。记住，根据你的球员的年龄特性来训练——让他们玩起来。

球员对比赛位置的理解仍然有限。不鼓励他们在位置上的专门化，也不鼓励使用限制球员的战术术语，比如"守住你的位置"，那样会适得其反。位置专门化和使用限制性战术术语会阻碍青少年球员的创造性以及对进攻和防守的探索。甚至成人比赛都不会有这样要求，现代的防守球员也会在适当的时候加入进攻。教练要给青少年时间来练习。

社交

球员仍然以自我为中心，但开始参与小组和团队比赛，并理解合作和团队是很重要的。但是，他们对这个概念的了解要比将其付诸实践的多。

这个年龄段的球员不愿意分享，所以期望他们分享球是很难的。他们想成为关注的焦点，进球，创造机会，他们的反馈总是关于"我"的。

教练应该鼓励球员参加许多不同的运动项目，他们可以学到许多能够转移到足球项目中来的运动技能。

在这个年龄段，教练可以引入训练后的任务，就像上文提到的卡迪夫城俱乐部布置家庭作业那样。⑥

---

⑥ 顺便提一下，这份文件以及其他来自青训学院的文件，都可以在网上找到。

心理

这个年龄段被认为是球员学习的"黄金时代"。球员有巨大的精力去学习和吸收大量新技能。教练要利用这段时间教给球员比赛的基本原理，以及希望他们在以后的发展中掌握的信息。教练要创造一种让球员不惧犯错并且可以自由冒险地拿球的文化和环境。

青少年球员都梦想着成为下一个罗纳尔多、梅西或兰顿·多诺万，但是如果他们身上承载了太多的压力，就很难实现这一目标。信不信由你，青少年球员停止运动的一个主要原因就是他们承受了太多的压力！

如果退一步仔细想想刚才那句话，你会发现，来自大人的期望，无论是来自家长还是教练，实际上会让八九岁的球员逃离足球。如果 5 ~ 8 岁这个阶段是让孩子们"爱上足球"，那么就要确保他们"一直爱着足球"。

青少年球员喜欢模仿他们的英雄，所以教练要鼓励他们复制或是模仿他们最喜欢的球员的技能。技能有"流行"的倾向——让他们去尝试和探索，教练可以使用视频和示范向球员描绘你想要的画面，这种方式比简单的说教或命令更有效果。

第三阶段——发展训练阶段

（11 ~ 14 岁 +/-）

这个年龄段的球员正在进入 11 人制足球的世界，这对他们在技术上、战术上、身体上和心理上的发展都会产生影响。训练内容在很大程度上仍然是关于球员发展，而不是比赛胜利，训练时间可以持续 70 ~ 90 分钟。

技术

在这个阶段，球员们开始学习战术，但仍要非常重视技术的发展。在前几个阶段，我们谈到了球员熟悉球性的重要性，为了畅通足球技能的发展之路，**球员需要在青春期前能熟练地控制球**。在这个阶段，发展球员高效的运动技能是十分必要的。

到了为了训练而训练的阶段，球员学习的"黄金年代"逐渐远去，因此他们学习新的控球技术的能力正在下降。然而，他们将开始做的是提高他们已经掌握的技能，**在竞争环境或是比赛情境中运用这些技能至关重要**。我记得有一个13岁的队员跑到我的一个同事那里（我的这位同事是俱乐部的技术发展教练，专门教球员个人动作和技能），他兴奋地告诉我的同事说，他和他的一位队友在昨天早上的比赛中都完成了一次漂亮的拉球转身。球员能够自由地在比赛中尝试已经熟悉的动作至关重要，教练一定要允许球员们这样做，而不要过多地强调失败的风险。

因此，无论是在训练中还是在比赛中，在有对抗的情况下运用技术都是球员们需要考虑的一个重要问题。球员接触、体验和探索过的比赛情境越多，他们在压力下运用技术的练习就越多。球员排着长长的队，等半天才能踢上一脚球，这样的练习方式不仅让球员感到厌烦，而且对他们的发展也没什么价值。因此，教练一定要创新练习方法，要知道，球员技术的提升需要不断地接受挑战。

体能

在这一阶段，青春期的发育对球员有很大的影响。球员的身体发育很快，影响着灵敏素质、平衡素质和协调素质以及心理素质的发展。球员们可能会暂时失去对身体的控制（大脑实际上在控制和操纵一个新的身体），并开始像以前那样努力控球。我看到过球员在毫无理由的情况下摔倒。他们正在失去灵活性和敏捷性，但同时又获得了身高、力量和爆发力——这很容易理解。这时，教练要对受到影响的球员宽容一点。你可能发现，一名优秀的球员在短期内突然变得不太会踢球了，你要记住这是暂时的，这是球员生理发育期的一个过程，每个人都应理解这个过程并保持耐心。

就教练员对于青春期球员的判断，国际米兰的青训教练斯特凡诺·贝林扎吉在足球杂志的访谈中提出了一个有趣的观点："如果有两名球员拥有相同的技术能力，但其中一名球员已经过了青春期，那么我们或许应该更多地关注另一名球员，因为他在经历青春期后可能会有更大的提高。"

在这个年龄段，球员身体的差异会变得非常明显。你可能看到一个发育早的 13 岁孩子拥有 16 岁的体格，而发育晚的只有 10 岁或 11 岁的体格。个头大的球员可以控制和赢得比赛，他们是这个年龄段比赛中最有效率的进球功臣。但是，要确保他们不只是依靠身体和力量赢得比赛，在技术上也要有所发展。不要抛弃个头小的球员，因为他们的青春期和成长阶段一旦完成，他们就会有技术和体格来对抗比赛了。

战术

在战术上，球员可以开始学习如何与队友一起比赛，教练可以赋予以小组和团队为导向的目标和任务。球员的表现关系到球场上的其他人，这是前所未有的。球员们会开始了解他们行为的原因和影响，能够把自己的角色与一两个队友或对手联系起来。不过要注意，即使队伍里最优秀的球员也很难把整个 11 V11 的场面与他们的表现联系起来。

你可以继续让球员尝试不同的位置，尽管有些球员可能会倾向于某个特定的位置，并且表现出进攻或防守的天生优势。守门员可以变得更加专业和突出。

教练可以开始教球员不同的阵型，这意味着在比赛中要灵活运用不同的阵型。球员也可以在定位球比赛中发挥自己的作用、履行个人的职责。

一个比赛阵型的组织和相应战术的实施可以帮助球队赢得比赛，但不利于球员的长期发展。球员需要理解和体验足球比赛的流畅性。因此，尽管战术工作越来越重要，但对技能发展的优先排序是至关重要的。

社交

对于青少年球员和他们的教练来说，这个阶段可能是一个非常困难的社交时期。球员们开始渴望从大人那里获得更多的独立性，并因此变得更具对抗性。他们可能会比以前更严格地遵守纪律。随着青少年球员从成年人那里获得的独立性的增多，他们可能会产生许多新观点，这可能带来挑战性的行为。

随着青春期的到来，球员对异性产生了更大的兴趣。和朋友的关系在球员心中的位置可能会比足球发展更重要。

你应该正视这个年龄段的特点而不是对抗他们，你可以试着给球员提供更多合作解决问题的机会。你可以鼓励球员一起尝试比赛，并尝试模仿其他人的好做法。

球员开始意识到他们的队友可以做他们做不到的事情，或者他们可以做一些同龄人做不到的事情。因此，你在对球员和他的队友进行竞争性比较时要小心。

心理

虽然球员们集中注意力的能力越来越高，但他们仍然更喜欢从实践中获益而不是从倾听中获益，所以团队会谈要简明扼要，要让球员体验比赛并从中学习。让每名球员都上场，最好给所有的球员相同的上场时间，并鼓励他们犯错（但要能从中学习）。

因为球员们开始变得不那么依赖成年人了，所以允许他们在足球比赛中做出自己的决定。教练在实践中教给球员如何比赛，并给予他们适当的比赛时间，让他们能够在可能的情况下做出自己的决定，而不是教练为他们做出所有的决定。教练要帮助球员设定自己的个人目标，让他们围绕特定的学习点做出决策。

青春期的开始也会影响球员的心理状态。青春期对球员身体的影响可能意味着一种形式的丧失，而对心理的影响则是自信心的丧失。在这个年龄段，教练要与球员保持联系，让他们意识到身体正在发生变化，思想要适应新的身体，同时要确保球员的家长也理解这一点。教练要坚持与球员们一起——他们需要你的帮助和积极的态度以保持他们的信心。

第四阶段——比赛训练阶段

（14～16 岁 +/-）

在这个阶段，球员们开始走向成人足球领域。比赛开始类似于成人比赛，但同时，球员也远未得到充分发展。这个年龄段的教练应该理解球员正在努力适应成人比赛，并且让球员在更初级的水平上了解并掌握比赛。

技术

有些教练几乎是从球员小的时候就开始带队训练到现在，此时球队合作的问题会变得非常明显。教练们感觉球员已经长大，所进行的练习可能不具有挑战性，球员也认为这些练习太过简单和幼稚。同样的道理，我们不应该把成人足球传授给青少年球员，那么也不应该把"少儿足球"教给大一点的青少年。

球员仍然需要大量的技术训练，但在战术理解和比赛感觉上要有明显的转变。如果他们在之前的阶段已经有了适当的发展，他们应该有了一定的技术能力并且能够将技术应用到战术中，能踢一场更快更激烈的比赛。

本阶段要求球员在技术上更准确、更一致，但理解错误仍会发生。从这些错误中学习仍然是球员学习的一个重要工具。

体能

虽然球员已经经历了青春期，但这一时期他们仍在发育。那些身体发育较慢的球员已经学会了利用自己的体格来影响比赛，但仍然可能在任何基于力量、个头或速度的对抗中失败。我认识的一名守门员，尽管他被认为"技术不错"，但最终还是被贴上了"个头太小"的标签，曾在一段时间里被几家职业俱乐部解约。但等他到 17 岁时，身高已经 6 英尺（1.83 米）了，身体测试预测他的身高将达到 6 英尺 4 英寸（1.95 米），不用说，他现在重新引起了几家学院俱乐部的兴趣。记住，球员在成年之前会经历很多身体上的变化。

球员比赛的速度和强度在本阶段显著增加，11 人制比赛开始更准确地复制成人比赛。不管球员现在的个人身体状况如何，他们必须学会一种方法来应对比赛，他们需要借助教练的帮助来学习如何去做。看看那些身材矮小的世界级选手如何在对手之间找到空间（通常被称为"空间的口袋"）。他们学会了快速地交出球，少触球（或者像哈维·埃尔南德斯所说的那样"半触球"），或者用更低的重心来躲避防守球员。在 Youtube 上有一段关于安德里亚·伊涅斯塔的精彩视频，视频显示他迅速用身体挡在对手和球之间，从而保持控球权，或者形成后卫犯规的局面。

体格较小的球员仍可以拥有强壮的身体，所以教练要鼓励球员加强核心力量训练，这样他们就能与身体更健壮的球员竞争。核心力量几乎是一个球员的"内在"力量，他躯干周围的肌肉很强壮意味着他可以抵挡对手，至少在体型上能保持平衡。

战术

从战术上说，球员现在可以比以前理解得更多。球员们开始"链接"每个团队成员的角色，并开始了解自己在团队中的定位。他们现在可能开始把球员和球的运动联系起来（第三人跑位时机、为其他人创造空间等）。找到赢得比赛的方法（而不仅仅是胜负）对该阶段球员很重要，因为这是球员进入成人足球时需要的，他们必须意识到他们的决定是如何影响团队表现的。球员可以在比赛中进一步了解特定的角色和责任，并且可以轻松地制订比赛战略计划。

我了解到有一家青训学院在球员这个阶段的训练中将其场上的位置固定，引入位置专项训练以提高球员的位置专项技能。球员花费了80%的时间在自己所踢的场上位置的训练上，而不去练习那些他们"不需要"的技能（例如，一名中后卫不会花时间练习射门或传中）。这在足球界引起了许多争论和反对。不过，由于该学院在培养职业足球运动员方面有着出色的记录，所以他们认为找到了一种成功的训练方式。

球员在比赛训练阶段和其他基于战术的实践一旦有效完成，他们就会从这个阶段受益。在这些训练中，教练的干预通常是让球员站着不动，听从教练的指示。这种类型的干预可能非常棘手，因为过多的干预会导致静态的训练，使球员失去动力。教练尽管要传授大量的信息，但也可能因为球员不喜欢而失去教学效果。教练的干预要简短，多向球员提出问题，并允许球员自由发挥。

教练可以设置其他类型的干预和战术挑战。例如，可以设置一个带有主题和团队目标的小场地比赛（例如，"你是2∶0领先，剩下15分钟，你能找到保持领先的方法吗？"），或者给球员设定个人目标——"你可以从边路开始，然后寻找空间内切接球吗？"或者"让我们看看你能进行多少次叠加式跑动"。这些个人目标可以将边锋和边后卫的训练联系起来。教练可以利用比赛的休息时间或在练习中的快速团队对话来评估、加强或设置新的任务。

社交

这个年龄段的球员会变得更加外向，更注重友谊和交际。因此，球员在远离学校、家庭和足球的生活中会有很多事情发生。社交网络变得越来越重要。由于社交圈子越来越重要，球员们往往会比成年人更尊重同龄人的意见，而且更少依赖家长。

在这个阶段，融洽的关系可以让球员发挥出最佳状态。与这些球员一起训练的教练要认识到球员正在经历着的巨大变化，以及这可能对他们的个性、对足球的态度和运动表现产生影响。

心理

到目前为止，球员在比赛中的经验意味着他们独立思考和解决问题的能力开始显现，教练也要允许他们独立。球员不需要教练解决他们面临的所有问题，因此教练可以通过创造情境和挑战思维过程来进一步挑战球员的这种能力。

教练可以鼓励球员去寻找赢得比赛的方法，而不是为了最终的比赛结果。球员还应该学习一些心理技能，比如从挫折中振作起来、加强自我意识，以及培养坚韧的精神。

与更小的球员不同，因果关系在这个年龄段的球员中变得更加突出。因此，教练应该鼓励球员对自己的角色和决定承担起责任。

球员也将开始更多地阅读比赛，这来自于他们的经验和对战术、比赛原则的洞察力。他们将能够更快、更准确地预测队友和对手的移动。阅读比赛的能力是球员步入成人足球以及最终成为专业球员的重要工具，教练要培养和发展球员的这项能力。

第五阶段——获胜训练阶段
（16 ～ 19 岁 +/-）

进入这一阶段的球员面临的压力比之前的阶段的压力更大，这是青少年发展的最后阶段。与这些球员一起训练的教练需要监督他们从青少年足球到成人足球的过渡过程。球员仍然需要一些建议和指导，需要一个可以帮助他们进一步发展足球基本能力直到他们学会的教练。

技术

在这个年龄段，球员技术能力的轮廓被确定下来。当然，球员的技术能力仍然可以提高，但是他们学习新技术技能的能力降低了。从现在起，球员需要通过练习来完善他们的技术，这是至关重要的。教练需要设定让他们不断进步的标准，可以专注于培养球员更高级的技能（如弧线球、凌空抽射和脚外侧传球等）。球员可以挑战用更快的速度完成技术训练，并考虑做技术决策时的风险与回报。[⑦]

球员对比赛的理解能力和身体素质应该得到提高，否则会对他们的技术产生影响。例如，更好的战术意识将帮助他们更聪明地传球、更好地跑动，并理解应该移动到什么位置（最大化技术）。从身体素质上看，球员的腿部力量将会得到提高，所以长距离传球、传中、远距离射门、凌空抽射等将成为球员更有力的武器。

体能

像技术一样，球员在这个年龄段不太可能发展新的运动技能，而是追求将他们拥有的身体优势最大化。在这一点上，体能强调的是足球专项体能。核心稳定性训练可以成为球员训练计划的一个固定部分。许多球员开始使用健身房，他们在健身房的个人训练可以影响其场上表现。教练要确保球员完成的任何体能训练都是与足球相关的。当青少年球员第一次在健身房完成足球专项体能训练时，他们可能更专注于举起最重的重量，而忽视了增肌的目的是为了足球比赛而不是美观。记住，举重需要静态力量，而足球运动要求更多的是动态力量。由于比赛节奏的加快对于球员身体素质的要求越来越高，疲劳往往是两个半场后期的一个重要特征。来自主要国际赛事和国家联赛的大量证据显示，比赛最后 15

---

⑦ 举个例子，球员是应该通过冒险传球来创造进攻得分机会，还是避免冒险以免被拦截？

分钟的进球得分机会比其他任何时候都要多，这通常归因于球员在比赛最后 15 分钟身体会疲劳、注意力不集中。体能影响比赛，即使球员在疲劳的时候，体能也是必不可少的。

战术

在这一阶段，球员需要有战术上的挑战。尽管他们的基本技术和基本运动技能不会显著提高，但他们的战术理解能力会不断加深。他们开始对自己的位置角色和团队的比赛计划有更深入的了解。大多数人，虽然不是所有人，都有一个他们花了大量时间去提高的首选场上位置。功能训练或特定位置的训练变得更加突出。球员应该花大量的时间在他们的相关位置上完成技术、技能和战术训练。

在最近的一段时间里，我探索并开发了一些技术和技能练习。这些练习是针对场上位置的专项训练，要在球场的相关区域完成：球员进行一场 7V7 的小场地比赛，不是在七人制的球场上进行，也不使用七人制的球门，而是从球门线上开始（还是 11 人制球门，场区延伸至中线）。这样，守门员和后卫就能在球场的相关区域保护一个实际比赛的大球门，前锋在禁区内和禁区周边就能完成进攻。

在这个年龄段，球员开始更多地了解比赛和阵型打法等，也去了解对手的优势和弱势。球员需要发展对比赛的理解能力，并能够处理比赛时的各种状况。举个例子，如果他们 1 ∶ 0 领先，而且比赛只剩下几分钟，那么他们会如何处理？ 如果他们马上要输了那么他们可以接受的风险是什么？ 他们能通过改变阵型、进攻点和个人行为来应对吗？ [8]

教练应要求球员在小场地比赛或其他战术演练中进行批判性思考，

---

[8] 最近，我我为我我新接手的 U18 球队在 11V11 战术训练中设置了一些战术问题的。我们假设这是一场比赛的最后 15 分钟，红队以 2 ∶ 0 领先于蓝队。红队的任务是保持领先，而蓝队则是追赶比分。两支球队都选择了他们最大的球员（都是中后卫）作为他们的主要前锋—红队利用他来发起反击，而蓝队则利用他来创造进球机会！两支球队都认为他们的选择是最直接、最好的解决方案。这显然是基于他们之前的经验和教练的影响。

以便在实战中实时做出决策。

社交

这个年龄段的球员会有很多社交活动。他们更加独立于家长，可能不需要也不想要大人的指导。有些人表现出年轻人的特点，而另一些人则在努力成熟，以应对他们新发现的自由和责任。球员将去学开车，将有资格投票，并将围绕工作、大学或是成为职业球员做出影响一生的决定。

球员甚至可能离开家庭独立生活。这会带来很多问题，如他们的饮食、生活方式、酒精消费，以及面对社会诱惑时如何保护自己。球员们甚至会在一起度假。球员的话题也变得更加社会化，尽管教练希望足球是他们生活中最重要的东西，但这可能与事实相去甚远。

心理

球员们现在需要对提高自己的比赛能力负责，并对开发自己的潜力负责。他们应该了解关于生活方式、训练和场外决策的问题，并对此负责。球员在回顾和分析自己的表现时，应该投入和坦诚。如果一名出色的球员老是赖床，或者无法离开他的女朋友去训练，那么这个球员就有问题了。

疲劳不仅会影响身体，还会影响注意力。不同学科的研究表明，即使人们努力集中注意力，他们的专注也只能维持 30 分钟，这使得比赛上下半场的最后 15 分钟显得特别危险。

由于 18 岁年龄段的比赛节奏更快，球员需要在心理上更快地适应比赛的要求。正如运动心理学家丹·亚伯拉罕斯的精彩描述，"足球比赛中，快速、敏捷、运动的双脚是快速、敏捷的头脑运动的结果"。从本质上讲，球员快速执行意味着他能够快速思考和决策。到 19 岁时，球员们应该已经经历了 FUNINO 足球所提出的解决问题的四个阶段：感知—理解和解释—决策—最终执行。

随着球员们离开青少年足球，他们必须对自己在这项运动中的未来做出更多的决定。一些球员开始意识到他们成为职业足球运动员的梦想已经结束了。在这阶段，球员需要教练给予更多的心理支持。

结论

最后，我将展示一些来自比利时足协的非常有用的青少年发展哲学。

下图展示了青少年球员技术和战术发展的关系，以及从技术到战术的转变路径。

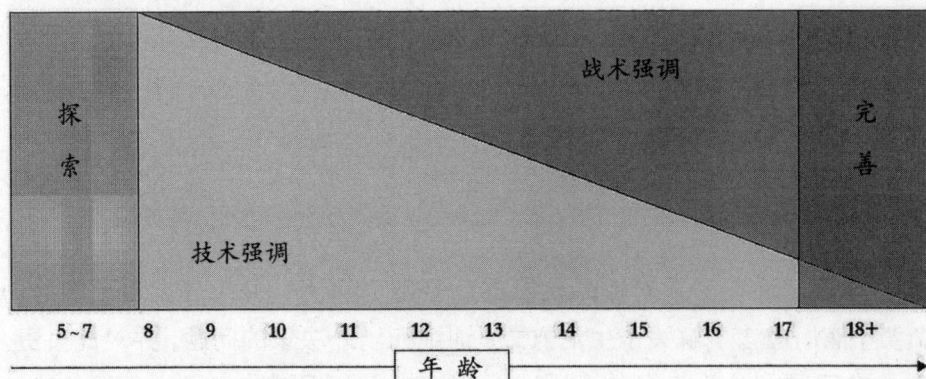

比利时足协技术与战术目标

下图显示了球员从身体的一般能力和专项能力的训练，到后来的以耐力为基础的训练。随着训练工作变得更加具体，教练在球员成长道路中增加了灵活性训练，以及强调了在整个过程中发展速度的重要性。

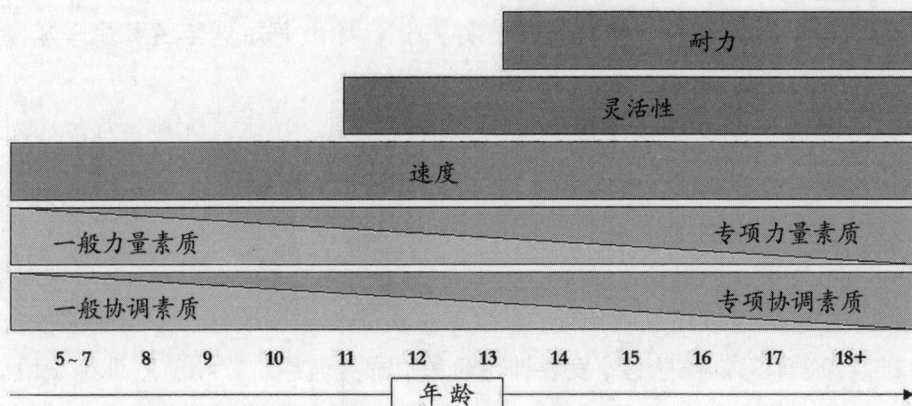

比利时足协体能目标

心理训练通常是训练的固有内容。我最近听说它被称为"隐性课程"。不管教练本人是否承认，他都会在工作中使用心理技巧。关于具体的心理技能训练，比利时足协概述如下。

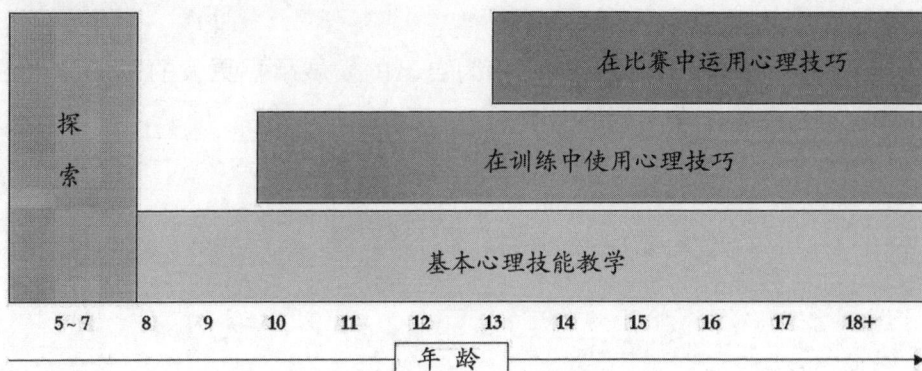

比利时足协心理目标

摘要

· 了解不同年龄的特征对于有效地培养青少年球员至关重要。

· 实际年龄只是界定球员的一种方式，球员有足球年龄和生理年龄（以及相对年龄）的区分。

· 球员长期发展模型涉及以下领域的发展：技术、体能、战术、社交和心理。

· 虽然球员长期发展模型的四个内容经常作为单独的个体出现，但它们之间是相互关联的。

· 在球员退役还是聘用前，青少年球员的长期发展经历了五个阶段。基础阶段、学习训练阶段、发展训练阶段、比赛训练阶段和获胜训练阶段。

· 5 ~ 8 岁年龄段的孩子参与足球更多地在于探索比赛和运动技能的发展。

· 8 ~ 11 岁的孩子，重点是控球。如果他们没有掌握控球，更先进的技术和战术就得不到最大化学习。

· 青春期的开始对 11 ~ 14 岁的孩子的表现有很大的影响。

· 战术训练在 14 ~ 16 岁中变得更加突出，因为此阶段的比赛开始越来越像成人比赛。

· 16 ~ 19 岁的球员应该开始为自己的发展承担更大的责任，并在发展中不断完善已学习到的技术。

真实执教经历

对一位青训学院教练的观察

（一位匿名的英国足球青训学院教练）

　　我之前的工作是在一个俱乐部里给15岁以下和16岁以下年龄组球员做兼职教练。这所学院相当普通。根据足球联盟青少年发展管理的规定，一支球队至少有两名教练，但由于成本削减，有些球队只有一名教练。

　　我所在的学院有一位教练，他独自带队，我们就叫他约翰吧。我有一种感觉，他更喜欢这种独自带队的方式，我怀疑这是他向管理方坚持的结果。他坚持与球员一起训练，并跟随他们的年龄组别。他认为球员是"他的"球队，而不是俱乐部或个人的一部分。我在俱乐部的三年里，约翰与同一队球员一起工作了三年，经历了U9、U10和U11。我确定他在我离开后又和他们至少呆了两年。

　　年龄稍大的球队会在年龄较小的球队之后训练，所以我通常会提前到达，准备我的训练，和同事交谈，观察正在进行的训练。在那个时候，俱乐部并没有一个统一的训练课程，所以教练基本上可以完全自由地安排球员的训练。

　　三年多的时间里，我看着约翰一次又一次地做着相同的练习。最让人担忧的是，他从来都没有进行过一次对青少年球员来说是打基础、很重要的控球练习，很多练习都是在没有目标、球门和得分的情况下进行的6V6或7V7的练习。他经常和球员一起做的训练，不仅对球员来说很无聊，而且也完全不适合球员的年龄和水平。

　　在我看来，球员们并没有取得真正的成功。约翰强大的气场支配着球员，虽然他年轻又热情，但他指导的是一场非常过时的比赛。有一次我看到约翰让所有球员都坐下来，一边怒气冲冲地向他们挥动着一根手指，一边大喊"如果有疑问，把它踢出去"。这意味着，如果球员拿球后不确定怎么办，那他就应该把球踢出场外。这与球员需要学习的现代足球背道而驰。

令我震惊的是，约翰不仅继续在学院工作，而且他在至少5年的时间里向同一批球员教授同样的东西！因此，我保证我和同一批球员一起训练最多2年或3年，但视情况而定。我努力成为一名专业的某个特定年龄组的教练，而不是一支青少年球队的教练。我关注的是这个特定年龄段球员需要的领域。

8

执教理念和训练大纲

给球员做中长期规划时要充分考虑他们目前的能力，并据此概括你希望球员在一段时间内获得的知识、技能和理解力。

——马克·麦克莱门茨

（Mark McClements）

英足总技能教练团队负责人

就像在学校里学习其他学科一样，足球训练大纲就是教练想要球员学习和训练的内容。大纲的内容应涵盖整个赛季，它是在赛季前制订的，并且以球员发展为核心目标。当然，足球训练大纲可以随着球员的发展而不断更新。训练大纲需要考虑与球员年龄相关的需求、能力和背景，包括球队和球员个人，其目的是为球员提供平衡和完备的足球教育。

教练在详细阐述如何制订训练大纲之前，有一点很重要，那就是要明确世上并没有一个"完美"的训练指导计划，也没有一种训练方式对所有的球员都有用。我将在接下来的几页中提供许多训练大纲和课程计划。这些计划可能会受到一些批评，即使是世界上最伟大的青训发展计划也会受到人们的质疑！作为一名教练，最简单的事情就是后退一步，去评论另一名教练员的想法和训练。人们时常提醒我们，足球是一项拥有不同想法和概念的运动，因此分歧不会导致错误。这意味着你需要有自己的方式与队员合作。不同的方法并不意味着完全正确或完全错误，只有训练质量的高低之分。

合理计划

罗伊·基恩曾经说过，曼联从来没有浪费过一堂训练课，他们所做的一切工作都有明确的目的。[①] 切尔西的球员也评论说，他们所有的训练

---

① 据报道，在曼联队获得"三冠王"的 1998—1999 赛季中，球员们总共只休息了 3 天，所以基恩谈到
　他们训练总是合理的观点令人印象深刻！

都是为了赢得下一场比赛。在我发展自己的执教理念时，这些故事给了我很大的启发——对于训练方法、训练计划和训练课程，始终有一个基本原理和合理原则是非常必要的。[2]

本章所列举的一些课程计划和训练大纲，以及一些在最高水平的青少年足球训练中所采用的工作和训练方法，旨在引起大家的思考。我虽然从基恩和穆里尼奥那里得到了很多灵感，但是我对他们的执教过程并不感兴趣。我更感兴趣的是意大利人如何培养 7 岁以下的孩子，或者米内罗竞技俱乐部如何与 17 岁以下的孩子合作。

下面有一些例子你可能不会喜欢，因为它们可能会挑战你对执教的看法。我希望你用这些例子来形成自己的经验、信念和工作方式。你也可以将其改编为你自己的方法。

周期性训练

根据训练大纲来训练也被称为周期性训练。周期性的训练计划是一种有计划的、合乎逻辑的工作计划，球员是计划的中心。

传统的训练方式正在趋向于改革。我们发现球队在比赛日有些方面表现得不够好，那么在接下来的训练中教练就会着重改正和提高这些方面。如果球队丢了很多球，那么球员下一节课的内容就是学习如何防守，这种类型的训练被称为情景式训练。这种类型的训练虽然目前很流行，但它对于青少年球员长期发展的益处却微乎其微。球员在达到 16 岁时，如果他们在之前的训练和比赛中打下了良好的基础，这种情景性训练就容易得多。

大多数时候，**教练只需在比赛结果开始有意义的时候对球队表现做**

---

[2] 我遇到过一件让人惊奇的事，是关于一个教练员为自己的方法辩护。这位教练为 U12 的球员们设计了一个射门练习，让球员们排成了很长的队伍等候射门。排长队本身就是令人不快的，训练开始时，教练坚持认为自己的目的是"发现每一名球员的技术问题并加以改正"。球员的第一次射门踢得又高又偏，教练员破口大骂"去捡你踢的 ×× 吧"。这并不是我所期望看到的技术细节。

出反应。例如，一支成年职业球队如果很容易因为定位球（或"重新开始"）而失球，他们可能需要花更多的时间专注于防守角球。通常情况下，当一支处境艰难的球队聘请了一位新主教练时，这位主教练可能会马上花大量时间来训练球队的体能和防守／进攻阵型。我们经常听到这些教练谈论如何让一支苦苦挣扎的球队变得"有组织、难以突破"。

当比赛结果对于球员非常重要时，情景式训练就是一种有价值的方法。然而，在某种程度上，一线队教练也会进行周期性训练以实现中长期目标——我们经常听说教练有"三年计划"或"五年计划"。不幸的是，在高水平的职业足球中，主教练用于实现长期甚至中期目标的时间越来越少。因此，教练关注短期目标，辅以情景式的训练是可以理解的。[③]

然而，在青少年足球世界里，由于联赛积分而被开除的威胁大大降低了。因此，16～19岁这一年龄段球员的周期性训练是非常必要的。

周期性训练	情景式训练
・条理分明的	・无章法的
・预先计划的	・针对问题的快速反应
・详尽全面的	・不可评估的
・训练效果可评估的	・教练员倾向于提供熟悉的课程
・教练员确保不只提供自己熟悉的练习	
情景式训练一般用于 16 岁以上的球员	

如何创建一个训练大纲

一名足球教练员最孤独的时光便是坐在一张空白的纸面前，盯着它，

[③] 截至 2013 年 12 月，在英格兰四个级别的职业联赛中，各队主教练的平均任期不足两个赛季（资料来源：英格兰足球联赛主教练协会）。

思考着怎样或者从哪里开始设计一个训练大纲。

开始时，你可以思考如何用教学主题尽可能地填满整个赛季。之后，你当然需要考虑由于天气、节假日或其他数不尽的影响比赛的因素而耽误的时间。另一方面，你可能需要尽力适应你想要做的每一件事。

你有时可能要完全放弃这个计划。你之前也许一直使用着一个训练大纲，不管出于什么原因，它都没有起到作用，所以你根本不敢制订一个新的训练大纲。我自己也屈服于这个趋势。回顾以前在没有训练大纲的情况下的工作，我确实在提高和培养青少年球员上感到内疚。不可否认的是，我的训练课程在不同的主题之间切换，或是不断重复一种主题。我的计划归结起来就是"**今晚我该教什么？**"④

有一个合适的计划可以避免这一切。例如，你如果生活在一个因下雪而需停止训练的地区，那就安排几周的"免费"或"补习"课程，这样你就可以断断续续地工作；或者安排一段时间的室内训练，如使用五人制足球。**训练大纲必须是活的或是能起作用的文档，它可以根据需要进行修改和调整**，当然，必须要出于正确的理由。

没有一种完全正确的方法来制订或计划这样的大纲。我下面列举的例子各不相同。有些人会坚持围绕一个主题进行讨论，有些人会在每次讨论中包括某些工作的某些方面。我看到的其他课程则以一种"旋转木马"的方式围绕一些主题进行。你的训练大纲需要反映出你作为一名教练运作的方式，以及你为球员考虑的细节。

周期计划

当我们讨论足球教练的训练计划时，我们通常指的是一堂训练课的教案——我们在球场上与球员相处的一个小时或一个半小时需要做的事情。我之前说过，一名好的教练会在到达训练场之前计划好他的训练。

---

④《今晚我要教什么？》是一篇由马克·麦克莱门茨撰写的指导文章，这一章的开篇引语就源于此。

他将朝着这个计划努力，然后评估它的有效性。一名更好的教练会根据球员的个人需要，经常使用"步骤法则"⑤，在训练过程中不断调整这个计划。

然而，一名优秀的教练并不局限于简单地做一个训练教案。计划一节单独的训练课应该是比较容易的。如果预先计划的大纲是正确的，你就已经有了一个固定的想法或主题，然后只需要在大纲和进度里填补每堂训练课的内容即可。

"由上至下"的计划

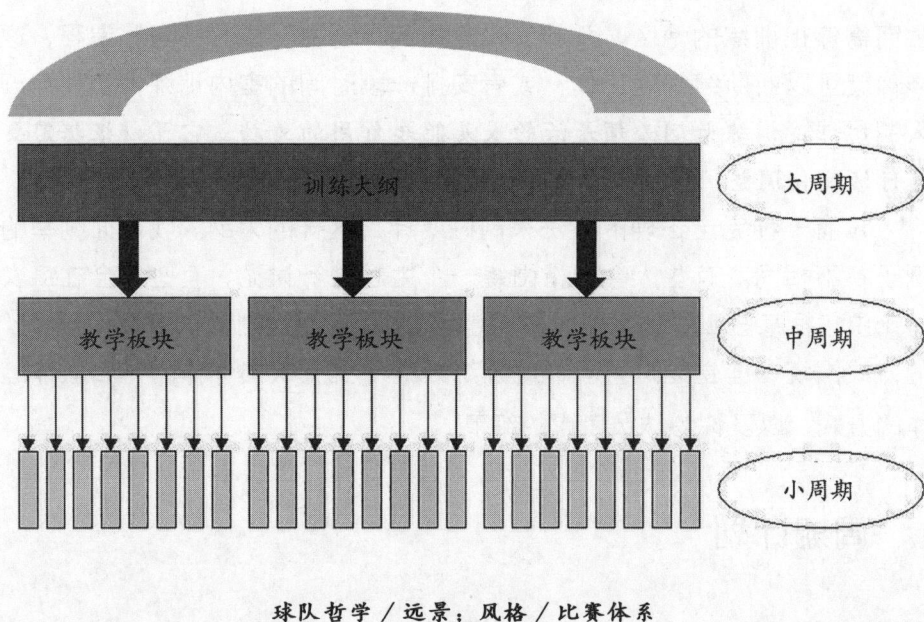

球队哲学／远景；风格／比赛体系

上图阐明了大纲或模块设计工作里所包含的过程。这一过程开始于

---

⑤ "步骤法则"是每堂训练课中的调整难度等级的常用方法，它是指当训练之初的计划实施不理想，或是需要增加或降低训练难度以适应队员时，通过改变空间、任务、器材和人数来调整训练。

俱乐部或球队哲学，接下来是大周期（长期）计划、中周期（中期）计划，最终到小周期（短期）计划。金字塔顶端是教练或者球队哲学，包括俱乐部文化、教练想要实施的体系或系统、首选的执教风格以及比赛风格。

理念

"理念"一词最近流传甚广。在英格兰，由英超联赛实施的新的精英球员表现计划要求每个青训学院必须有一种有利于形成青少年球员发展基础的足球理念。有些理念可以被清晰地定义，而另一些理念可以是一般性的，甚至是模糊的。

2012年，欧洲俱乐部协会（ECA）发布了一份关于欧洲青少年足球学院的报告。该报告详细介绍了来自欧洲大陆41个国家的96所青少年学院的主要特点，其中包括拜仁慕尼黑（Bayern Munich）、国际米兰（Inter Milan）和标准列日（Standard Liege）等非常知名的足球院校，也包括了北爱尔兰的格伦托兰（Glentoran）、芬兰的洪卡（FC Honka）和卢森堡的迪德朗日F91（F91 Dudelange）等名气较小的俱乐部。与理念相关的一些关键内容包括：

· 91%的青训学院拥有自己的足球理念，其中65%的学院的足球理念是清晰明确的，另外26%在某种程度上只是有一个；

· 超过75%的俱乐部按照训练大纲运作和训练，并且有一个定义清晰的俱乐部愿景；

· 大部分俱乐部有一个明确的比赛阵型——52%的俱乐部选择4-3-3阵型，28%的俱乐部优先考虑4-4-2。

俱乐部足球理念案例学习——阿贾克斯

大的学院使用足球理念的例子不胜枚举。例如，霍芬海姆俱乐部（Hoffenheim）关于青少年发展理念的基石就是培养"独立性、创造性和积极性"。托特纳姆热刺学院（Tottenham Hotspur Academy）的每节课都以"10分钟规则"开始，即每名球员都要花时间针对自己的弱点和不足展开练习。因此，托特纳姆的老球员们在每周6次、共43周的训练中，每个赛季要花43个小时致力于改进和提升比赛中存在的具体问题。

当一些足球俱乐部开始讨论足球理念时，阿贾克斯足球俱乐部早已走在了他们的前面。尽管阿贾克斯俱乐部的青少年足球学院在过去十年经受了一些动荡，但在培养世界级的人才方面依然有着骄人的成绩⑥。

阿贾克斯的培养模式已经被荷兰以及全世界的俱乐部效仿和复制，俱乐部已将其"品牌"出口到世界各地，在波兰和南非等多个地方拥有合作伙伴。这些合作伙伴将阿贾克斯的名字和声誉迅速地传播到世界各地。值得注意的是，荷兰足球和阿贾克斯足球俱乐部对现在的巴塞罗那俱乐部的足球理念产生了巨大的影响。这主要归功于荷兰"足球教父"克鲁伊夫，是他建立了两家俱乐部之间的联系。在这一足球理念的支撑下，巴塞罗那经常将自己青年队的优秀球员输送到一线队。⑦

欧洲教练员委员会（ECA）的报告明确地表明，是"阿贾克斯的思想体系"培养了众多世界级的优秀球员。这种"思想体系"是一种流畅的传控球进攻风格。他们鼓励球员充分施展自身的天赋，即兴发挥，提早压制对手，并在对手的半场进行比赛。战术上主要是基于4-3-3阵型或者3-4-3阵型，并随时灵活切换。

俱乐部希望能培养出具有"TIPS模型"〔译者注：TIPS模型，也就是技术（Technique）、洞察力（Insight）、个性（Personality）与速度（Speed），每个方面对应的有10条标准〕潜质的球员，以下是此模式的结构图。这意味着球员在进入俱乐部的一线队时，就已经掌握了高

---

⑥ 近年来，不论是阿贾克斯足球俱乐部还是它的足球学院都经历了一些变化。名宿克鲁伊夫对俱乐部的运作产生了分歧和不满，主要原因是阿贾克斯在培养世界顶级球星的数量上大大减少了。俱乐部高层更侧重于购买国外的人才，而不是按照以前的传统自己培养。从某种意义上说，这种改变和重组被称为"第二次足球革命"。

⑦ 参加2010年南非世界杯决赛的14名西班牙球员中，有8名球员来自巴塞罗那，其中7人（除了大卫·比利亚）在加泰罗尼亚地区的俱乐部接受过足球教育。

级球员的比赛方式，并且自身具有鲜明的特点。

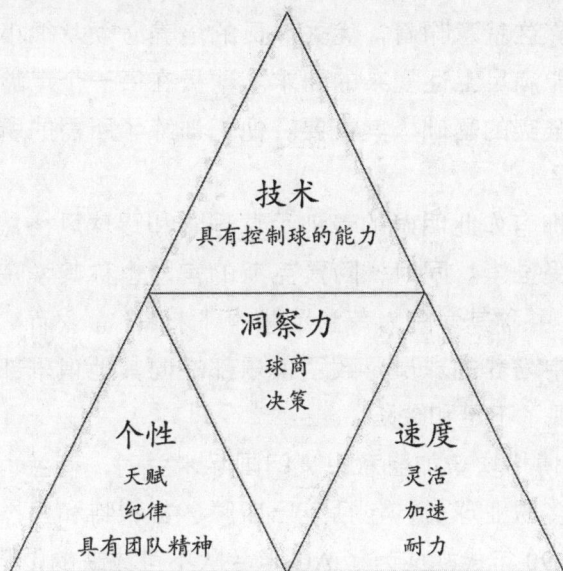

技术
具有控制球的能力

洞察力
球商
决策

个性
天赋
纪律
具有团队精神

速度
灵活
加速
耐力

阿贾克斯青训学院 TIPS 球员发展模型

综上所述，在阿贾克斯的体系中，个性化和速度这两个要素是球员天生的，技术和洞察力则可以通过长期的、有计划的训练来提高。阿贾克斯 TIPS 体系中的每个要素都是由预先制订好的 10 个"标准"来评定的。

"因为专注于 TIPS 体系，阿贾克斯的青少年球员的足球智慧超群，他们拥有高超的技术、鲜明的个性，并具备不错的速度。"（引自《阿贾克斯青少年培养计划》，作者不详）阿贾克斯的模式广为流行并被广泛地复制到荷兰的其他足球学院，如奈梅亨足球俱乐部（NEC Nijmegen）。荷兰的海伦芬足球俱乐部则把"TIPS"改编成"STIM"［用"心态"（Mentality）代替了"个性化"］。

阿贾克斯足球俱乐部前球队经理、助理教练、预备队主教练、俱乐部首席球探马克·克鲁恩（Marc Grüne）制订了"阿贾克斯开普敦青少年培养计划"。该计划将俱乐部的足球理念总结为："阿贾克斯的球员在所有的技术技能方面拥有非常高的水平和广泛的基础。球员们需要极具足球天赋、高超的足球技战术认知能力、聪明的大脑、快速接受指导的能力并具有良好的亲和力和个性。球员在场上、场下的各个细节都要达到最高水平。这就意味着，优秀球员的培养必须从很小的时候开始并持续多年，才能满足上述复杂的需求。球员在每一个年龄段接受的指导对于奠定一个坚实的基础极其重要。他们训练了所需的所有技术以达到球员的最高水平。"

阿贾克斯拥有如此明确的青训足球理念和踢球风格，在世界青少年足球培训界备受推崇。同时，阿贾克斯的官网也称其学院是"荷兰足球的发源地"，[8] 并称其学院为荷兰足球的"未来"。然而，阿贾克斯在一种单一的风格中培养的球员导致了俱乐部在向其他俱乐部、联赛和国家输送球员时出现了不足和缺陷。

1993 年，博格坎普加盟意甲豪门国际米兰时，荷兰也成功地向意甲联赛输送了很多职业球员，包括范巴斯滕、古利特和里杰卡尔德。这些球员在 20 世纪 90 年代初成为了 AC 米兰队不可或缺的中坚力量。然而，博格坎普在 10 岁的时候就已经接受了阿贾克斯的以 4-3-3 为基础的足球理念的训练，他不能（或者说可能不）适应意大利的足球风格和理念。在意大利，球队非常重视防守，前锋往往受到孤立和冷漠。博格坎普只有转会到了一样具有攻击性、和阿贾克斯风格相似的阿森纳时，球迷才真正看到他的最佳表现。

创建你的足球执教理念

并不是所有的教练都像那些在阿贾克斯俱乐部工作的人一样有一个巨大的工作机构和团队。实际上，世界各地的足球教练绝大部分都是独自带队。因此，你需要独自确立以你的教练经验为基础的执教理念。事实上，我遇到过的那些最好的青少年足球教练，无论是否在青训学院工作，

---

⑧ 在参加 2010 年南非世界杯决赛的 14 名荷兰球员中，有 7 名球员是在阿贾克斯开始职业生涯的。

都会非常明确他们执教方法的基础。

教练创建自己的执教理念时需要考虑很多。对球员类型的培养设想将会成为你制订训练大纲和训练计划的基础。为了阐明这一点，我举两个阿贾克斯俱乐部的例子。鉴于俱乐部主导型的控球风格和以多打少的技巧，在日常的训练中他们多采取以多打少的控球训练（即2V1、4V2等）。回到俱乐部当教练的丹尼斯·博格坎普的工作和"训练"主要围绕着空间利用的概念，这也是他当球员时显著的特点。[⑨]

你要记住一点，并不存在一个你必须遵循的足球理念。我们经常在看到像阿贾克斯和巴塞罗那这样有先进足球训练理念的俱乐部的比赛后，被告知那种华丽的传控足球才是足球训练的"正确的方式"，并试图在执教中复制它们。当然，并不是每个人都同意这一点。2013年2月，意大利足球记者米歇尔·达莱（Michele Dalai）出版了《控制卡塔》（*Controil Tiqui Taca*）一书，猛烈抨击了在过去10年深受足球界推崇的巴塞罗那式足球。众所周知，足球是一个很有争议的话题，并且对主观思维很开放[⑩]。因此，教练设计理念是复杂的，需要时间。在我为写这本书做调研的过程中，我从一位名叫丹·赖特（Dan Wright）的教练那里发现了一种优秀的、明确的执教理念。当我进一步追问他是如何设计的时候，他的回答长而详细。我将他的回答总结如下：

丹·赖特的执教理念

对我来说，执教理念基于你如何看待比赛、你的核心价值观和信仰。

2008年，我开始写我的执教理念，那时我刚获得欧足联的B级教练员证书。在那之前，我很明白我对足球训练和比赛的看法，但难以阐述。我的导师说他的观点很简单，即"球员第一，球员为中心，成绩第二"。对我来说，这诚然是训练青少年足球的一个很好的方法，但听起来有点

[⑨] 你如果想从职业足球中了解一些教练或青少年球员的资源，就必须读丹尼斯·博格坎普的《静止和速度》（*Stillness &Speed*）。

[⑩] 有趣的是，我从来没有见到过一个书面的俱乐部理念——重视防守、强调身体优势和直接打法，但是我确定它们的存在，只是不为人知。

大智若愚，像一个谜，缺乏具体描述和个性。

所以你的执教理念必须是你自己的理论……不是瓜迪奥拉的，不是巴塞罗那的，也不是德国或克鲁伊夫的。**它关乎你如何看待足球比赛，你希望你的球员怎么踢以及如何实现你的目标。**这样考虑，你和你的球员就会有一个具体任务。

我最近重写了我的理念，它有 50 多张幻灯片！我尝试讨论了球员位置的角色、球员与教练的关系、训练氛围的营造、比赛的要求，我的核心价值观以及我对足球比赛形成的一切观点和认识。我们讨论训练计划之前先看了这 50 张幻灯片。我的总体目标是**培养能充分理解足球运动、会做出正确决定且技巧娴熟的球员**。

我知道踢足球有很多不同的方式，这是足球运动的美妙之处。虽然我个人对这项运动有自己非常明确的观点，但我总是乐于倾听他人的意见。你要随时准备收获新的意见，思考为什么以及如何让它实现。但同时也要注意，足球比赛总是在变化，你的理念可能会随着时间和经验的发展而变化。作为教练，你的探索永远在进行中。

美国足球协会提供了一个关于青少年足球理念的问卷，可以帮助教练尝试发展他们自己的理念。这个文件基于四个关键领域——教练的信念、积极性、经验和方法。我在下面分享了其中的一些内容。

美国青少年足球理念问卷

1. 信念

（1）你为什么想成为一名青少年教练？

（2）你为什么要进行青少年足球训练？

（3）你对球员、对团队、对自己和对社区的责任和使命有哪些？

（4）如何定义一个成功的赛季？

2. 积极性

（1）你对执教很感兴趣，因为……

（2）你对执教过程中最感兴趣的是什么？

（3）在执教过程中，你最不喜欢什么？

3.经验

（1）过去——你童年的足球经历是什么？它是丰富的还是欠缺的？

（2）现在——自我评价，你现在在做什么？

（3）未来——你会寻求哪些经验来改善你的执教？

4.方法

（1）你的执教风格是什么？

（2）你在什么时候让球员参与决策？在训练前、训练中还是在训练后？

宏观、中观、微观

首要的执教理念一旦形成,教练员就可以开始计划球队的长期(宏观)目标、中期（中观）目标和短期（微观）目标。

宏观周期——训练大纲通常是每年一次（如果俱乐部组织良好、联系紧密，可能会有更多的宏观目标），是根据执教理念设计的。

中观周期——可以将训练大纲分解为若干训练板块或单元，球员在某段时间内可以围绕一个或两个特定主题参与教学训练活动。中观周期通常为 2 ～ 6 周，取决于教练与球员共同训练的实际时间。

微观周期——训练大纲和工作单元一旦到位，教练就可以构思每堂训练课的内容了。

下面的训练大纲是以图表的形式呈现出来的。这是由来自"英格兰女子超级联赛前四名俱乐部"的本·巴特利特（Ben Bartlett）提供的参考范例。巴特利特是 www.integritysoccer.co.uk 的创始人，相关完整、详细的训练大纲和演示文稿可以在网上找到。

理念：以保持控球为基础的比赛风格；发展球员的个人能力和团队协作能力
基于4-4-2阵型和4-3-3阵型

进攻——从后场组织进攻，通过中场，创造并转化为进球机会
防守——何时压迫，何时盯人或封锁空间；1V1防守

模块1	模块2	模块3	模块4	模块5	模块6
A.控球	A.向前进攻	A.改变节奏	A.反击	A.宽度	A.换位
D.盯人和拦截	D.压迫	D.紧凑	D.延缓	D.防守对手	D.1V1

每堂训练课

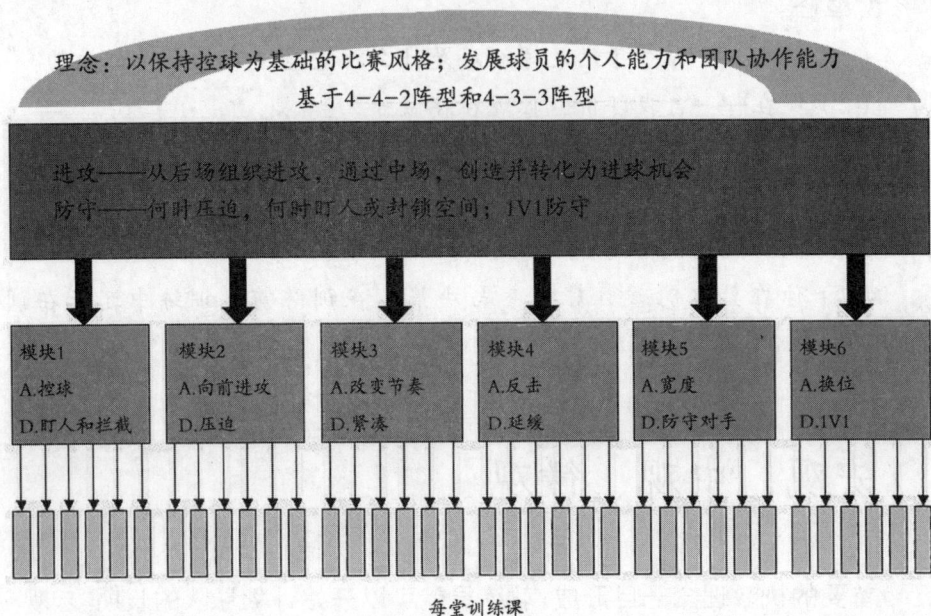

足球理念案例

扼杀创造力

有一种观点认为，制订一个训练大纲并严格执行，实际上会扼杀教练和球员的创造力。虽然我理解这些顾虑，但我不完全同意他们。我认为，训练大纲的关键是要有适应性，它是一种工作文档，而不是一种限制性文档。这样你就平衡了周期性训练的逻辑，同时也为阶段性训练留出了空间，并努力满足球员不断变化的需求。

训练大纲和训练计划的实施

本章余下部分，我将向你提供来自世界各地的俱乐部、大学和专业青训学院的训练大纲、训练计划、教案模板等各种例子。和前一章一样，

我们将根据"球员长期培养计划模式"中描述的不同年龄段来举例。

第一阶段——基础阶段
（5～8岁＋/－）

从上一章节开始，我们注意到和这个年龄段的孩子一起工作的重点是探索并发现足球，培养他们的运动能力，引导他们爱上这项运动。

5～8岁训练大纲／训练板块案例

制订5～8岁这个年龄段的课程训练大纲并不是一件容易的事情。考虑到孩子们的天性，教学只能设计和实施基础的训练。我所见过最简单但有效的计划是一支英冠联赛俱乐部的训练计划。俱乐部的一线队尽管不是英超球队，但他们的青训系统却培养了众多高水平的、具有国际水准的职业足球运动员，这些球员的转会费高达数百万英镑。

这份训练大纲包含了整个赛季共38周的内容，每周的技术、战术、生理和心理训练都有不同的侧重点。由于这些孩子太小了，他们的战术意识还不成型，所以这项工作只涉及"从后场开始进攻"和"通过防守三区"等，这是从俱乐部的控球理念演变而来的。在这个阶段的球员心理培养上，教练可以简单地围绕着建立信心、执行力和情绪控制来进行。青训学院也认识到必须更加重视球员的技术和体能。5～8岁训练大纲的相关内容如下：

8周的训练重点
选择
教练员自行选择其
认为需要训练的内容

18周的训练主要围绕
接球与控球
要点：
1.带球跑
2.运球
3.转身变向

8

18

6

6

6周的训练重点
基本防守

6周的训练重点
传中和射门

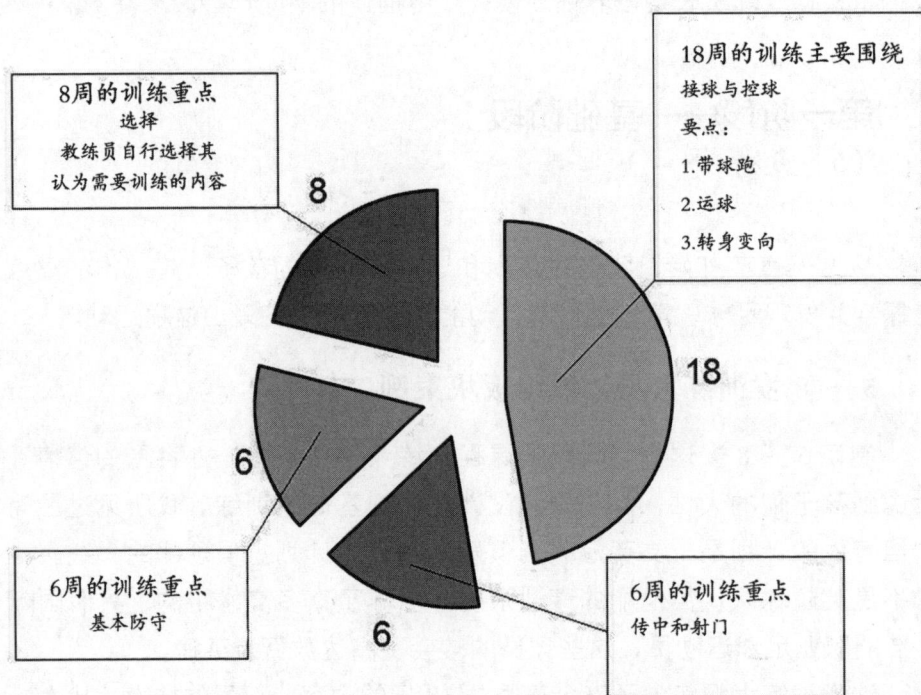

英国某著名青训学院 5～8 岁青少年技术训练大纲

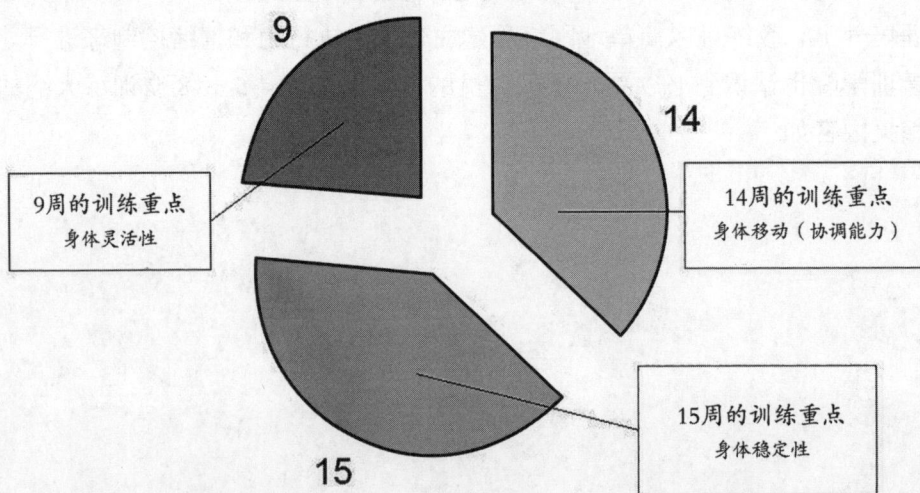

9

14

9周的训练重点
身体灵活性

14周的训练重点
身体移动（协调能力）

15周的训练重点
身体稳定性

15

英国某著名青训学院 5～8 岁青少年体能训练大纲

5～8岁训练计划案例

下面的训练计划摘自一所意大利足球学校的训练大纲，这是根据《意大利足球青训营训练教程——源自意大利足球甲级联赛教练员的训练方法》（*Youth Academy Training Program – New Methodology From Italian Serie 'A' Coaches*）一书改编的。每节课包括 3 个阶段、5 项内容。

时间	阶段	训练内容	指导要求
		青训教案——意大利青训学院5～8岁	
10分钟	准备部分（热身）	热身/开始游戏	中间4名队员手拉手、试图抓住带球队员。带球队员运球尝试从一端到另一端。在带球的路线上添加标志桶。
15分钟		训练板块——技术、个人战术练习	球员每人一个球，根据教练指令用左脚或右脚带球变向。增加假动作。
10分钟	基本部分	技术游戏——"独木舟"	如左图所示，球员运球快速通过这条"河"，并完成射门，也可以用先传球再射门的方式。
15分钟		机动游戏——"警察抓小偷"	中间的"小偷"在两名"警察"中间，尝试带球摆脱"警察"的追逐，并进入两侧小门。中间的球员开始时可以不带球。
10分钟	结束部分	结束游戏	2V2自由比赛。

第二阶段——学习训练阶段
（8～11岁 + / –）

我们上一章讲过，这个年龄阶段是球员学习的黄金时代。他们有能力学习和获得大量的技术并提高身体素质。

8 ～ 11 岁训练大纲／训练板块案例

以下展示的训练板块是一个取自《足球教练图书馆》（*Football Coaches Library*）的为期 12 周的训练大纲（球员年龄小于 12 岁）。这个教案虽然出自一个并不有名的学院，但我喜欢这个例子的原因不仅在于它每周都有一个特定的训练重点，而且每个星期的教案与前一周的训练项目是有联系的，它创建了一个内容扎实且联系紧密的训练计划。具有整体联系的训练板块对球员的长期发展是很有帮助的。所以，从防守到运球再到控球，这并不是跳跃式教学而是在逻辑上按主题渐进的，从基本理解开始逐渐增加复杂性。

控球	第一周 运球
	第二周 带球跑
	第三周 运球转身、变向
防守	第四周 平衡防守（1V1、2V2）
	第五周 失衡防守 （1V2）
传球	第六周 传控球
	第七周 定向传球
	第八周 小组配合
接停球	第九周 接停地滚球
	第十周 接停空中球
进球得分	第十一周 完成射门
	第十二周 射门

9 ～ 11 岁训练计划案例

我必须强调以下案例的模板来自纽卡斯尔联俱乐部。我参与制作了这份教案，这个模板分享在了 Twitter 上。我认为这个教案不仅是一个既简单又完美的足球训练模板，而且在设计中也充分兼顾了训练过程中的沟通问题、个性化问题和综合评估。

青训教案—以纽卡斯尔联为基础的训练计划							
教练员	R·Power	训练场		年龄段	U10	主题	带运球	时间	强度H/M/L

练习一：控球能力 | **练习二：技术实操** | **执教要点**

执教要点：
(1) 带球时抬头；
(2) 识别出1V1情景；
(3) 运用假动作、变向、变速欺骗防守队员；
(4) 快速进入空当；
(5) 找准运球和传球的时机。

关键问题
(1) 什么情况下你会选择盘带？
(2) 你会怎样欺骗对方防守球员？
(3) 你摆脱了防守球员后会怎么做？
(4) 你什么时候会选择传球？

练习三：体能游戏 | **练习四：无限制比赛** | **管理差异化**

步骤原则

训 练 评 价				关 键 词	
暂停	变化	持续	开始	抬头观察	1V1
干扰训练	1V1～2V2	有得分的方法	超负荷/负荷不足	假动作	加速摆脱

译者注：图中的 SCORE ZONE 是得分区域，END ZONE 是结束区域。

第三阶段——发展训练阶段
（11～14岁＋／－）

在 11～14 岁年龄段，尽管球员理解比赛的能力越来越重要，但重点仍然是技术训练。教练应该持续加强球员的控球能力，并在 11 岁或 12 岁之前完成青少年球员基本身体素质的训练工作。

11～14 岁训练大纲／训练板块案例

这个训练大纲案例是由英国两个不同的青训学院的训练大纲合并而成的。我组合它们的原因很简单，因为这两个大纲单独拿来实践都不够高效。第一个大纲如下面的标题所示，每一个主题的训练需要 6 周的时间。第 6 个工作主题是空白的，教练可以在他们认为球员需要的任何方面进行训练，在空白处予以必要补充。每个标题下的具体教学点来自第二个大纲，为该工作主题增加了更多的细节要求。

1. 传接球	2. 带球跑、运球	3. 射门、临门一脚
·变化传球的方式／范围	·在进攻区域内	·不同的射门技术——脚内侧、正脚背、凌空、头球等
·保持控球权	·跑动角度的变化	
·在压力下传球	·内切（射门）、向外变向（传中）	
·前脚接球		·不同距离和不同角度的传球、传中
·用左右脚传球	·摆脱防守球员	·跑动创造机会
·在进攻三区内	·保持控球的节奏	·创造射门机会
·多人配合	·带球跑的时机	·在 1V1 的情形下完成射门
·提高传控组织能力	·在狭小空间内控球	
·传球的隐蔽性	·不同方式的变向、转身	·快速完成射门
·首次触球（地面、空中）	·假动作	·在压力下完成射门
·控球的变化	·1V1 突破	·接直塞球完成射门
·在压力下接停球	·变速、变向	·跑位的时机
·传球的力量	·技能（创造性）	·背对球门完成射门
		·接传中球完成射门

4. 防守	5. 进攻
·1V1 防守	·在进攻三区创造性地进攻
·小组防守	·通过配合进攻
·防守传中	·场地宽度、纵深的重要性
·防守头球	·反击
·处理以少打多	·转移进攻
·预判射门、传中、直塞	·组织型进攻
·压迫防守	·直接打法
·延缓	·保持控球
·在进攻高压下防守	·有球和无球时的跑动
·回防	·迫使防守球员犯错
·解围、拦截	

11 ～ 14 岁训练计划案例

这个年龄组的课程计划来自诺茨郡——英国的一个三类足球青训学院。两位教练都是我以前的同事，我认为他们都是"比赛的学生"。两人目前已取得欧足联 A 级教练员证书。该模板反映了英超精英球员表现计划（EPPP）的要求。教练面临的挑战是考虑球员发展的具体战术、身体、心理、社交和技术因素，然后对每位球员根据得分的贡献和投入程度进行评估。

青训教案——诺茨郡青训学院			
教练：丹、艾德	年龄：U13以下	**战术** 中场队员创造接球 角度并向前进攻	**身体素质** 协调性、灵敏、速度、 加速度、核心力量
执教风格：根据需要进行调整变化	人数：16～18		
训练地点：诺茨郡青训学院	日期：14/08/13		
训练主题：创造角度并保持控球	时间：19：30～21：00	**心理、社交** 自信、创造力、 尊重、自我表现	**技术** 传球、接球、传球 时机、传球力量
周数：第二周	学习板块：一		
	热身部分	热身是无球的，其中包含了协调训练、灵敏训练、核心力量训练和各种动态拉伸	
传球与跑动		要点： 接球时的身体姿势 传球时机 传球力量 接球时机/跑动 沟通交流	目标： 使球员清楚为队友创造一个 好的传球路线的重要性； 避开防守球员的视野。
控球		要点： 接球时的身体姿势 传球时机 传球力量 接球时机/跑动 沟通交流	目标： 鼓励3名中场球员轮换位置， 不要成一条直线；无球队员 通过跑动为队友创造可传 球、接球的线路（空当）。
传球通过中场		要点： 接球时的身体姿势 传球时机 传球力量 接球时机/跑动 沟通交流	目标： 鼓励球员积极交叉跑动， 注意观察、寻求与中场球 员的配合；衔接后面的比 赛。
比赛		训练必须以不设任何限制的小场地比赛结束。	

第四阶段——比赛训练阶段
（14 ～ 16 岁+ / -）

我们在之前的章节中提到，在这个年龄段，青少年球员开始模仿正式的成人比赛。技术精进在球员的发展中仍然占中心地位，但是战术问题和场上位置的专项化变得更加重要。

14 ～ 16 岁训练大纲 / 训练板块案例

我所见过的最有趣、最发人深省的训练板块之一是来自曼联青训学院 15 岁和 16 岁以下球员的训练。前曼联学院教练马克·爱德华兹（Mark Edwards）完美地展示了这一过程。训练大纲有 4 个主要的训练板块，按照逻辑顺序安排。

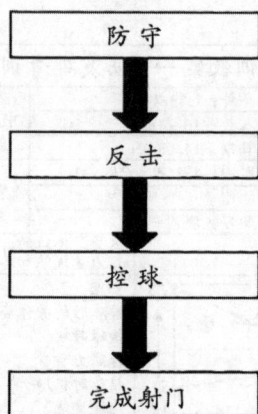

```
┌──────────────┐
│     防守     │
└──────────────┘
       │
       ▼
┌──────────────┐
│     反击     │
└──────────────┘
       │
       ▼
┌──────────────┐
│     控球     │
└──────────────┘
       │
       ▼
┌──────────────┐
│   完成射门   │
└──────────────┘
```

这个过程背后的逻辑在于，球员要参与比赛首先需要控制好球，因此，球员夺回控球权的方法（防守）是首要的。在重新获得球权后，球队必须决定他们是否可以反击，如果不能，他们怎样才能保持控球权。最后，无论通过反击还是持续控球，球员都要知道如何完成射门。

在爱德华兹的演讲中，他公开承认这个过程可以讨论，并可以由教练在训练中用自己的、合理的方法来解释和操作。

14 ～ 16 岁训练计划案例

下面一份训练计划是由一位欧洲 15 岁以下国家队教练提供的，这是使用本书前面讨论过的"整体—局部—整体"方法的一个很好的例子。训练的主题是教会队员如何防守。

青训教案——欧洲某U15国家队		
训练主题：深度防守（整体—部分—整体）		
整体 8V8比赛		在适当的热身之后进行8V8对抗训练。鼓励其中一支球队组织开放式进攻（黑色），另一支则侧重深度防守。 设置白队2：0领先的条件，要求白队在保持阵型的情况下赢得比赛。
具体位置技术 **部分** "波浪"训练		4名后卫在球场的相关区域一起防守，传球队员用不同传球方式传球给他们。其中1名防守队员出来断球或解围，其他3名后卫进行卡位。强调保护后防线身后的重要性。
		防守队员陷入一个人数不均衡的"波浪"中。2名后卫、1名守门员能成功地防守住5名进攻球员吗？当对球施压或收缩时，教练员应优先对球员的防守问题进行指导。
整体 8V8比赛		在结束各个"部分"的练习之后，球员们再次回到8V8的比赛中。教练需要观察球员是否贯彻了以上训练中提到的要点和重点。

第五阶段——获胜训练阶段
（16～19岁 + / - ）

从这个年龄段开始，球员就要开始学习如何赢得比赛。出于这个原因，足球执教需要转变为一种周期性训练和情景式训练相结合的模式。球员要在对战术和比赛的理解上花大量的时间。

16～19岁训练大纲／训练板块案例

下面这个为期6周的训练来自一个全日制的U19队足球训练计划。就像前面的《足球教练图书馆》示例的那样，这份训练大纲的训练内容不仅相互关联，而且被组织成技术和战术板块。它还有一个专门分配的时间来进行任何必要的情景式训练。

周数	训练主题	周一	周二	周四	周五
					课程模板——足球学院 U19 队
1	基本控球	技术	战术	放松 比赛分析	位置专项训练、诊断式情景训练、身体素质训练
2	从后场发起进攻	技术	战术	放松 比赛分析	位置专项训练、诊断式情景训练、身体素质训练
3	防守（个人防守到小组防守）	技术	战术	放松 比赛分析	位置专项训练、诊断式情景训练、身体素质训练
4	压迫	技术	战术	放松 比赛分析	位置专项训练、诊断式情景训练、身体素质训练
5	防守位置专项训练	技术	战术	放松 比赛分析	位置专项训练、诊断式情景训练、身体素质训练
6	收尾周	诊断式情景训练	诊断式情景训练	放松 比赛分析	位置专项训练、诊断式情景训练、身体素质训练

16 ~ 19 岁训练计划案例

以下教案出自巴西米内罗竞技足球俱乐部 U17 队，由《世界一流的训练》（*World Class Coaching*）记录。这个教案展示了教练在执教较大年龄段的球队时运用情景训练的方法，同时也是球队在备战下一场比赛前的计划。

	青训教案——巴西米内罗竞技U17队	
	备战训练课	
准备活动		训练从在一个圆圈内进行抢圈的训练开始，进行一个"躲避球"的趣味游戏，其目的为了让球员互相熟悉和增加训练课的乐趣，提高球员的积极性。
主要部分		这部分的重点是10名将在次日比赛中首发的黑队球员进行10V7的练习。10人运用4-4-2阵型（菱形站位），同时教练假设次日的比赛中对手将运用3后卫战术。教练员针对球队队形、配合打法、球员位置等在练习中分别给予指导。
小场地比赛		把次日参加比赛的球员分为两组，进行8V8（特定场区）分组对抗。教练要注意球员在相关区域内的表现。比赛没有任何限制，教练也不打断。让这个年龄段的球员在比赛中自由发挥很重要，特别是在比赛来临之前，要将大量的战术输入到他们的大脑。
传中射门		训练以各区域的传中射门来结束。鼓励球员以积极的态度完成射门练习。

结论

不管制订足球理念、训练大纲或个别课程计划的方法有多么不同，对所有足球教练来说，有一个明确的中长期目标是非常必要的。否则我们会一而再、再而三地指导同样的内容，或者只是围绕某个主题转来转去，而不考虑球员的长期发展。我希望上面的例子能够帮助你组织好训练，帮助你的球员达到最佳状态。

摘要

·足球训练大纲是关于教练想要球员学习什么的指导性纲要，通常贯穿整个赛季。

·没有完美的足球训练大纲，甚至顶尖俱乐部的教学计划都不一样。不要仅仅因为这些教学计划不同，就认为它们是错的。

·教练要能够证明其执教理念和具体教案是有道理的。

·传统的青少年训练课程往往很保守。然而，周期性训练对青少年来说是最好的。一旦比赛结果变得越来越重要，诊断式的情景训练就会越来越名正言顺。

·训练大纲不是一成不变的，它是根据情况进行调整的。

·最好的教练开始于建立自己的足球理念，然后根据短期、中期和长期目标来制订训练计划。

·96 个欧洲足球青训学院中，有 91% 的学院拥有自己的足球理念，有 75% 的学院通过训练大纲开展工作。

·阿贾克斯足球俱乐部基于"TIPS"模式来培养他们的青少年球员。

·创建一个属于你自己的执教理念是有难度的，但势在必行。

训练大纲/教案汇总

·5 ～ 8 岁——**英国某著名青训学院** / 意大利青训学院

·8 ～ 11 岁——《足球教练图书馆》/ **以纽卡斯尔联为基础的训练计划**

·11 ～ 14 岁——英国两所足球学院合并大纲 / 诺茨郡青训学院

·14 ～ 16 岁——曼联青训学院 / **欧洲某 U15 国家队**

·16 ～ 19 岁——足球学院 U19 队 / 巴西米内罗竞技 U17 队

真实执教经历

运用训练大纲训练

[汤姆·约翰逊（Tom Johnson），
诺丁汉中央学院 U19 青训教练，德比郡青训球员表现分析师]

在过去的几年中，我在俱乐部执教一支青少年球队。在这里，我严格按照俱乐部提供的已经构建好的训练大纲组织训练。期间，我发现这有助于提升我的执教能力，尤其是组织和实施训练方面。我一直认为充分准备一堂训练课是非常重要的，它是训练成功的基础。

在过去，我一直为我觉得准备不足的训练感到内疚，这一点在训练中已经表现出来了。自从开始依照训练大纲有计划地训练之后，我就有机会同其他教练员一起讨论完成学期训练目标，有时甚至可以提前一周或几周完成教案，而不像以前在去俱乐部的路上还在准备教案。

我在球队的任务之一就是在比赛结束后的第二天带球员进行积极的恢复训练。这个阶段的训练量会比一周的其他时间的训练量少一些，但这是一个非常重要的阶段，可以确保球员用正确的方式从比赛中恢复过来，这样他们在整个赛季都能保持身体健康。正是在这些课程中，我能够将训练大纲与积极的恢复联系起来。如果这周的主题是跑动或创造空间，我可以通过提供一个与这周训练主题直接相关的练习来检验我的执教技能。

虽然俱乐部有现成的训练大纲，我仍然觉得在课程中贯彻我自己的执教风格很重要。由于球员每天都在训练，教练拥有自己的风格有助于球员保持训练热情和积极性。一个新的声音对于球员来说是非常新鲜的。

　　训练大纲虽然是在赛季初制订的，但有时也可以根据需要进行相应的调整。在与另外一支球队比赛的前几天，我会调整训练教案来优化比赛的准备。例如，收缩防守和反击在这个赛季已经训练过很多次了，我会根据赛程或者球员的需要来交换和改变训练大纲和计划中的某些主题。

9

技术发展和技能习得

球员单独学习的技术通常不会直接转化运用到比赛情景中，他必须在不断变化的比赛环境中再次学习。因此，这会给你带来疑问：是否应该将比赛情境下的技能掌握置于首位？

——里克·费诺格里欧
（Rick Fenoglio）

曼彻斯特城市大学体育与运动科学系，"Give Us Back Our Game"的联合创始人

　　我经常被问到这样一个问题——"技术训练和战术训练哪个更重要？"这个问题看似很简单，答案却复杂得多。事实上，这两者都重要，它们是相互关联的。技术能力是球员想要取得任何发展和进步的基础（假设球员身体特征已经成型，并且拥有完成这些技术动作所需的基本运动技能），如罗布·阿特金（Rob Atkin）在他的博客文章《技术就是一切》（*Technique is Everything*）中生动形象地描述了这一关系——"基底越宽，金字塔就越高"。换言之，球员（基底）技术能力越强，他就越有机会成为更优秀的全能型球员（金字塔）。

　　回答上段开头提出的问题，答案就是**球员的技术能力将决定其战术表现**。例如，如果你想采用类似西班牙国家队使用的以传控球为基础的战术，那么球员首先要具备过硬的传接球技术。除此之外，还要有快速传球的能力、在狭小的区域内传球的能力、不同类型的传球能力、传球到"安全侧"[1]的能力和渗透性传球的创造能力等；接球队员要有出色的首次触球能力、在跑动中接球的能力，在有防守压力的情况下能够观察周围的情况，在无球跑动时能注意对持球队友的策应等。

　　同样的原则也适用于风格简洁、打法直接的球队。这种风格尽管被认为没有太多技术含量，但此风格下的球员仍然需要具备如下技术能力：远距离长传球、识别进攻区域、对空中球的控制（大腿停球和胸部停球）、摆脱防守、处理头顶球和凌空球、无球的跑动接应以及利用各种传中技术等。

――――――――――――――――――

[1] "安全侧"是指控球队员将球传到接球队员被对方防守球员盯防的对侧。例如，防守队员如果正在接球队员的右侧盯防，控球队员应将球传到接球队员的左侧，这样防守队员将很难抢断。

因此，我们不能简单地将技术发展和战术发展（或"比赛意识"）孤立开来，特别是随着青少年球员年龄的增长，它们的联系将越来越紧密。训练实践要包含这两方面的内容，这个原理我们将在下文进行详细讨论。

技能习得

首先，需要对"技术"和"技能"下一个明确的定义，因为这两个术语在足球中以不同的方式广泛使用。例如，基于球员的比赛表现，像罗纳尔多这样的球员会被认为是"技术卓越"的球员；而街头足球表演者，如比利·温格罗夫（Billy Wingrove），被认为是"技能娴熟"的球员，因为他可以用杂耍式的方式来操纵球。

技术	技能
技术涉及球员自身以及他们处理球的能力（传球、射门和防守等）。因此，"技术练习"指的是球员的有球练习，但这是在无对抗的情况下进行的，即球员在没有任何防守的情况下完成的技术训练。	技能是一名球员可以将技术转化并应用到有防守的情况。因此，"技能练习"包括了对抗的情形，是一种更具挑战性的情况。

技术练习示例：皇家马德里青训学院"Y"字训练

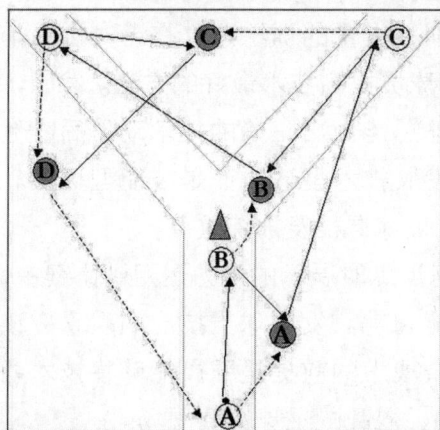

皇家马德里学院教练伊万·马德洛诺·坎波斯（Ivan Madrono Campos）提出了典型的西班牙足球学院训练方法，具体如下：

这种训练模式是非对抗情况下的固定类型的连续传接球练习。球员 A 传球给球员 B，然后球员 B 将球回传给球员 A，球员 A 长传给球员 C。球员 B 在摆脱防守标志桶后接球员 C 的传球，然后传向球员 D，球员 D 与球员 C 之间进行一个"撞墙式二过一配合"，随后带球回到起点。球员交替轮换位置，重新开始练习。

技能练习示例：西班牙抢圈

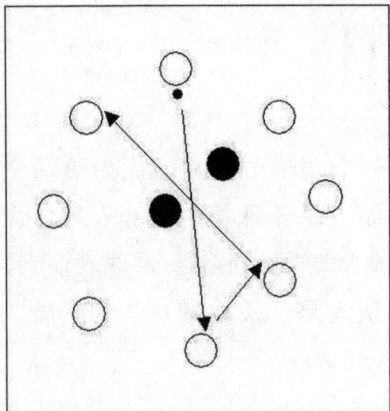

近年来，"抢圈"被称为西班牙的秘密武器。它的影响力很大，西班牙球星哈维·赫尔南德兹甚至这样说："抢圈、抢圈、抢圈，我们每天都在练习抢圈，这是最好的训练方式。"

"抢圈"的基本前提是控球队员的数量要多于防守队员。如果可能，球员们都希望能传一个渗透防守的球。这里显示了一个 8V2 的情景。从理论上来说，此练习适用于任何数量的队员和各种大小的场地。这个练习甚至可以改编成战术练习，这是我们第 10 章将要讨论的内容。

最近，我与美国国家足球教练协会 2013—2014 年度"30 名 30 岁以下优秀教练"获得者、免费在线训练杂志《全球化足球训练》（*Coaching the Global Game*）的创始人拉希姆·穆罕默德（Rahim Mohamed）进行了一次谈话。他很好地总结了"技术"和"技能"："一个技术型球员可以按要求执行动作，而一个技能型球员则可以在压力下完成技术。"穆罕默德接着描述他是如何在执教早期将大量的训练建立在无对抗的基础性技术练习之上的，并相信这是帮助球员提高技术最好的方法。然而，当他发现球员在严酷的比赛环境中并非总能做出正确的技术动作后，他开始反思，他说："我的目标不再是发展技术型球员而是技能型球员。为了达到这个目标，我不得不修改我的训练课程及训练重点。"

我们都听到过教练指责球员不能把训练时展示的能力运用到比赛中，或者他们没有将技术练习转化成为技能习得。发展球员技能的观念应该在教练执教过程中占据首位。任何复杂战术的前提是球员能够将技术能力转化为技能获得，以此来应对随机的、混乱的足球比赛现场。

我鼓励教练们去研读马克·威廉姆斯（Mark Williams）和尼古拉·J. 霍奇（Nicola J. Hodges）合著的《足球运动的训练、指导与技能获得：挑战传统》（*Practice, Instruction and Skill Acquisition in Soccer：Challenging Tradition*）。[②] 文章批评传统的足球训练过度地强调技术而不是实战性的技能。与体能训练的研究相比，足球训练也缺乏技能习得方面的探索。为了充分理解技能习得的过程，我们必须研究什么是有意义的练习，以及我们向球员展示的训练类型。

练习

我们都很熟悉"熟能生巧"这句老话，不过，这种说法近来演变成了"习惯成自然"。然而，"熟练"并没有使任何事"生巧"，"习惯"也不会使任何事情变得"自然"。但是，练习如果是正确的，它就是提升球员运动表现的关键因素。

在某些圈子里，围绕练习在人才培养过程中所扮演的角色展开了一场激烈的争论——先天与后天之争一直在持续。近年来，已经有一些关于练习这个话题的好书出版了，最著名的有丹尼尔·科伊尔（Daniel Coyle）的《一万小时天才理论》（*The Talent Code*）、马修·萨伊德（Matthew Syed）的《天才假象》、马尔科姆·格拉德威尔（Malcolm Gladwell）的《异类》（*Outliers*）、斯科特·巴里·考夫曼（Scott Barry Kaufman）的《绝对天赋》（*The Complexity of Greatness*）等。在培养足球人才的过程中，很多因素都有助于球员变得更加优秀，如基因、背景、教养、影响、机会、对足球的热爱、动机和身体构造等，一些其他因素也参与其中。考夫曼引用大卫·Z. 汉布里克（David Z.Hambrick）及其同事的研究指出，练习对球员成功的贡献率约为 30%，是贡献最大的因素。最重要的是，教练能够直接影响球员的就是练习。

---

② 这篇文章发表在 2005 年的《运动科学》杂志上，读者可以在网络上查阅。

著名的西班牙记者和西甲专家吉列姆·巴拉格（Guillem Balague）写了很多书，其中一本是关于现代最伟大的足球运动员的，书名为《梅西》（*Messi*）。在任何关于实践与天赋的争论中巴拉格的立场很明确，"里奥不是天生的天才，没有人是天才"。C 罗的同事和教练对 C 罗的描述也强调了练习是他成功的关键因素。巴拉格在《顶级运动员是天生的还是后天养成的》（*Are Top Athletes Born or Made*）一文中引用了荷兰守门员、C 罗的前曼联队友范德萨的原话："训练结束后，C 罗总是在练习任意球。如果他需要一名守门员，我是他唯一的选择。我问 C 罗是否可以由另一名守门员来防守他的任意球，他回答说：'我只想和最优秀的守门员一起训练，只有这样我才能成为最优秀的球员。'"

顶级球员，除了积极性和许多其他因素之外，还坚持一小时接着一小时地刻苦练习。一名青少年足球运动员需要多少个小时才能成为职业运动员呢？怎样才能最好地利用这些时间呢？

10 年，10000 个小时

在整个实践研究中，讨论最多的就是上面提到的著作中提到的最有趣的发现之一——10000 小时定律，通常也被称为 10 年定律（Simon and Chase，1973）。该理论认为，无论在体育领域、音乐领域、科学领域还是其他领域，任何学习者都需要 10000 个小时的练习才能成为该领域的"专家"。

在《团队运动与刻意练习理论》（*Team Sports and Theory of Deliberate Practice*）一书中，为支持专家也要花更多时间练习的观点，海尔森（Helsen）、斯塔克（Starkes）、霍奇斯（Hadges）展示了他们的研究。他们仔细调查研究了比利时的职业球员、半职业球员和业余球员的训练经历。当球员踢了 18 年球的时候，职业球员已累积有 9332 小时的训练时间，半职业球员的训练时间达到 7449 小时，而业余球员的训练时间为 5079 小时。

尽管有足够的证据支持 10000 小时定律，但它现在不是、将来也不会是青少年球员发展所依据的唯一标准。有很多例子表明，一名足球运动员或音乐家即使经过了 10000 个小时的练习，他也不一定出类拔萃。也有一些例子表明，一些精英运动员没有 10000 个小时或 10 年的训练经历。正如考夫曼所总结的那样："现在已经很清楚，10 年定律实际上并不是一条规则，而是一个在平均值附近上下波动的平均数。换言之，花费 10 年或 10000 个小时练习的这个方法是有用的，但将其视作法则或是一门精确的科学却是很危险的，特别是用这个时间范围来进行训练是错误的。"

丹尼尔·科伊尔在他的官方网站（www.thetalentcode.com）上回忆了一段与国家足球协会负责人关于教练采用 10000 小时定律理念的谈话："这绝对是疯了！教练们都在追求这个训练时间，球员们用'考勤卡'记录训练时间。他们就像在流水线上工作一样，没有自主能力，也没有创造力。" **通过计算球员的训练时间来衡量，教练衡量的是数量而不是质量。**

10000 小时定律最大的问题在于它试图使专业技能量化，给一个相当复杂的过程定义一个数字。在 10000 小时定律普及的背后，教练开始数数并努力向一个"魔术数字"奋进，这只会导致教练在不顾训练质量的情况下拉长训练课的时间。当我开始当前的教练工作时，学院要求每次训练持续 2 个小时。但实际上，我们在 80 分钟左右就结束了，因为我发现当某一练习持续 30 分钟或 40 分钟的时候，教和学的质量都开始下降而不是增加。顺便说一句，巴塞罗那青训学院一贯的训练时长大约是 70 分钟。虽然这可能看起来很短，但这是有目的的、高质量的、高强度的 70 分钟的"刻意训练"。

"刻意训练"

"刻意训练"，被萨伊德称为有目的的练习。20 世纪 90 年代，安德斯·埃里克森（Enders Eriksson）使这种训练广为流行。埃里克森和他的研究人员发现，专业人士与其他人之间的主要区别不在于简单地积累训练时长，而在于他们花在刻意训练上的时长。这个理论的基石是从注重训练的数量转为注重训练的质量。我们都非常欣赏这个提升球员能力的训练理念，但是，我们面临的挑战是如何通过刻意训练来最大程度地利用与球员接触的时间。

让我们想想一位年轻的音乐家是如何学习演奏一首曲子的，就以弹钢琴为例吧。他们试着去弹一首新的曲子，不可避免地要碰钉子。这个钉子有可能是他们无法立即掌握的一串特殊音符或是和弦序列。因此，他们会将这段比较吃力的特定部分先隔离出来，对其进行专注而有目的的练习。专业的音乐家不会只尝试一次就放弃，他们会坚持下去，坚持到几乎是痛苦的（可能对听者来说更痛苦）甚至令人沮丧的地步。他们可能会放慢速度，试图在再次加快速度之前掌握它。他们一旦"掌握"了这段吃力的部分，就会将这个部分整合到全曲中，然后重新演奏。

"髓鞘化"

我从丹尼尔·科伊尔的精彩作品《一万小时天才理论》中第一次了解到"髓鞘质"这个概念。人类在学习时，大脑会产生新的神经回路，它们随着练习而变得活跃。随着这些回路变得越来越活跃，一个叫作"髓鞘质"的白色物质就给神经回路包裹上绝缘体，新的学习内容因而得以保存。足球运动员在学习一项新技能时也会建立一个新的神经回路。当他训练时，这条神经回路会变得活跃，加上足够的刻意训练，这条回路会进一步被包裹在一层又一层的髓鞘质中。我一位特别成功的同事、朋友公开称他这项执教技术为"髓鞘化"。

进行刻意训练的运动员能更快速、更活跃、更高效地产生髓鞘质。英足总的《未来的比赛》（*The Future Game*）很好地总结了刻意练习的影响："处于巅峰运动状态的球员将大量的时间投入'刻意训练'。'刻意训练'需要的是专注，而不仅仅是参与。"

你的球员是否是积极地、有目的地参与了你的训练课，或者他们仅仅是到场了？他们在一个具有挑战和压力的环境下做到了专注于技能学习，还是整齐地列队训练、轮到他们了就踢一脚然后跑到队尾？为了球员的发展和进步，你必须让这些球员感受到压力，把他们置于对抗的环境中。在这种环境中，最重要的是比赛本身以及我们在训练过程中使用的各种练习。

如果球员感受到了压力，那么你必须找到一个明确的平衡点，不要让他们陷入沮丧甚至愤怒和怨恨的情绪中。一旦发现这种情况，你要做的就是调整或修改训练内容，说一些鼓励的话来减轻球员的挫败感。

训练的类型

如果我是一名跳高运动员，那么我的运动项目的变量几乎是一样的。无论是参加奥运会、欧洲锦标赛还是在本地田径中心的训练，我需要考虑的因素都是一样的。无论是在伦敦、巴黎、悉尼、约翰内斯堡还是在纽约参加比赛，影响我的因素都不大。在训练中，我可以把横杆设定为我想要重复练习的任何高度，也可以是我在比赛中将要面对的高度。我可以测量助跑时的步幅，精确到英尺，并在比赛时使用相同的步幅。除了比赛的额外压力或极端天气条件之外，我可以准确地复制比赛。

但足球却是一项复杂多变的运动，也是一项充满随机性的运动。与跳高不同，足球比赛的可变因素是源源不绝的。球员要精确地复制整场比赛，哪怕是其中一个高难度动作的瞬间（即使可能），也是非常困难的。

"真实比赛" 的折中方案

你为球员设计的任何练习，只要不是不受限制的 11V11 比赛，都包含"真实比赛"的折中元素。当然，这并不意味着在练习中只进行 11V11 的比赛就足够了。在一场顶级的足球比赛中，每名球员在 90 分钟的比赛中只有 2 分钟左右的触球时间，然而这 2 分钟却异常重要。为了培养技术卓越或技能娴熟的球员，训练就要让球员有更多的触球机会。

因此，训练需要做到两件事——球员有足够多的触球机会，并且这些有球练习要尽可能地接近真实比赛。

　　你在训练中使用的所有练习都将包含与真实比赛的折中。英足总称这是针对青少年训练的一种"权衡"。为了强调这一点，我在下面列出了两个非常常见的练习方案，并详细介绍了其中涉及的一些妥协元素。

练习一：2V1 进攻练习

两名进攻球员在一名后卫和守门员的防守下试图进球得分。

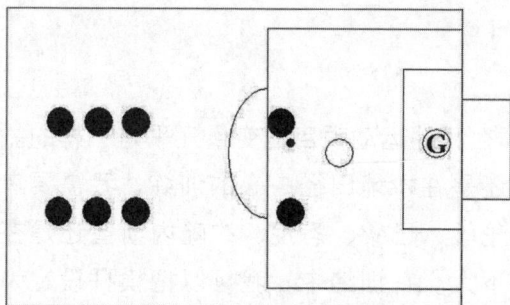

折中方案

这个 2V1 练习的目的是为了让进攻球员取得更多的成功。然而，在真实比赛中，进攻球员在大多数情况下是寡不敌众。这些进攻球员最终还是要在他们人数处于劣势时取得成功。

练习二：分区比赛

球员在指定区域内进行小场地比赛，但被"锁定"在固定区域

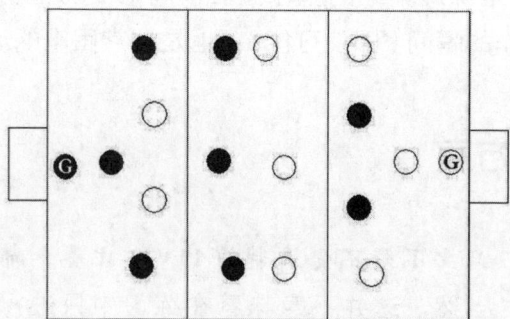

折中方案

　　将球员限制在固定的区域限制了他们的移动。足球比赛最基本的特征就是球员能够自由地移动。例如，现代的边后卫需要选择正确的时机前插进攻，因此将他限制在防守区域会适得其反。

　　在第 8 章中，我们提到了教练需要证明他们的训练课程内容是合理的。在某些情况下，你可以很容易地使用上述任何一种方法解释和证明

训练课程内容是合理的，但是**认识并适应内在的妥协或协调至关重要**。在这两种情况下，为了提高妥协给球员带来的更多真实的比赛挑战，训练需要快速进阶。所以，练习一可以增加比进攻球员更多的防守球员，练习二可以取消对球员移动的限制。

我们的训练基本上可以分为三类——固定练习、可变练习和随机练习。这三种练习会有妥协的成分——尽管有些练习会比其他的练习包含更大的"妥协"。

固定练习

固定练习是指球员反复练习同样的技术动作。这些动作通常会在相同的距离和条件下进行，并且这些练习是无对抗的。固定练习的重点在于重复某项特定技术动作，因而是帮助球员学习新技术或进一步提升特定技术的最好方式。固定练习通常也被称为"封闭练习""套路练习"。由于其内容的静态性，有一种轻视性的说法称之为"流水线训练"或"标志桶到标志桶的训练"。

接下来我举一个在阿贾克斯闻名的固定套路练习的例子。

固定练习模式示例：阿贾克斯"四方形"练习

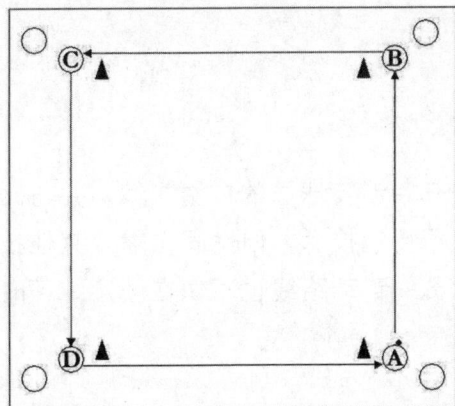

练习从球员 A 开始。当他准备传球时，球员 B 通过移动来摆脱标志桶，准备接球。球员 A 传球后随着传球路线跑动并接替球员 B 的位置。球员 B 和球员 C 重复刚才的练习，以此类推。球员围绕着这个方形传递球，直到教练指示开始这个练习的进阶练习或者认为球员的练习已经足够。

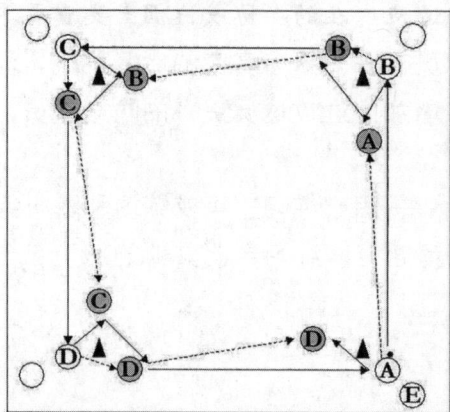

进阶模式：目的仍然是球员沿着四方形传球。球员不是简单地传球并跟随传球路线跑动，而是彼此要相互配合。所以，球员A传球给球员B，球员B和以前一样，跑出来接球。球员B在传球给球员C之前，和球员A做一次"撞墙配合"。接下来的球员也要像刚才一样配合，继续沿方形区域进行传接球练习。当练习需要时可以增加第二个球，两个球同时进行。

在这个练习中，阿贾克斯球员以预先设定的路线传球并跑动。传球距离几乎相同，球员也在做相同的跑动，重复是重点。如果给青少年球员安排这个训练，那么可以给他们多次尝试并掌握传球技巧的机会；但是对于年长一点的球员，比如像阿贾克斯的成年职业球员，这个训练的目的是使他们的传球技巧得到更好的改善。

这里也有一个与真实比赛相比的明显妥协，因为在实际比赛中，球员不会站在标志桶旁等待，而且也不是简单跟随他们的传球路线跑动。[3]另外，其他的技术甚至最基础的不同类型的传球方式也没有得到明显的体现。

可变练习

与固定练习模式不同，可变练习开始涉及球员的自主决策，并与比赛更加贴近。可变练习可能会关注某项特定技术，但也同样需要其他技术的配合以解决教练设定的难题。球员的跑动路线也不像在固定练习时

---

[3] 球员们不断地传球并跟随传球路线跑动的练习是令我特别头疼的事情。我敢在这里挑战任何人，谁能提供任何级别的足球比赛中，球员应跟随他们的传球路线跑动的证据？

那样被预先设定好。

可变练习可能包含干扰或对抗。下面的练习是英格兰 U19 国家队的训练，没有对抗，但与上面提到的阿贾克斯四方形练习的情况不同，这里有干扰因素。

可变练习模式示例：英格兰 U19 的传球练习

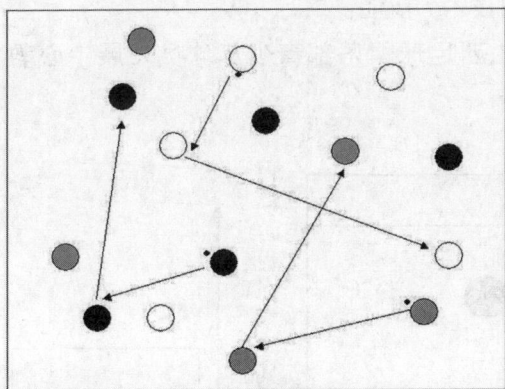

15 名球员被分成三个颜色的队伍。每个队都有一个球，要随机地传给队友。练习进阶方式是传球者必须将球传给与自己不同颜色的球员，再下一步的进阶是将球传给颜色不同于传球给自己的球员的其他球员。

尽管上述练习没有涉及对抗，但包含了干扰因素。由于球员可以在该区域内随机移动，因此球员的移动就是持球者传球路线的干扰项。这可能导致传球队员改变他的传球方式，比如传球高度、速度和力度等。对于如何有效地解决这种干扰造成的麻烦，球员需要做出决策。在某些情况下，他可能会选择先延缓传球，直到出现一条笔直的传球路线；或者选择带球突破以开辟传球路线，或者传过顶球。这些都是球员在实际比赛中会遇到的问题。这个练习可以通过增加防守队员和对抗来进行变化。

所以，这个训练尽管是可变的（灵活的），也能更有效地和真实比赛结合起来，但仍然存在与真实比赛妥协的内容。例如，因为没有对抗，所以就没有防守的顾虑；除了传接球，其他的技术也没有太多的施展机会。

随机练习

比起可变练习，随机练习开始仔细地模拟比赛细节，实战性更是远远超过固定练习。随机练习通常会以基于比赛的训练形式出现，并且涉及球员间的对抗。布局设置和对抗会增加更多的干扰，并使练习更具实战性。

在英足总的学习资源书中，模块二"开发训练课程"里有一段很好的引证来支持随机练习的作用："训练就是一种排练，而任何排练都应该是对剧本逐字逐句的演练。因此，足球训练也应该复制比赛中可能发生的任何情况以及训练可能需要的技术/技能。"

下面的随机练习模式取自切尔西足球俱乐部青少年球员发展中心教练制作的教案。

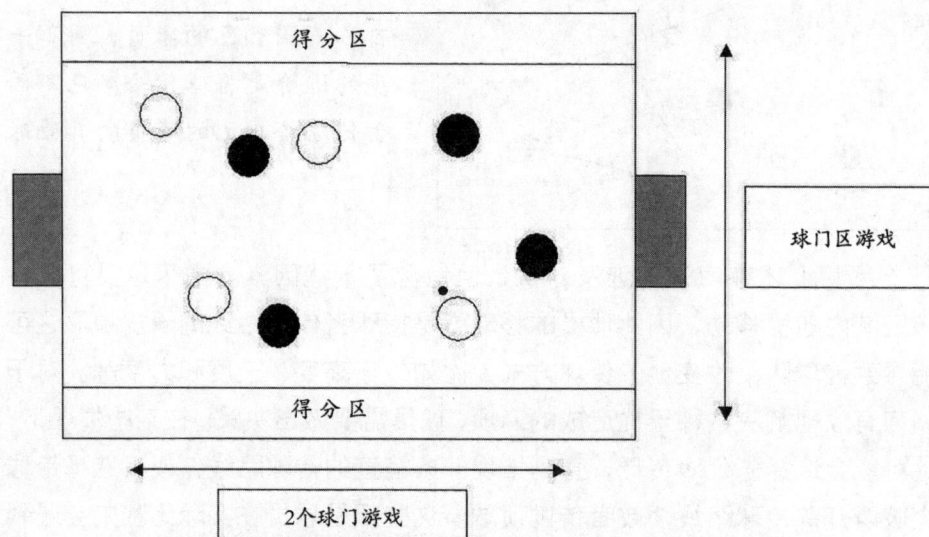

随机练习模式示例：切尔西的"两球门"和球门区游戏

这个随机练习结合了两项比赛。两队先在常规的 2 个球门的小型场地对抗，然后根据教练的指示，两球门比赛变为球门区比赛，队员必须将球传向球门区，并由队友在球门区接到球才算得分。这个练习很明显具有随机性，并且教练通过间歇改变比赛类型，增加了更多的干扰。

练习类型的选择

这三种类型的训练都有其优点和缺点，具体取决于球队中球员的类型以及他们所处的发展阶段。下表可以帮助你决定采取何种类型的训练。

练习类型	长处	短处
固定练习	·学习新技术时很有用 ·改善现有技术时很有用 ·大量特定或专项的重复 ·给球员带来大量短期的成就感 ·可以明确指出具体的技术问题 ·训练场景可控 ·在同时训练很多球员时很有效	·球员很少需要做出决策 ·高度依赖显性学习 ·不能反映比赛复杂多变的特征 ·长期效果差 ·球员之间交流需求不足 ·过度重复但没有技术细节体现 ·教练使用这种训练可能只是因为训练方式看起来有条不紊
可变练习	·用于精练和改善技术 ·增加决策元素 ·重现接近真实比赛的场景 ·包含更多富于变化的练习 ·涉及显性学习和隐性学习之间的平衡	·如果球员不能执行所要求的技术，训练就是无效的 ·球员获得的短期成功比固定练习方式少 ·与随机练习模式相比，可变练习与真实比赛的关系不紧密
随机练习	·反应了足球的无序本质 ·球员需要做出大量决策 ·球员必须利用大量的组合技能 ·隐性学习是固有特性 ·长期学习更有效 ·所面临的问题能够被植入真实的比赛 ·促进球员的肌肉记忆和比赛记忆	·难以精确地描述特定的技术细节 ·球员或许不能立即获得成功 ·看起来可能会显得混乱和无序

让练习更"刻意"

我们需要通过使用更加接近比赛的、随机的、多变的训练，让球员参与到能反映比赛的随机性练习中去。在这些练习中，球员有机会练习比赛涉及的各个方面。他们的压力更大，也必须做出更多的决策。这些练习涉及球员必须应对的诸多变量，保证了足球比赛的效率。练习涉及比赛的特殊性，会帮助球员增加肌肉记忆，进一步加强神经回路，并诱导髓鞘质的大量产生。教练也将能培养出更多技术能力强的球员，而且他们在足球比赛中也能随机应变。

很多教练过分强调固定练习。我们要明确，固定练习模式是有一席之地，有时我们需要一个像"阿贾克斯四方形"这样的练习来加强球员具体的技术细节训练，或者向球员介绍某一个概念。然而，教练最终需要将它整合融入有目的、有对抗的随机练习④。

为了使你的练习更"刻意"，请考虑以下几点。

选择可变练习或随机练习而不是固定练习

近年来，**足球教练界发生了巨大的转变**，教练们不再坚持使用固定的静态练习。尽管他们允许练习中包含大量重复，但这些练习与足球比赛多变本质的相关性是有限的。球员很少会做选择和决策。如果有的话，他们解决的问题也是非常基本的问题，而不是解决足球比赛与生俱来的复杂性问题。

有些教练喜欢组织固定练习，是因为它们容易管理。"他们更喜欢单元格类型练习的安全性，而不喜欢设定条件的游戏和比赛带来的不稳

---

④ 你有多少次听球员说："是这样，但你在比赛中能做到吗？"球员们在无意中指出这样一个事实：在没有对抗、没有压力的情况下完成一项技能和在开放空间的激烈比赛中完成一项技能是两码事。因此，教练需要把球员置于对抗的、随机的环境中来测试他们掌握技术的情况，这真的很重要。

定性。"（Williams 与 Hodges,2005）有一位教练曾经对我说，他会经常组织固定练习，这样观看的人就会认为他是有组织的，而他是有控制力的。由于这位教练不断地这样做，他的队员参与的训练很少涉及做出决策和解决问题，因而阅读比赛的能力非常有限。

我曾经听过一个关于法布雷加斯青少年时期在阿森纳第一次训练的故事。我不知道这个故事是真是假，但这个信息对教练员来说很有价值。

在一次固定模式的传球练习中，教练要求法布雷加斯摆脱正在"盯防"他的"充气假人"，这样他就可以得到球并将球传出去。即使经过多次尝试，法布雷加斯也从未做出教练想看到的大幅度摆脱"防守队员"的动作。教练问法布雷加斯为什么不按要求来做，他的回答是："假人队员不能移动，它不能对我造成威胁，所以我只需要一个小空间来控球、传球，不需要做一个夸张的移动来完成这个练习。"

虽然法布雷加斯的答案看起来很任性，但他说的确实是事实。球员和普通人一样，都希望通过最简单的方式解决问题。在这种情景中，法布雷加斯面临的问题是从一名球员那里接过球，除了身边有一个不能动弹的假人队员之外，要在没有任何防守压力的情况下将球传给另一名球员。他的解决方案是最简单的那个——做一个小的移动摆脱"防守"接球，就能实现传球目的。

关于不同类型的练习模式带来的益处和效果的争论，不是足球这个项目独有的。例如，加拿大排球队就明确表示，尽管排球比足球包含的变量少得多，他们支持在训练中采用随机练习。他们承认，随机练习在短期内对球员来说可能很难，但却有助于球员的长期发展："有强有力的证据表明，随机练习虽然有时会在短期内带来较差的表现，但从长期来看，会产生较好的成绩。换句话说，当固定练习用于学习某项技能或完成具体任务时，其效果往往比随机练习更好，但后者会促进更好的技能保留和长期的总体表现。"

我最近与英格兰学院教练杰拉德·琼斯（Gerard Jones）进行了交流，他在执教中提倡可变练习和随机练习。当我问他如何使用"流水线"练习和标志桶练习时，他的热情是显而易见的，他与法布雷加斯早先的观点一致。

琼斯说道："标志桶不会移动，它不会教球员在有时间和空间限制时做出决策，标志桶也不会给球员提供解决问题的办法。例如，如果我传球到这里，会有什么样的风险？或者，何时防守？如果我从这边上前压迫，我身后会留下什么？我是上前压迫还是封锁空间呢？等等，诸如此类的问题都是球员要面对的。由于时间紧迫，他们必须很快地做出决策。然而，作为教练，我们在某种程度上都犯过让球员做很多完全不需要做决策的练习这样的错误——例如，固定模式下的'流水线'练习。"

收集到的证据和观点非常明确，即选择能够复制真实比赛场景的训练模式，而不是那些没有任何比赛特征的固定练习。

整体—部分—整体

整体—部分—整体模式的训练就像上文提到的如何通过刻意训练学习演奏一首曲子直到熟能生巧一样。运动员尝试演奏整首曲子（完整的比赛），先要取出特定部分来改进（部分），然后再来尝试演奏整首曲子（完整的比赛）。

持续得分

我在本书前面提到过，青少年球员喜欢比赛。事实上，所有球员都喜欢比赛。我最近看到一张照片，利物浦一线队的 5 名队员在训练场上因为赢得了头球比赛的胜利而兴高采烈地跳了起来。在训练中，教练使用评分方法有助于集中球员的注意力，使其发挥出最佳状态，同时使训练变得更有趣，更吸引人，更具有对抗性。举个例子，我在下面介绍了一种传统的"控球"练习，这种练习可以很容易地调整得分方式，而不是像以往那样计算球队累计传球次数并计分。

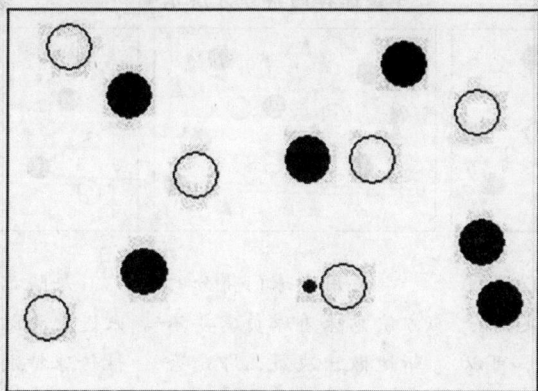

传统的控球练习

　　虽然传统的控球练习在业余训练和职业训练中被广泛使用，但我对它还是有一些质疑。对我来说，这就像是把篮筐搬走然后要求篮球运动员来打一场比赛。是的，传控的控球练习有助于运动员控球，但却因为没有得分的方法而与真正的比赛相去甚远。球员在控球的某个时候，必须判断是否有进球的机会。此外，如果没有进球或得分的方法，那么结束练习的唯一方法就是让球员把球踢飞！因此，一支球队哪怕可以连续传球 100 次，也只会以一个消极的方式结束——失去球权！一支球队如果表现得很好，并且控球时间很长，教练会对另外一支正努力夺回球权的队伍感到厌烦。在训练中增加一种得分方法，球员可以取得成功，不可避免的失误也不会受到过度重视。

可供选择的得分方法示例

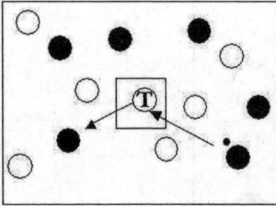

这个游戏可以通过增加中间人来设定得分方式。T 是中间人，可以被看作是一名中场球员，他必须接球并传给另一名同队球员才算得分。

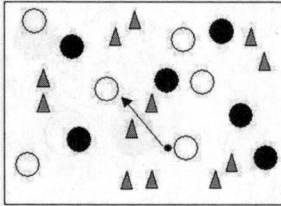

使用小球门得分的方法意味着球员需要不断地做出决策，即是否可以通过传球得分或者通过传球来保持控球权。

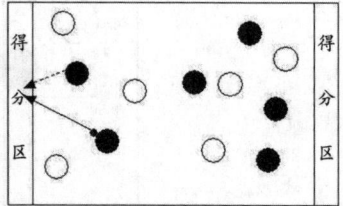

每队都有一个底线区域来进攻和防守，这对于渗透性传球特别有用。此练习可以在球员传球和跑动时发挥作用。

不良的做法

在我现在的训练中心，我们把场地出租给无数的俱乐部，球员们经常在强光灯下训练。我经常留下来看他们训练。下面第一栏所概述的练习是我一次又一次目睹的训练。让我们思考一下这些练习是否有目的和刻意，或者球员是否只是"参与了"。

活动／ 实践／练习	时间	可能的 理由	对真实比赛 的妥协	"刻意"的 替代选择
围着训练场地跑 2 圈或 3 圈来热身	5～10 分钟	球员们进行充分的热身	无球；没有一名球员会在几百米的距离上以相同的速度奔跑	使用一个有球热身游戏，其中涉及变向和移动，有时是缓慢的，有时是快速或中速的
球员在一个圆圈中做静态拉伸	5 分钟	球员需要在活动前拉伸身体	动态拉伸⑤需要复制足球运动中的动作	包含在热身游戏中，队员分散做动态拉伸（个别球员也可进行静态拉伸，因为有些球员觉得静态拉伸更舒展）

---

⑤ 动态拉伸的使用将在第 11 章加以解释。

续表

活动／ 实践／练习	时间	可能的 理由	对真实比赛 的妥协	"刻意"的 替代选择
一系列的直线冲刺，从5～30米不等	10～15分钟	冲刺跑是足球运动不可分割的一部分，它能使球员更适应比赛	足球比赛中的冲刺不仅有直线运动，还包括改变方向的冲刺和不同距离的冲刺。冲刺跑只是球员在比赛中完成动作的一小部分	在热身的最后可以增加一些快速的、多方向的冲刺练习
球员排队轮候的固定"流水线"练习	15分钟	球员有组织地进行技术的学习、巩固和练习	固定模式的训练几乎不涉及决策，也不体现足球比赛的随机性	使用一个可变的或随机的练习，包含与足球比赛相关的决策和问题解决
队员站成一列，等教练做球，接球射门，然后跑回到队伍的后面	10分钟	教练可以指出具体的技术错误；球员们不断地练习射门；球员太爱射门了	球员是在没有压力的情况下从相同的角度、相同的距离射门；对于青少年球员来说，距离太远；球员在真实比赛中的射门机会是非常有限的；教练触球的次数比所有队员加起来都多	一种包含对抗的、有更多防守队员的射门练习，从不同的距离、角度和在不同的压力下的射门练习
设定条件的比赛，通常规定球员只能触球2次	不管还剩下多少时间	2次触球使球员传球和带球跑更快	足球比赛根据需要会有多次触球，可能是2次，也可能是1次或多次	使用不受限制的比赛。如有必要，更改比赛的场地大小、人数或比赛的侧重点

　　真是浪费了一个小时！当你思考上表第一列中的内容时，你会发现实际上没有任何证据表明这些练习是有目的（或是"刻意"）的。球员仅仅是在训练，很少触球，很少有压力。前三种练习都是无球的，而且几乎不涉及与足球相关的跑动。可以说，球员们花在整队、排队和重新排队上的时间，比他们触球的时间还要多！

　　在一些情况下，上述任何一种方法作为足球训练的一部分还是有些道理的，然而这类训练的流行表明它被视为一种"规范"并且在常规基础训练中被广泛接受。事实并不是这样。

其他的技术训练方法

　　有很多其他关于技术练习和技能习得的方法，我们现在将探讨其中的一部分。

小场地比赛

　　小场地比赛是一种能让球员沉浸在与真实比赛相关的情境中并基于技能训练的方法（只要参与的球员人数满足他们一直在球的周围即可）。这些比赛能够使运动员在复制比赛的情景下习得技能。比起其他训练方式，小场地比赛可以帮助球员多次重复练习一项技术或者比赛的一个方面。比如，球员只能用他的非惯用脚射门；球员如果进了一个头球，那么对手得分就重置为零；可以将特定的球员限制在球场的特定区域；可以使用 2 个球门、3 个球门、4 个球门，甚至 6 个球门；可以使一个队的人数占优势，或者用角球的方式恢复比赛。实际上，设置和调整比赛条件有数百种方法，你可以挑出你可能想要的任何特定结果——网上有许多免费的专业文献可以帮你想出办法。

　　然而，设定条件的比赛训练方式也有负面影响。在真实比赛中会有大量的"妥协"和折中。比如，在真实比赛中，你在射门的时候不会管哪只脚更合适，头球得分也不能给你额外的优势，并且在比赛场上只会是一边一个球门，所有这些都会给球员的决策和行动带来影响。教练必须慎重使用设定限制条件的比赛训练模式，并考虑哪些条件是必须的。我看到过很多球员在每次训练课中被要求"2 次触球"。如果球员需要 3 次触球才能成功完成一项技能的话，那么，在被限定"2 次触球"的情况下，他们就没办法完成教练的要求。

4V4 的比赛对 10 岁[⑥]以下的球员都非常有意义。德国足球联盟和科隆大学在对小场地比赛的研究中指出，小场地比赛是"技术和基本战术发展的必备条件"。这与阿伯泰邓迪大学进行的关于苏格兰青少年足球运动员小场地比赛的研究所得出的结论一样。

在 21 世纪中期，曼彻斯特城市大学和曼联围绕他们在竞赛体系中的 4V4 训练模式进行了一个先驱性的研究。曼联所有 U9 和 U10 的所有比赛训练都是以 4V4 的 4 种不同比赛形式来进行的，他们的目标是"优化技能发展的'机会之窗'"。4V4 的比赛与 8V8 的比赛相比有以下效果：

- 135％的传球；
- 260％的射门尝试；
- 500％的进球；
- 225％的 1V1 对抗；
- 280％的盘带技巧（假动作）。

---

⑥ 4V4 的比赛对于大一点的球员也是有价值的。4 名球员是反映 11 人制比赛决策特征的最小数量，即 11 人制比赛中球员可以向后、向两侧或向前踢，这是 3V3 及以下数量球员所做不到的。

在比赛日，青少年球员的训练安排如下：

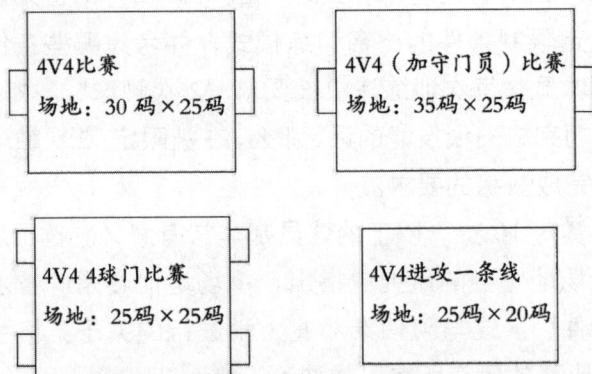

```
┌─────────────────┐        ┌─────────────────────┐
│  4V4比赛         │        │  4V4（加守门员）比赛 │
│  场地：30 码×25码 │        │  场地：35码×25码     │
└─────────────────┘        └─────────────────────┘

┌─────────────────┐        ┌─────────────────────┐
│ 4V4 4球门比赛    │        │  4V4进攻一条线       │
│ 场地：25码×25码  │        │  场地：25码×20码     │
└─────────────────┘        └─────────────────────┘
```

曼联青训学院 4V4 建构

五人制足球

五人制足球是小场地比赛的一个变体，起源于南美，也是房间足球（futebol de salso）的替代形式。直译西班牙语的"futsal"就是室内足球。它在室内进行，5人一队。场地是有边界线的硬地。五人制足球的用球更小、更重，弹力也小。

科伊尔的《一万小时天才理论》中有一段话也被萨伊德在《天才假象》中引用，这段话很好地总结了五人制足球对青少年球员发展的影响："五人制足球成功的一个原因基于数学层面。在五人制足球比赛中，球员的触球频率远高于十一人制比赛的 6 次 / 分……更小、更重的球要求球员更精准地处理球——就像教练所指出的一样，仅仅把球猛踢到前场并不能让你从困境中摆脱出来。"

犀利的传球是最重要的。五人制足球比赛需要球员不断寻找角度和空间，以及与队友快速配合。球员的控球和视野至关重要，所以当五人制球员踢十一人制比赛时，他们感到自己有大量的空间去处理球……就像米兰达（Miranda）博士（圣保罗大学足球教授）总结的那样："没有时间加上没有空间意味着要有更好的技能。五人制足球是我们即兴创作的国家实验室。"

　　五人制足球在青少年球员发展中起作用的理由，大部分来自那些在五人制足球中成长起来的著名球员的心得：

　　"在五人制足球中，你必须快速决策和行动。这是一个很好的学习环境。"——济科（Zico），巴西传奇名宿

　　"对于孩子发展技能和理解比赛，五人制足球是个极其重要的方法。我的触球和盘带都来自踢五人制足球的经验。"——罗纳尔迪尼奥

　　"我从9岁开始踢五人制足球，直到我16岁时必须停下来。五人制足球提升了我的速度和盘带技巧。"——德科（Deco），前葡萄牙巨星

　　"五人制足球在帮助我提高控球能力、快速决策、传球以及盘带、协调性和专注力等方面都发挥了重要作用。"——贝利

　　"我们需要充分利用五人制足球所能提供的优势——比赛时的闪电速度。"——路易斯·斯科拉里（Luis Scolari），世界杯冠军教练

　　除了引用一些足球大师的话，量化五人制足球对技术发展的影响也非常重要。为此，爱尔兰足球协会（Football Association of Ireland）进行了一项研究。该研究选取了4名球员，并将他们在五人制足球中的表现与7V7小场地比赛的表现进行了比较（爱尔兰足球协会的五人制足球发展方案文件中提出了这一点）。研究人员对这4名球员进行了如下研究：

　　·控球成功次数

　　·传球成功次数

　　·盘带成功次数

　　·假动作成功次数

　　·射门次数

　　·进球次数

　　·抢断次数

　　与7V7的比赛相比，五人制足球中的所有球员在控球、传球、盘带、射门和抢断方面都有更明显成功的表现。4名球员中有3人完成了更多成功的假动作和进球，只有一位球员完成的次数较少。

科化足球·控球

科化足球官方网站自称科化足球训练法是"世界第一的足球技能训练方法"。尽管科化训练模式细分了比赛的 6 个特殊方面，但我认为它变得如此有名是因为他们在控球和 1V1 对抗领域的贡献。在详细说明 43 种不同的 1V1 对抗使球员欺骗对手并摆脱防守之前，科化教授了超过 100 种控球技术。这 43 种具体的方法又被细分到三个板块——佯攻、急停启动和变向。科化足球的训练方法得到了许多青少年球员发展专家，比如杰拉德·霍利尔（Gerarad Houllier）、雷内·穆伦斯丁（Rene Muelensteen）等人的公开支持。

批评科化足球模式的人会认为，使用一种规定模式化的训练方法来"指导"球员发挥天赋多少有些矛盾。天赋和创造力的全部基础就是独一无二。没有人教过马拉多纳如何做"马拉多纳式"转身，也没有人教过克鲁伊夫如何做"克鲁伊夫式转身"——是他们自己在一个允许他们这样做的环境中发明出来的。换句话说，一名球员要想在足球上变得有创造力，他需要有一个尝试不同的技术、尝试独特技术的环境，一个没有过度压力、没有对失败的恐惧、也没有规定动作要求的环境。批评人士还会认为，科化训练也有很多包括站在队伍里等待轮换的静态练习。

我们再次看到，科化训练和真实比赛之间有一个巨大的"妥协"。比如，尽管大量的 1V1 练习能提高球员的进攻能力和防守能力，但练习最终还是要让其他球员参与进来，以便球员做出相关的决策。我有一个同事确实从来没有在 1V1 的情境下指导过球员盘带，根据他的说法，盘带训练中大部分是传球，传球的选择必须是任何盘带训练中的一部分，一名球员必须决定其最佳选择是继续运球突破还是传球。

尽管如此，科化足球训练或者其变形在一名足球运动员发展中，特别是在青少年阶段的发展中占据了一定的地位。科化足球训练对于青少年球员的技术发展来说很重要，它使球员得到了大量触球和控球的机会，对于移动技能的发展做出了贡献；它提高了球员的灵敏性、平衡性、协调性以及速度，这些都是处于青春期之前的球员实现最大化发展的关键因素。

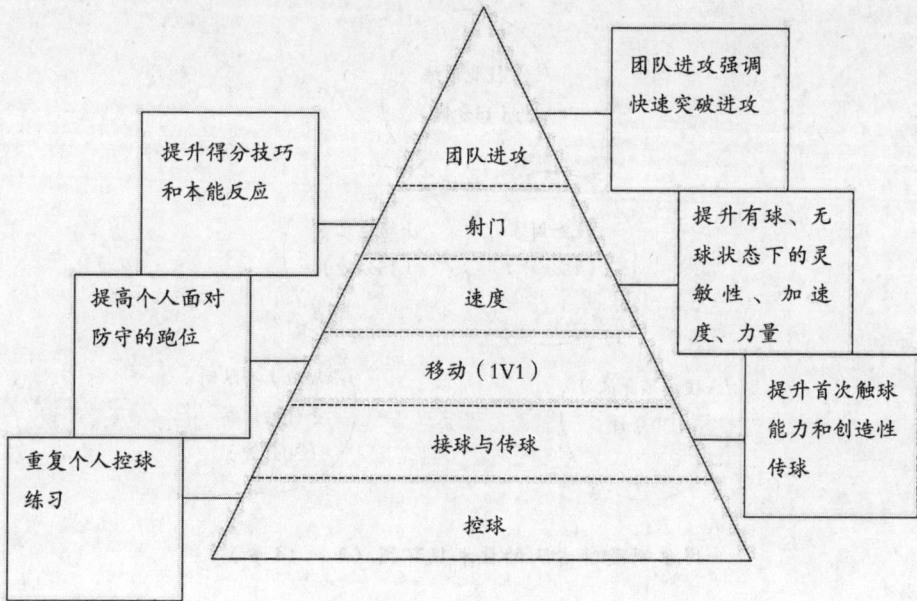

科化足球训练：球员发展金字塔

技术循环

技术循环，顾名思义，就是在小型训练模块中涉及大量不同种类的技术练习，以轮流的方式进行。这个练习要求球员一直参与，因为有球的活动是不断变化的。多年来，我看过许多有意思的技术循环/转盘式训练方法，最有意思的是博尔顿漫游者队的以球员为中心的技术循环：

技能训练
（15分钟）

技能训练
（15分钟）

小场地比赛
（15分钟）

技术热身练习
（30分钟）

小场地／有限制
条件的比赛
（30分钟）

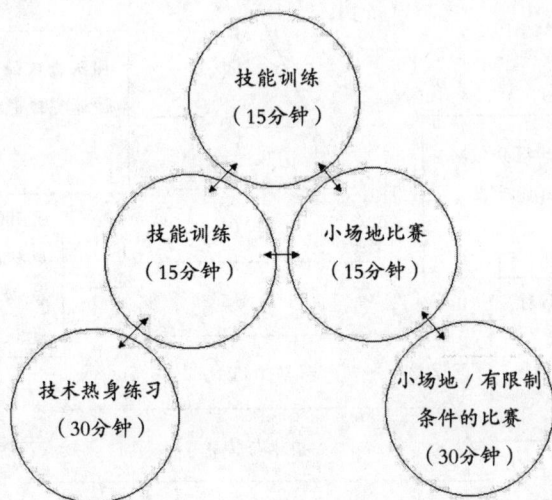

博尔顿漫游者队的技术循环图（9 ～ 14 岁）

　　首先，团队要完成一个基于控球、假动作和转身变向等内容的热身训练。接着，球队被分成两组，分别做以下内容的循环练习。

　　·技能训练 1——不同形式的 1V1 练习，这个训练方案有助于 1V1 对抗的运用。

　　·技能训练 2——这个练习是开放性的，训练内容主要取决于教练的安排，但是要区别于循环的其他练习。有时会使用功能性训练。

　　·不同形式的 3V3 或 4V4 比赛。

　　然后，两组球员一起进行 30 分钟的 3V3 或 4V4 的设定条件的比赛，这部分同样由教练根据球队的具体情况做出安排并提出要求。

　　一个技术循环不一定要取代整个训练课程，它可能仅仅是训练课程的一部分，就像下面毕尔巴鄂竞技青训学院的这项热身训练一样。

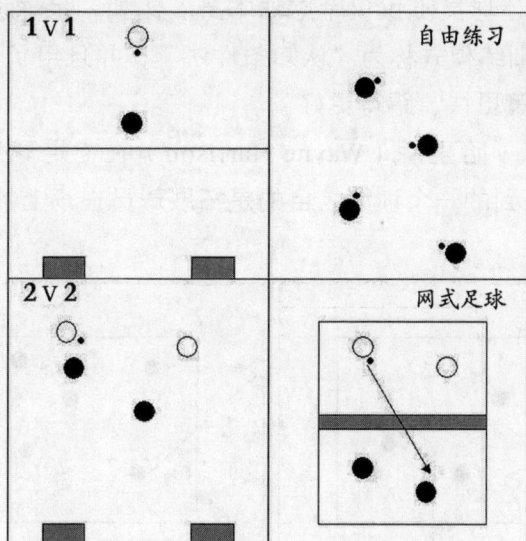

毕尔巴鄂竞技青训学院热身技术循环

上述技术循环由毕尔巴鄂竞技青训学院教练乔恩·莫雷诺（Jon Moreno Martinez）提供。每项内容持续 5 分钟，并且是球员技术热身的一部分，这个练习比让球员在场地上跑圈更有效果。所有球员先完成 1V1 或者 2V2 的进攻防守练习，接着去网式足球场地练习控球、传高空球和头球，最后去自由练习区域。球员可以练习盘带、运球和自由创造动作。

足球智商

足球评论员和那些在足球领域工作的人经常会用到"足球智商"这个术语。以史蒂夫·杰拉德作为例子，他在不持球的时候，会无数次快速回头观察（扭肩）评估他周围正在发生的状况。通过观察，杰拉德脑子里构建出一幅比赛场景，即他一旦接球后如何摆脱防守，哪个队友有接球空当，他能往哪个区域带球突破，他是否需要回传，等等。

足球智商往往是指围绕技术的技能，比如意识和视野。这类训练的主要前提是要让球员不仅仅考虑球本身。比如，足球训练品牌 Soccer Eye-Q 就把这类训练模式称为"认知条件法"，并且用了一个副标题——"观察更多、决策更快、踢得更好"。

下面是韦恩·哈里森（Wayne Harrison）在《足球意识》（*Soccer Awareness*）里提到的一个训练，目的是拓展球员在场上的视野。

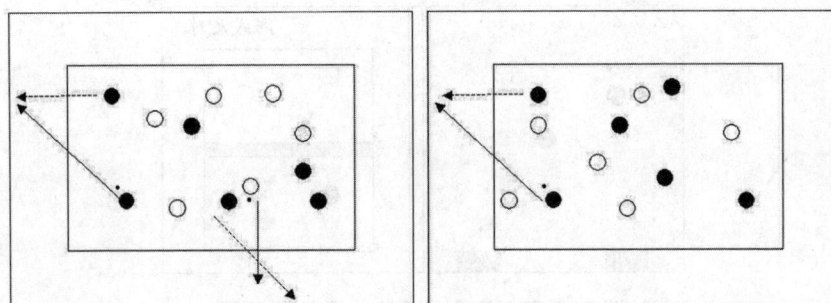

可变练习　　　　　　　　　　小场地比赛

足球视野 & 意识训练

这个练习和早期英格兰国家队的训练相似：把球员分成两组，先要求同组球员之间相互传球，然后要求一组球员给另一组的球员传球。球员的任务是辨认出在区域外做无球跑动的球员。持球队员必须看到无球队员的跑动，然后传一个合适的球给他。持球队员做不到的话，就要回到起跑线上重新开始。这个练习的前提是持球队员要抬头观察，寻找正在做无球跑动的队员。像之前的练习一样，这个练习可以进阶，即球员必须将球传给不同颜色的球员，这可以进一步提高球员的视野和认知能力。

在这个小场地比赛中，球员们获得球权得 1 分，观察到正在跑位的队友并成功将球传给他，可得 3 分。这样，他们就可以优先考虑是做一次有风险的传球，还是继续控制球权。

这个练习同样可以训练球员观察场上变化的能力，也可以提高球员常规的传接球技能，以及掌握冒险向前传球的时机和控球的细节，还可以训练球员跑位的时机、练习直塞球（跑对角线 / 对角线传球）、直线跑动，等等。

技术测试

许多年以前，我的一个同事得到了切尔西青训学院使用的技术评估模板。这个文件涵盖了一系列可以测试球员技术熟练程度的练习。这些练习就像评估运动员有氧代谢能力的多级体能测试一样。球员的得分基于他们在这些练习中表现出来的技术能力。我的同事对于这个简单的模板感到惊奇，他向我解释了这些训练，看着他描述每一个测试动作时的手势和激动心情，就感觉真是太棒了。尽管我从未得到这份文件，但纽约红牛队的网站展示了其青训学院技术测试的方法。他们测试的主要内容是 5 项技术——运球、变向、接球、传球和射门。

然而，我不认为存在一种十全十美的、科学的方式来对球员进行技术测试。首先，我们倾向于在没有任何对抗的情况下考察技术；其次，如果涉及对抗，那么在同样的情况下要测试不同的球员，可变因素可能会很大。以纽约红牛队网站所呈现的传球演示视频为例，参加测试的男孩以最高分完成了测试，但没有任何方法将该测试转化为衡量技能的测试。

结论

我要特别强调的是，尽管我们摒弃固定练习是因为其缺乏实战价值，但是它们对于训练仍然有用。AC 米兰的理念是花大量的时间在被叫作"基本功"的练习上。因此，他们尽管进行了大量的无对抗练习（我们将在接下来的章节中介绍更多细节），但是他们花大量的时间是为了提高技术细节，这只在固定练习中才能得以实现。

记住，虽然有些练习或者是技术发展方法存在着很多缺陷，与真实比赛的要求有一些妥协，但是它们还是不应该被简单地抛弃。一些人不喜欢科化足球训练方法，但其他人，包括著名的青年发展教练杰拉德·霍利尔和雷内·穆伦斯丁则广泛使用这种方法，并对此深信不疑。一些人并不热衷于五人制足球（我曾经在一位青训学院管理者手下工作过，他不允许我在 13 岁以下球员的训练中使用五人制足球的方式），然而另一部分人却认为五人制足球应该成为世界各地每一个青少年发展项目的基础。

作为一名教练，你必须在你创造的训练上花些时间，并且决定哪一个训练对球员是最适合的。如果球员或者一部分球员需要重复的和固定条件下的"流水线"练习（排队式练习），那你就自由使用它们，但要确保球员在大部分训练时间保持训练的积极性。尽管如此，你最后还是需要这些球员加入设定条件的比赛和更多可变的、随机性的练习。最后，你要仔细思考体育和其他不同专业的顶尖人才是怎样通过刻意训练来实现发展的。要记住《美国足球训练最好的练习方法》（*Best Practices for Coaching Soccer in the United States*）文件中总结的一句话——"不要排队，不要跑圈"。

摘要

- ·球员的技术能力将决定他们的战术表现。
- ·技术练习是无对抗的，技能练习是有对抗的。
- ·一名技术型球员可以按要求完成动作。一名技能型球员可以在有防守压力的情况下完成技术动作。
- ·技能习得应该成为教练关注的首要方面。
- ·练习是教练能直接影响球员发展的少数几个方面之一，这与遗传学等因素不同。
- ·"变成任何领域的专家需要 10000 个小时或者 10 年的练习"，这只是一个参考，而不是一条定律。
- ·教练重视训练时长累积和训练数量而不关注训练质量，这是一种误导。
- ·顶尖球员不仅将大量时间投入在训练上，更将大量时间投入在刻意训练上。刻意训练会增加头脑里的髓鞘质。

·你为球员设计的任何练习，只要不是不受限制的 11V11 比赛，都将包含与"真实比赛"妥协的元素。

·足球训练有三种类型——固定练习、可变练习和随机练习。每种类型都有优点和缺点，都是对真实比赛的妥协。

·近些年，教练界有一个巨大的转变，即远离固定的、静态的练习。

·教练可以用"整体—部分—整体"的方法，通过保持得分和运用可变类型、随机练习而不是固定练习的方法来安排更多刻意练习、更多实战性的训练。

·小场地比赛训练、五人制足球训练、科化足球训练、技术循环和足球智商训练可以帮助球员发展技术和习得技能。

·虽然存在一些衡量和测试技术的方法，但结果不太可靠。

·所有类型的训练都有它存在的空间和合理性，教练要理解其中的折中元素。

真实执教经历

改固定练习为随机练习

（一位匿名的前青训学院教练）

　　许多年前，我在一支U14青训队工作，那是我作为教练最自信的一段时间。我觉得即使准备时间有限，我也可以安排出色的训练课程。我的角色虽然是兼职，但我把所有的精力都投入到这个角色中。

　　我一点也不知道自己已经完全进入自己的舒适区。我把标志桶分散放在一个区域内，球员可以做一些很棒的传球练习。回想起来，在这个练习开始之前，我给球员们强调的主要一点就是"传球并跟随你的传球"。

　　在学校放假的时候，我常常租用设施来训练（我自己掏腰包），这样球员就可以增加两三天的全天训练。

　　一天早上，我安排了一项传球训练。球员们三人一组站成一条直线，线上的中间球员可以接一侧的传球，然后传给另一侧的球员。我把这个练习进阶到接球队员必须找一个接球的角度，快速回头观察，后脚接球后顺势转身传出。

　　我后退一步观察球员，发现所有平时训练十分投入的优秀球员都表现得很平庸，看起来像是在应付差事。我看到我的助理教练一直在对这些孩子发脾气，因为他们的情绪不高，也很少有口头交流。

　　我突然领悟到，他们没有交流是因为他们觉得没有这个必要——他们在这个训练中不需要交流！约翰知道他需要接罗伯特的传球，然后再传给詹姆斯。接下来他需要去接詹姆斯的球，再传给罗伯特。一次又一次，球员们不需要任何语言交流，他们知道该做什么并且仅仅按照要求做，而助理教练却一直在对他们吼叫！他们只是在应付，而不是训练。

我介入其中并调整了这个训练：任何队员可以从任何一方接球，并传给任何空闲的球员。这时，训练氛围突然活跃起来，球员们现在必须通过交流才能完成他们的任务。这是球员的一个挑战。他们会失误，但这才是在训练！

我想，那个早上是我作为教练员"顿悟"的时刻。从那时起，我的训练有了进步。尽管我仍偶尔使用"流水线"训练（排队式训练）的方法，但我用它们是有原因的，主要是为了传授基本技术，以及在快速进阶到实战训练之前改善比赛需要侧重的具体技术。

10

战术素养的发展

这不是一个 4-4-2 或者 4-2-1-3 阵型的问题，而是一支球队要有秩序的问题。球员间联系紧密，整体移动，一支球队就像一个人一样。

——阿里戈·萨基
（Arrigo Sacchi）

在阅读这一章时，牢记青少年足球运动员发展的关键阶段尤为重要，回顾第 3 章的学习方式也很重要。在训练青少年球员时，重点是技术。没有技术发展和随后的技能提升，战术工作的开展是极其困难的。

随着青少年球员在成长中不断进步，训练的重点开始向战术转移。因此，考虑到 10 岁孩子的特点，给他们提供复杂的战术信息是没有成效的。下面的数据是欧洲一些著名的青训学院的球员开始战术训练的年龄。这些信息来自欧洲足球俱乐部协会关于欧洲足球青训学院的报告。

职业俱乐部开始战术训练的年龄

俱乐部	年龄
阿贾克斯	12 岁
阿森纳	14 岁
巴塞罗那	8 岁（个人战术）；12 岁（团队战术）
拜仁慕尼黑	11 岁
国际米兰	8 岁（个人战术）；13 岁 /14 岁（团队战术）
塔林利瓦迪亚	16 岁
萨格勒布迪纳摩	13 岁
朗斯	12 岁
标准列日	14 岁
里斯本竞技	12 岁

战术学习贯穿于不同年龄

战术也可以以隐性教导的方式灌输给青少年球员，这样他们学起来就可以避免不可控的专业术语和过高的期许。举个例子，可以用4V4或5V5的比赛来教球员了解进攻和防守的基本概念。在比赛中，教练不要过早地固定球员的位置，而要对球员的位置进行轮换，帮助他们体验场上的不同位置。

青少年球员必须先理解个人战术，然后再通过小组或单元进行战术理解，最终实现对球队整体战术的理解。

个人战术

个人战术是指球员在有球或接近球时所使用的战术，通常与球员在1V1对抗时的决策和表现有关，包括控球时（1V1进攻）和非控球时（1V1防守）的决策和表现。从更广泛的意义上说，个人战术涉及是否运球、传球或射门等决策，如何支持控球的队友，以及如何与队友沟通要球，等等。

一名青少年球员的个人战术和决策能力越强，他就越能适应球队，最终融入球队。国际足联网站的草根足球部分虽然需要更新，但其对个人战术的总结还是很不错的："球员学习个人战术最简单的原则就是学会在比赛的特定阶段做出最好的决策。"

小组战术

球员一旦学习和掌握了技术和个人战术，随着年龄的增长，他们就可以围绕球来展开战术学习了。教练可以从小组战术或单元战术开始指导，重点让球员了解球场上占据相似空间的个人之间的关系，这可能是搭档（例如两名中后卫或两名前锋）、各单元小组（后卫、中场和前锋）

之间的关系或者是相互影响的其他单元小组成员之间的关系（例如边后卫和边锋）。

青少年球员很容易理解因果关系原理，能够理解他们所做的动作对周围的人产生的影响。聪明的球员会进一步了解到其他人的决定也会对自己产生影响，可能是由于站位、支援、接应或对接下来可能发生的事情所做的准备。

球队整体战术

球队整体战术就是我们在观看比赛时的阵型分析、比赛体系、比赛风格等方面的内容。在讨论战术时，我们倾向于关注整个球队。在球队整体战术中，我们可以同时放大小组战术和个人战术，这些小部分构成了整个球队的战术表现。

球员在 12 ~ 14 岁之前不应外显性地涉及整个球队的战术训练。同时，在这个年龄段的球员对于球队整体战术训练也是陌生的，因此教练要有耐心。一名青少年球员现在被要求超越自己年龄阶段的决策能力去考虑他周围和远端的球员，这些都需要球员花大量时间练习来掌握。

青少年阶段的球队战术

英格兰、荷兰、德国、意大利、法国和西班牙等这些被认为是最强大和最成功的欧洲足球国家的青少年比赛形式都是建立在 7V7 的基础上，然后过渡到 9V9，最后才完成 11V11 的比赛。这些国家在最小的年龄组别都选择进行多样化的 4V4 比赛或 5V5 比赛。

比利时——一支最近崛起的欧洲足球强队，在发展精英球员方面有着不俗的记录。他们偏爱于先选择 5V5 比赛（"1 个菱形"），然后选择 8V8 比赛（"2 个菱形"），最终选择 11V11 比赛的发展途径。

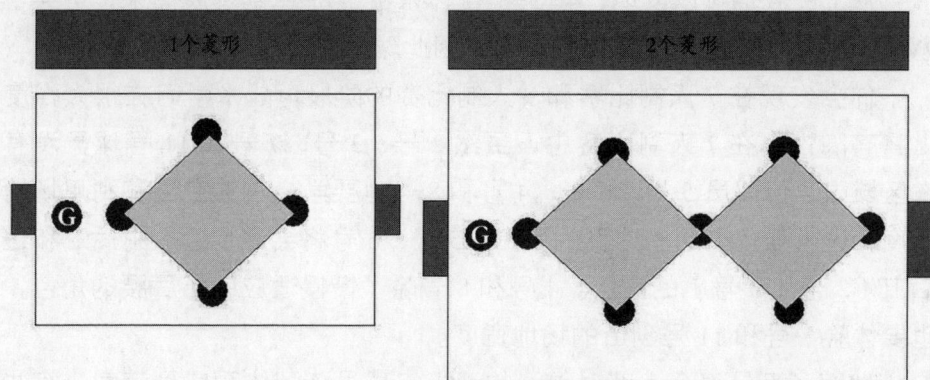

比利时足球战术发展模型

构建比赛体系

比利时足协已经清楚且仔细地研究了一个发展球员战术的有效途径，并将其贯穿于青少年球员发展的全过程。

教练或俱乐部要坚持一种阵型的研发过程，不仅要考虑到将要实施的 11V11 阵型，还要考虑在使用 11 人阵型之前的情况。

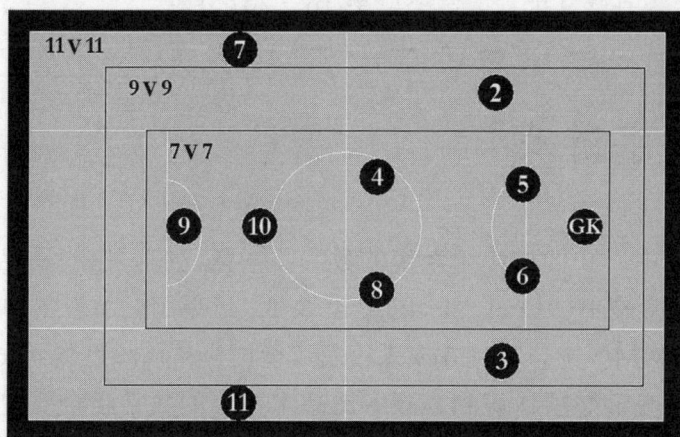

4-2-3-1 阵型：7V7、9V9 和 11V11

注：GK＝守门员

从上图我们可以发现，4-2-3-1 体系由 7V7 比赛发展而来，贯穿于 9V9 比赛，最终和 11V11 比赛相通，因此球员应早些接触这些打法。

你会发现在 7 人制比赛和 9 人制比赛的阶段，战术学习在很大程度上具有隐性。在 7 人制比赛中，虽然 2 号、3 号、7 号和 11 号球员没有在区域内，但球员 5 号、6 号、4 号和 8 号也要学会创造空当和利用场地宽度，这就强化了这些球员的职责。5 号、6 号将会逐步适应中后卫和边后卫（2 号和 3 号）的角色。4 号和 8 号除了慢慢适应中场后腰的角色，也要体验 7 号和 11 号创造的场地宽度。

然而，不是每个人都对单一的青少年球员阵型体系感到满意。有些球员在比赛中觉得它限制过多，这就需要有一个更全面的战术发展。教练在训练球员时，要考虑清楚你是希望在整个发展过程中让他们呈现各种各样的打法（请记住，这需要周期化和结构化设计，而不是突然地从一个阵型风格跳跃到另一个阵型风格），还是像阿贾克斯和巴塞罗那一样更专注于同一个体系里的不同变量。

前斯图加特青年队教练和前美因茨主帅托马斯·图赫尔（Thomas Tuchel）在 BBC 5 直播播客的采访中阐述了他的观点："在我看来，俱乐部不能把战术体系凌驾于青少年球员的个人天赋和技能之上。如果我有一个很优秀的 10 号球员，那么我必须把他放在那个位置上培养，而不管此时俱乐部一线队的战术是否需要 10 号位的球员。"

"数字游戏"

在本章中，我们将使用大量的数字，毕竟我们讨论的是足球战术。不管这些数字是 4-2-3-1、4-4-2、4-3-3，还是历史上著名的 3-2-2-3（亦称为"WM"），或是在未来很有可能成为常用阵型的 4-6-0。

然而，我们必须认识到，战术比战术板上的数字组合要复杂得多。正如乔纳森·威尔逊在《反转金字塔》中解释的那样，战术是"阵型和风格的结合"。因此，战术是用来描述我们的阵型和我们希望实现的足球风格的数字的结合。此外，战术亦是球员力量、技术和决策的巅峰体现。

只是通过简单的阵型来定义我们的战术显然是苍白的。例如，对比一下瓜迪奥拉曾在巴塞罗那采用的 4-3-3 阵型和穆里尼奥在切尔西采用的 4-3-3 阵型，前者崇尚自由跑动、不停传控的风格，后者更多强调的是直接、实用的打法。两者最终都非常成功。

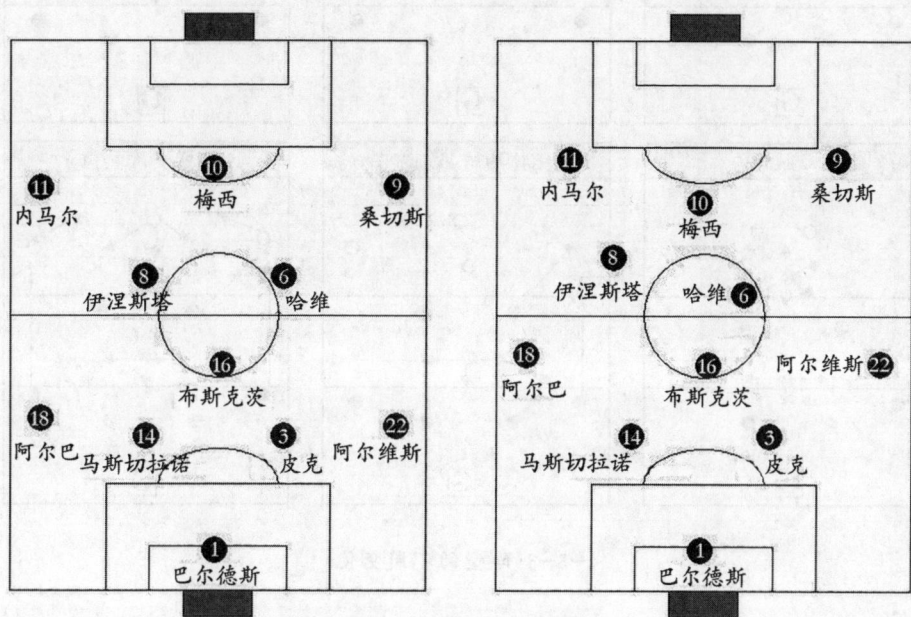

巴塞罗那：4-3-3 或 2-3-2-1-2

我最近获得了一份名为《4-3-3 打法》的文件，它是由迪克·贝特撰写的。迪克·贝特是与我合作的最好的足球教育家和思想家。他对我所谓的"数字游戏"提出了一个发人深思的意见。贝特向我们展示了在过去 10 年里，人们对同一种阵型的不同解读是如何被使用的。为了让这个阵型更能体现现代足球的特征，我还提供了另一种变体，我将巴塞罗那的阵型放在了第 6 个：

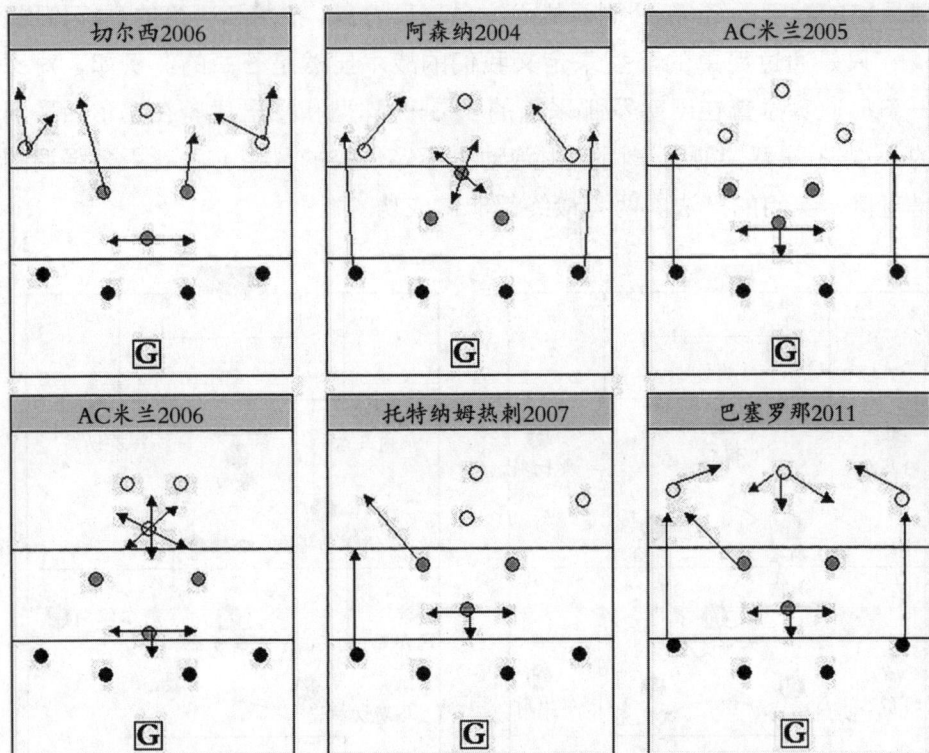

4-3-3 阵型的不同变化

同样，上面的一些 4-3-3 阵型也可以被称为其他阵型。例如，你可以叫阿森纳的为 4-2-3-1 阵型，叫 AC 米兰的为 4-4-2 菱形中场阵型。归根结底，你用什么数字并不重要，重要的是球队的风格，你拥有的球员以及这些球员在阵型中的特点、跑位和决策。只有在摆脱数字游戏的束缚时，我们才能真正理解足球战术。

比赛原则

无论教练采用何种阵型、风格或战术，足球都是以比赛原则为基础的。这些原则支配着比赛中的进攻和防守。

进攻

有一种观点认为，足球就是以空间为基础的。进攻的球队就是在寻找可以利用的空间，而防守的球队则是在限制对手的空间。正如英足总在其教练员教育资料中所定义的那样，**进攻战术就是创造、占据和利用空间**。下面，我们将学习 5 个进攻原则。

（1）渗透

当球员接到球时，他的第一个意图应该是"我能得分吗，或者我能为队友创造一个得分机会吗？"然而，在很多教练的理念中，这一点被忽略了。他们强调控球，有时甚至过分强调控球。在足球比赛中，总目标就是在进攻端进球，在防守端不失球。所以，我们进攻的首要原则就是渗透防守，进球得分。如果球队无法完成进攻，或者强攻会带来不可控的风险，我们就要继续控球并期待"创造"下一个得分机会。

近几十年来，足球比赛的焦点已经从通过边路传中进球转移到影响力日益增长的"14 区"。"14 区"是用来描述罚球区外中心区域的术语。在现代足球中，这一区域对进球有着极其重要的影响。"14 区"的概念出现在世纪之交。约翰·摩尔大学的一项研究发现，在 1998 年世界杯和 2000 年欧洲杯上，冠军法国队在其主要的进球中，有 50% 来自 14 区。随后，迪克·贝特对 10 场英超比赛进行了研究，同样发现"73% 的进球来自 14 区控球"。

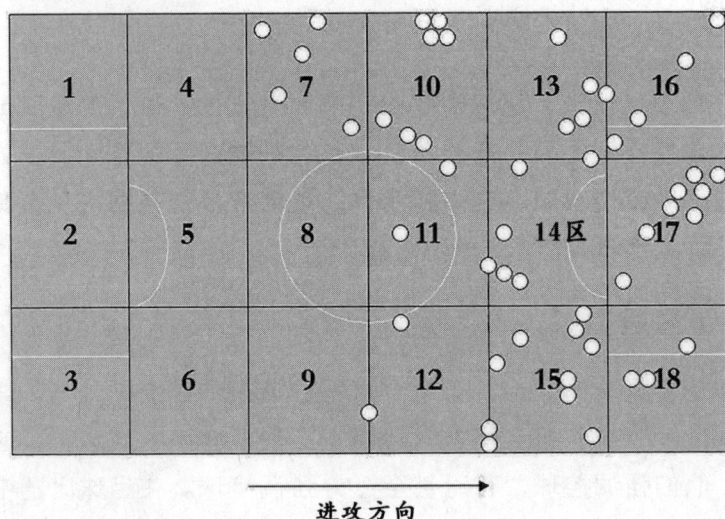

进攻方向

14 区

这一章是从意大利著名教练和足球战术思想家阿里戈·萨基的名言开始的。萨基以他对比赛的睿智评论而闻名。他的这段名言最能体现他对足球战术发展的理解："只要人类存在，就会有新的东西出现——否则足球就会消亡！"

传统的 14 区是被 10 号球员占据的区域，10 号球员通常是一名进攻性中场或影子前锋。为了对抗 10 号球员日益增强的影响力以及 14 区对球门造成的威胁，很多球队开始使用指定的防守型中场球员。反过来，10 号球员的角色也发生了变化，攻击型中场球员现在可以在 13 区、14区和 15 区自由活动，从而甩开对手的贴身盯防。

上图 14 区中的点是攻击型中场阿扎尔在 2014 年 2 月切尔西对阵纽卡斯尔联的英超联赛[①] 中的触球点。这突出了这类新型的 10 号球员多目标、多位置的特点。

① 资料来源：BBC 每日电视节目。

（2）支援

当进攻队员持球时，他需要周围其他队友的支援。理想的支援应该是队友通过向前跑动，从边路或身后支援（没有机会向前推进时）。球员在支援时要优先考虑以尽可能快的速度向前进攻，但有时候最好的支援可能来自身后。

（3）纵深和宽度（空当）

创造纵深和宽度的原则是努力使球场变得"尽可能大"，通过撕扯对手防线来制造更大的可以利用的进攻空间。至少有一名进攻球员要尽可能地前压，从而将对方防线向后推。边锋或边后卫插上，为进攻提供宽度。通过充分利用场地宽度，球员可以尝试吸引对方防守队员远离球门的中间区域。对方防守队员之间一旦拉开距离，进攻球员就可以在中间区域寻找空当来作为接应点，并最终渗透对方防线而进球得分。

（4）跑动和机动性

跑动是试图创造和利用空间的关键。无球进攻跑动可以包括但不限于套边跑动、内切跑动和第三人跑动等，目的是破坏和扰乱对方防线。聪明的跑动可以将防守队员带离防守位置，让跑位球员和其他进攻球员利用其创造的空间。经常会有评论说，一支球队与比其更高水平的球队对抗时，球员的跑位是他们之间最显著的差距。

（5）临场发挥

在某种程度上，防守战术是相当直接的，并受规则控制，最好的决定往往是显而易见的惯例。特定时刻需要特定的防守方法。然而，进攻总会有很多选择。有些选择可能很好，有些是教练"认为"是最好的。但当你不干预训练，让队员自由进攻时，那些有创造力的球员会做出更好的选择。YouTube 上有一些精彩的进攻或进球视频，球员做出的决定可能不是最佳的，但他们的创造才能和临场表现意味着球员可以看到并执行一些不可预测的进攻或进球。

球员带有不可预知的和惊喜的元素应该被教练鼓励而不是被教导，因为球员的临场表现需要有完全自由的个人艺术触觉。教练要鼓励青少年球员进行创造性的进攻，如果创造性的尝试没有立即成功，教练有必要给他们支持和鼓励。一个跟我合作过的最好的进攻型球员，有一天直言不讳地告诉我："请你准确地告诉我我在防守时应该干什么，但是当我进攻时，请让我自由发挥。"

防守原则

与进攻原则相比，防守原则的目的是通过封堵、限制和预测空间来减少对手可以利用的空间（引自英足总教练教育资料）。以下是 5 项防守原则：

（1）施压或延缓

当对手控球时，他们希望突破防线并取得进球。防守的第一个决策就是可否立即上前对球施压，或者是否需要回撤来延缓对手进攻和重新组织防守。如果我们能够立即对球施压并重获球权，这当然是最好的，但不可能总是这样。延缓对手进攻意味着要迅速回撤到进攻球员和球门之间的区域，这是最重要的保护措施。

（2）支援

队友的支援是有效防守的关键。当第一名防守队员决定上抢或延缓时，他的队友应该立即考虑他需要什么样的支援以及在哪里支援。这当然包括队友的快速回防。即使进攻球员过掉第一防守队员，第二防守队员和第三防守队员也可以在球与球门之间形成第二道防线。同样，这些支援队友可以在前锋跑位接球的路线上形成屏障以阻止对方将球传到更靠近自己球门的位置。

（3）平衡

保持防守"平衡"的球员是位于对方进攻的"弱侧"和不那么危险的一侧的球员。对方如果是在左路发动进攻，那么他右侧的进攻球员的防守优先级就比较低。右后卫如果上前给球施压，左后卫则将"向右收缩"以保护球门。对方如果将球转移到弱侧，那么当球在空中飞行转移时，弱侧的防守球员就应该立即变为第一防守球员。

（4）紧凑

施压／延缓、支援和平衡的最高阶就是防守阵型的"紧凑"。进攻球员虽然使用深度和宽度的原则试图拉开防线，但防守球员要反过来保持阵型的"紧凑"以阻止进攻球员的尝试。通过保持紧凑的阵型，防守球员可以减少对方持球队员传渗透球的机会，盯防提供支援的其他进攻球员，并防止进攻球员前插。一种特别有效的训练方法是将球场划分为 4 个或 5 个垂直区域，并要求防守球员根据球的位置占据其中三个区域空间。防守队形的紧凑也意味着减少"每条线"之间的空间，封闭进攻球员尝试利用的空当。例如，现代防守型中场球员是压缩后卫线与前卫线之间空间的专家。

（5）纪律

防守需要严格的纪律。防守球员要有耐心，有优先决策的能力，能与队友有效沟通并克制自己。有时候，防守可能会充满压力和挑战。球员任何缺乏纪律的、草率的决定，特别是在罚球区内外，都可能导致对手利用防守上的漏洞制造球球点球或近距离的任意球。

比赛原则的使用

当教练谈到比赛原则和场上决策时，下面的流程图是一个有用的参考工具。这个"决策树"是对利物浦足球学院海报稍作改编的版本。它可以帮助球员和教练梳理有球和无球时的决策过程。

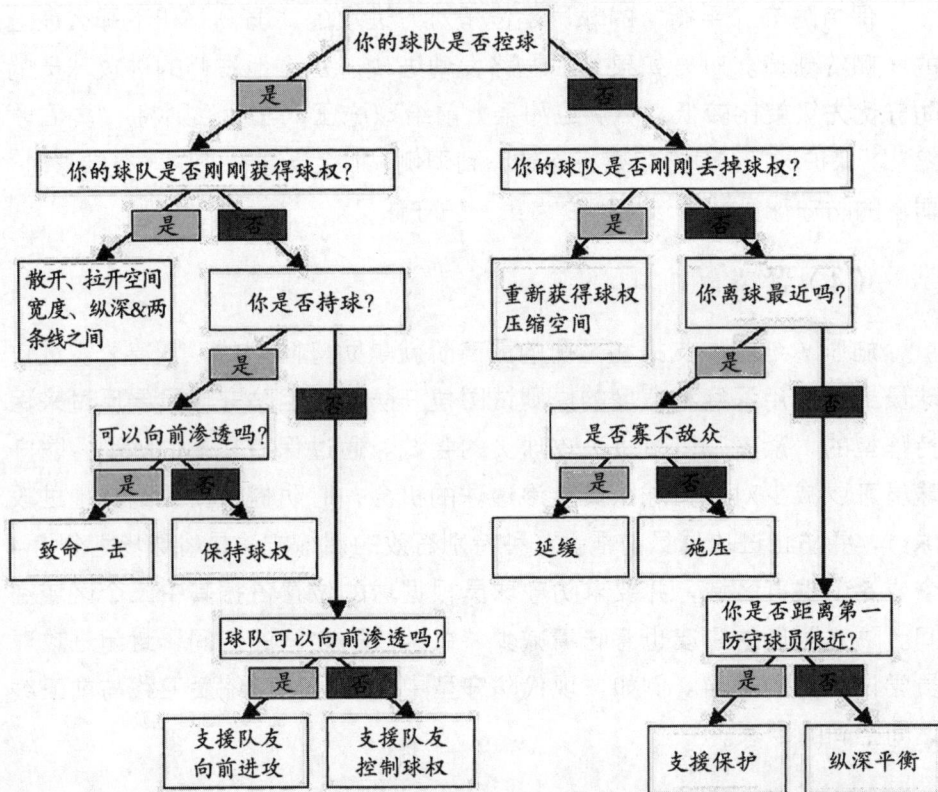

```
                        你的球队是否控球
              是                          否
    你的球队是否刚刚获得球权?        你的球队是否刚刚丢掉球权?
        是        否                    是          否
  散开、拉开空间                 重新获得球权      你离球最近吗?
  宽度、纵深&两    你是否持球?      压缩空间
  条线之间                                        是
              是        否                是否寡不敌众
        可以向前渗透吗?                  是          否
      是        否
    致命一击    保持球权            延缓        施压

              球队可以向前渗透吗?              你是否距离第一
            是        否                      防守球员很近?
      支援队友    支援队友                是          否
      向前进攻    控制球权
                                    支援保护      纵深平衡
```

利物浦足球青训学院的 "决策树"

攻防转换

我们都曾短浅地认为足球比赛无非就是进攻和防守两个阶段。在现代足球中,人们对"攻防转换"重要性的关注已经发生了巨大的转变。攻防转换时刻是一场比赛中控球权发生转换的时刻。通俗地讲,一支球队刚刚赢得了球权,将试图进攻;与此同时,另一支球队则刚刚失去球权,需要立即组织防守。能够有效地处理攻防转换的球队才是最终成功的球队。

比赛的四个重要阶段

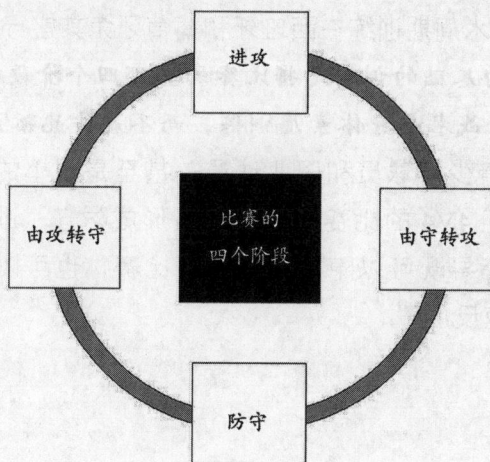

比赛的四个重要阶段

　　将比赛分为"四个阶段"是很有用的，并且越来越多地被教练用于指导球员的模板。然而，我们首先必须要了解的是，四个比赛阶段没有一个是孤立存在的。进攻的一个关键因素是确保后防的安全，同样，当球队失去控球权时，球员必须反抢以重新获得球权。

　　人们对攻防转换的关注越来越多，以转换为核心的信息和训练方案层出不穷。穆里尼奥是一个始终提倡围绕攻防转换训练球员的教练，他主张通过一种被称为"战术周期训练"的方法来训练球员。事实上，有传言称，切尔西足球学院的青训教练把所有的训练方案都进行了调整，并加入了攻防转换的元素。

战术周期训练

　　与胡安·路易斯·德尔加多 - 博尔多诺（Juan Luis Delgado-Bordonau）和阿尔贝托·门德斯 - 维拉纽瓦（Alberto Mendez-Villanueva）（他们似乎是唯一一篇以战术周期训练为主题的英语文章的两位作者）的观点一致，

战术周期训练是何塞·穆里尼奥（Jose Mourinho）"保守得最好的秘密"。[②]
战术周期训练概念的鼻祖是葡萄牙一位名叫维特·弗雷德（Vitór Frade）的
大学讲师，因此战术周期训练在西班牙和葡萄牙尤其盛行。

**以战术周期为基础的训练是将比赛的全部四个阶段都包含在练习中，
并同时融入技术、战术和身体素质训练，而不是彼此孤立。**

这个概念对青少年球员和职业球员，甚至是很小的球员都很有用。
教练可以通过使用4V4的比赛来指导球员形成防守、进攻和快速攻防转
换的概念，这种指导既可以隐性地贯穿于比赛，也可以明确地向球员强
调快攻快守和快速反应。

由守转攻

我们首先要看看球队在重新获得球权那一刻的第一本能反应是什么。
我常常听到教练告诉球员要优先考虑"控球"，但这在某种程度上违背
了比赛原则。如上所述，球员或球队重新获得球权的第一本能应该是他
们能否进球或是创造得分机会。在我看来，这是我们现在迷恋的控球打
法的一个陷阱——我们把控球误解为足球的本质，而足球比赛真正的本
质应该是进球得分和防止对手得分。尽管球队战术和场上形势会对控球
有要求，但控制球权只是比赛用来得分的一种手段，而不是目的。例如，
巴塞罗那因其长时间的连续传控球打法而闻名世界，但是当向前渗透的
机会出现时，他们一定不会错过！

防守反击

当一支球队赢得控球权并希望快速进攻时，防守反击就会开始。一

---

② 泽维尔·塔玛瑞特的著作《什么是战术周期训练》于2014年出版，这是具有前瞻性眼光的教练员必
　须阅读的一本书。

些球队故意进行深度防守，目的是更好地组织防守并期望在反击中得分。这不仅仅是纯防守型球队的专利，所有的顶级球队都是如此！

请看下面有关各种锦标赛中反击进球数量的统计数据。

比赛名称	反击进球统计
2012 年欧洲杯	25%[3]
2008—2009 欧冠	27%[4]
2008 年欧洲杯非定位球进球[5]	46%[6]
2007—2008 欧冠	33%
2005—2006 英超冠军切尔西非定位球进球	42%
2004 年欧洲杯	48%[7]

选择防守反击打法的球队，要么是因为他们觉得自己实力不如对手，要么是在分析了自己和对手的优势和劣势后，认为这是最佳的打法。球队如果暂时领先并希望最终赢得比赛时也会使用防守反击战术。在 2008 年的欧洲杯上的 16 个反击进球中，只有一个是在球队比分落后时打进的。

演变

鉴于萨基关于比赛不断演变的评论，我们现在看到球队会通过制订战术来防止对方反击得分。你会从上面的反击统计数据中注意到，通过反击得分的百分比事实上在下降。欧足联技术报告提出了一些反击得分下降的原因：

---

③ 资料来源：2012 年欧洲杯技术报告。
④ 数据来源：英格兰青少年足球教练员诺埃尔·布雷克（Noel Blake）在英足总教练员继续培训项目中关于反击的报告。
⑤ 非定位球得分不包括重新开始比赛（任意球、角球和界外球）时的得分。
⑥ 资料来源：2012 年欧洲杯 U17 技术报告。
⑦ 数据来源：迪克·贝特《未来足球赛》。

　　在欧洲足球协会联盟2008年欧洲足球锦标赛上，46％的进球来自快速反击，但在欧冠联赛中的比例则稳步下降（2011—2012赛季为27％）。首次出现这一下降趋势是在2012年欧锦赛，比赛中25％的进球来自反击。这突出显示了防守的效率以及防反击的效率，比如立即对持球队员施压、使用"战术犯规"破坏反击，或者在球队后场安放4～6名球员作为球队遭到反击时的预防措施。

高位压迫

　　在足球比赛中，人们对反击的普遍看法是当球在1～9区被抢回时反击，其实快速反击可以发生在球场的任何区域。当球队意识到在对方半场重新获得球权可以带来快速反击的选择时，就会使用一种被称为"高位压迫"的战术。这个词起源于德国的"gegenpressing"，特别是在创新型教练尤尔根·克洛普（Jurgen Klopp）的带领下，多特蒙德俱乐部特别擅长这种战术。在2013年11月，多特蒙德在客场3：0战胜对手拜仁慕尼黑的比赛中，这个词得到了完美的诠释。

　　多特蒙德并没有为了防守而退防很深，而是高位压迫逼抢，试图在进攻区域就夺回控球权。这样做的目的是在对手试图控制球之前就破坏他们的稳定。在《前进之路》（*The Way Forward*）的作者马特·怀特豪斯（Matt Whitehouse）撰写的热门足球博客《怀特豪斯演讲》（*Whitehouse Address*）中，这种战术被称为"积极防守"，因为球员们会主动夺回控球权。这与表面上消极被动地等待对方把球还回来的态度相反。马西莫·卢切西（Massimo Lucchesi）在他的著作《压力》（*Pressing*）中，将这种高位、快速的逼抢称为"超攻击性"压迫。瓜迪奥拉有一条著名的8秒法则，即他要求他的球员快速施压，并争取在8秒钟内重新获得球权，如果球员没有做到，那么他们就会回到更有组织、更具防御性的位置。

由攻转守

一支球队永远不会一直控球，他们会随时失去球权！无论球员和球队在技术上的能力有多强，他们都不可避免地会失去控球权。所以，理解在频繁失去球权后应该怎么做是十分必要的。

在无组织／敌众我寡时的防守

球队不控球时，教练倾向于让球队进行有组织、有序的防守。换句话说，球员在自己的防守位置，防守球员在数量上超过对方进攻球员。

然而，当球队在失去控球权时，往往会出现防守位置混乱而又不得不去阻止对方进攻的局面。因此，球员除了要有组织的防守概念（谁给球施加压力、谁占据掩护位置等），还需要学习如何延缓对手进攻、如何优先防守球门，以及如何快速回防保护球门等。

在练习中加入攻防转换

任何练习，包括有对抗的技能训练，都可以包含攻防转换的内容。下面有两个例子来强调这一点，一个是基础技能的控球练习，一个是小场地比赛。

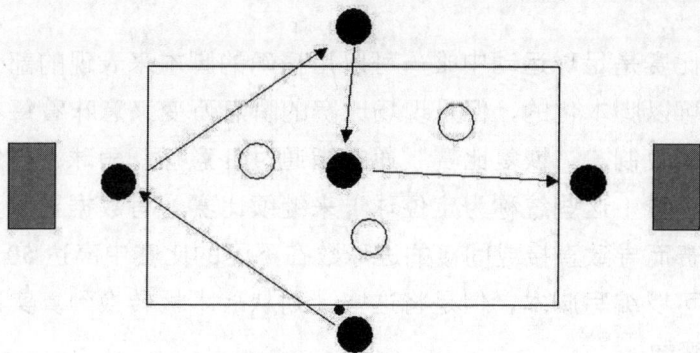

攻守转换的控球练习

4 名球员（黑色，如上图）位于比赛区域的每一边。练习的重点是，每名黑色球员必须经过位于场内的黑色队员的中转才能将球传给另一位黑色队员。3 名白色球员的任务是阻止黑色球员。白队一旦获得球权，即变守为攻，他们就可以一起合作进攻任何一个球门。白队需要在黑队回防之前迅速进行反击。距离球门最近的黑队球员需要延缓白队的进攻并等待其他队友回防保护。黑队一旦再次赢回球权，就可以反击进攻另一个球门。

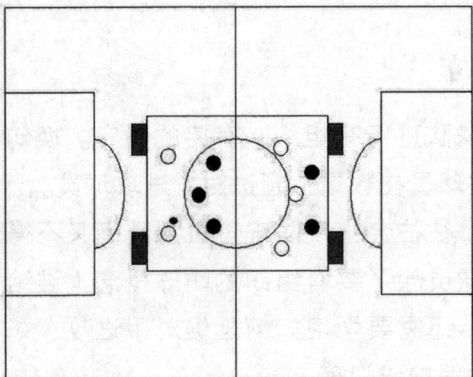

如图所示，这是一个小场地比赛，每个半场分别进行 3V2 的练习。防守方被迫进行以少打多的防守。一旦完成一次进攻，进攻者要尽快退防到中圈内。

防守转换—来自穆里尼奥的 39 种练习

恢复比赛

恢复比赛是足球运动中唯一可以用精确的脚本来表现的部分。球队的移动是可以脚本化的，但是现场比赛的瞬息万变又意味着每次进攻都不可能准确复制。"恢复比赛"通常指通过任意球、角球、界外球、球门球和球点球（这些统称为定位球）来继续比赛。有数据显示，通过重新恢复比赛而导致直接或间接的进球数在不同的比赛中高达 50％。尽管恢复比赛可以编写脚本，但是将这些计划从战术板转换到真实比赛中仍然有很多变数。

从有想法到最终由青少年球员实施定位球套路，是一个非常漫长的过程。青少年球员不需要也不会处理和理解复杂的指令。所以教练应该先给他们介绍基础的进攻和防守概念，随着年龄的增长再赋予他们在场上的不同职责。职业球队在赛前会准备 10 ～ 12 种恢复比赛时的战术，如下图所示的三个定位球战术是斯旺西城队于 2012 年在备战对阵利物浦的比赛时从更衣室里泄露出来的。所有的战术套路都包含着一个核心的概念或想法，一个启动战术的时机和特定的个人职责。

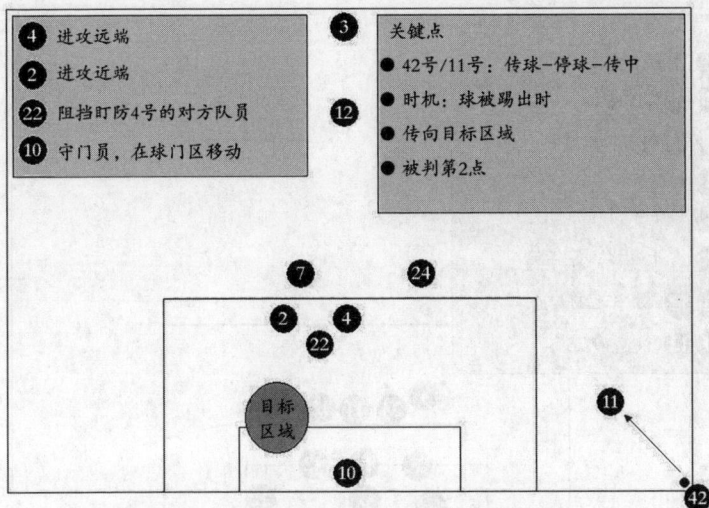

图（左边的第一个角球）：

4 进攻远端
2 进攻近端
22 阻挡盯防4号的对方队员
10 守门员，在球门区移动

关键点
● 42号/11号：传球-停球-传中
● 时机：球被踢出时
● 传向目标区域
● 被判第2点

目标区域

斯旺西城队——左边的第一个角球

图（右边的第一个角球）：

关键点
● 时机：24号放下手臂
● 2号阻挡42号的盯防球员
● 22号阻挡空位的其他人
● 24号传到目标区域
● 角球传球质量
● 被判第2点

42 跑向目标区域
2 阻挡42号的盯防球员
4 进攻远端
22 阻挡空位的其他人
10 在球门区域内移动
7 在目标区域移动

目标区域

斯旺西城队——右边的第一个角球

在角球防守中，区域防守和人盯人防守孰优孰劣一直存在争议。请注意斯旺西城队是如何将两者结合起来使用的，尤其是他们在对付利物浦队安迪·卡罗尔（Andy Carroll）的空中球威胁时。

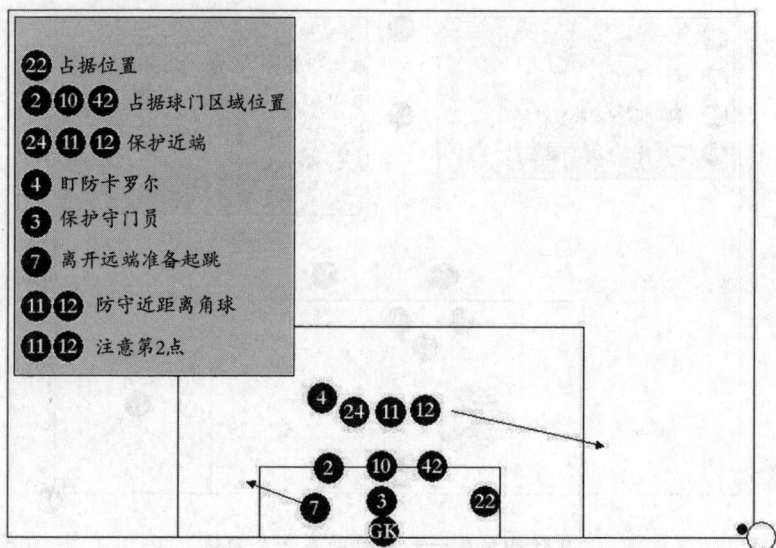

斯旺西城队——角球防守

让技术、技能训练更加战术化

传统上，教练员习惯通过 11V11 的比赛或者小场地比赛来指导战术。教练可能会选择性地用一些"比赛阶段训练"或者"功能性训练"，就像下图一样。

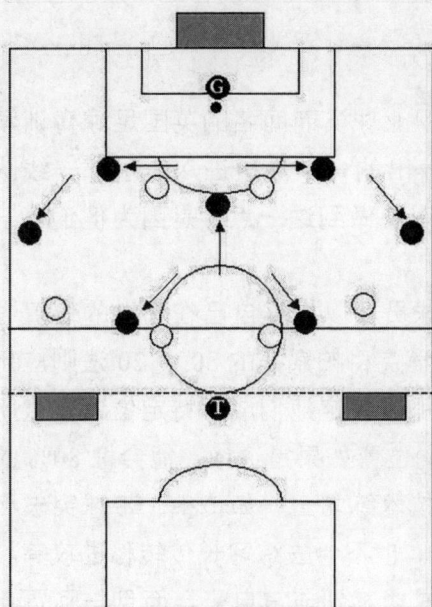

比赛阶段训练

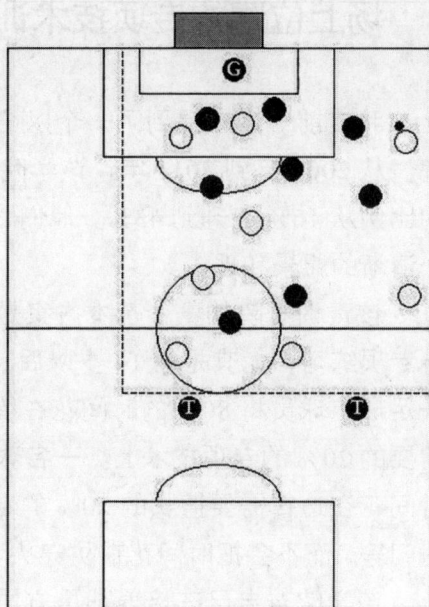

功能训练

一个被普遍熟知的比赛阶段练习就是"防守对抗进攻"。两个小组进行对抗（黑队的4后卫、3中场对抗白队的4中场和双前锋）。在这个例子中，黑队尝试从守门员开始组织防守，白队尝试进攻。练习的关键是黑队要防守住标准球门还要找到进球得分的方法。在这个训练中，两队可以进攻两个小球门，可设置一个目标球员来发起练习。

功能性训练，是比赛阶段训练的缩略版。这是最实用的围绕特定主题的利用特定区域的训练方式。与主题相关的场地被划分成不同区域。以上图为例，白队试图从右边路进攻。黑队的右边后卫和右边中场就省去了。同样，白队的左边后卫和左边中场也被省去。

传统的战术训练常常要求有足够的空间和设施，这是一般足球青训学院所达不到的。因此，随着球员在大脑中不断形成隐性和显性学习的概念，以及对刻意训练的深入理解，教练可以通过技术练习来发展战术。

场上位置的专项技术训练

我在前一章中提到了一个以培养职业球员而闻名的英国足球青训学院。从 2006 年到 2011 年，该学院培养出的青训球员进入俱乐部一线队的比例从 16% 上升到 43%。他们之所以能做到这一点，是因为他们有一个清晰的愿景和理念。

该青训学院的一个基本方案是，球员可以根据自己在场上的位置进行专项练习，尤其是在 14 岁以后。该学院将帕累托的 80 ： 20 法则应用于足球：球员将 80% 的时间花在练习那些决定他们成为特定位置专家所需要的 20% 的专项技术上。一名球员的位置如果是边锋，他会把 80% 的时间花在边锋需要擅长的 20% 的专项技术练习上，如传中、带球突破和射门等，而不会把时间花在防守头球上，也不会去练习长传转移进攻等。

该学院对自己在培养球员方面的成功感到非常自豪，而且与阿贾克斯的传统模式类似，他们很乐意将 12 岁以上的球员按位置分类。在 12 岁之前，球员们会像绝大多数青少年足球发展专家支持的那样，在不同位置上踢球。[⑧] 球员可能有进攻或防守的特点或本能，但他们的固定位置还没有确定。

俱乐部的发展理念文件概括了他们设计的与年龄相关的具体训练方法：

球员从 12 岁起就应该学习一个场上位置。在 12 岁时，他可能在一个小组里扮演不同角色，而到了 15 岁或 16 岁，他就应该努力成为某一场上位置的专家……再往后发展，球员将有一个固定的位置，并且作为这个位置的角色向前、向后和向两边移动，或者在球场的另一边打相同的位置。举例来说，一名右后卫主要踢右边后卫的位置，也可以去踢右边锋、右中后卫或者左边后卫。

每个赛季，所有球员都要接受至少 4 次特定位置的训练。教练将不同年龄段的球员进行混编，让他们与相同位置的其他球员一起训练。

---

⑧ 因此，正如人们所认为的那样，青少年球员不应过早地被禁锢在某个场上位置，例如前锋、后卫和边锋等。

基于场上位置的训练

当教练在给球员设计技术或者技能训练时，**总是试图将这些练习变成全队通用的练习**。例如，在一场控球游戏中，所有的球员（不管他们的位置）都倾向于做同样的事情，或者被要求做同样的事情。然而，许多以技术和技能为基础的练习都可以进行修改，使之更具有战术性，使战术学习具有更强的内隐性。

下面是一个非常流行的 5V5V5 的控球练习。中间区域的白队和灰队试图控制球权。如果有需要，他们可以利用 5 个黑队的球员，形成 10V5 的练习。

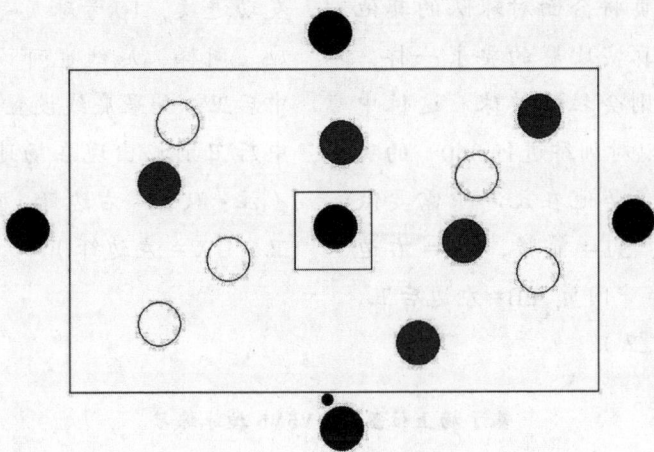

传统 5V5V5 控球练习

这个练习可以进行调整，使其更加基于球员场上位置，如下所示：

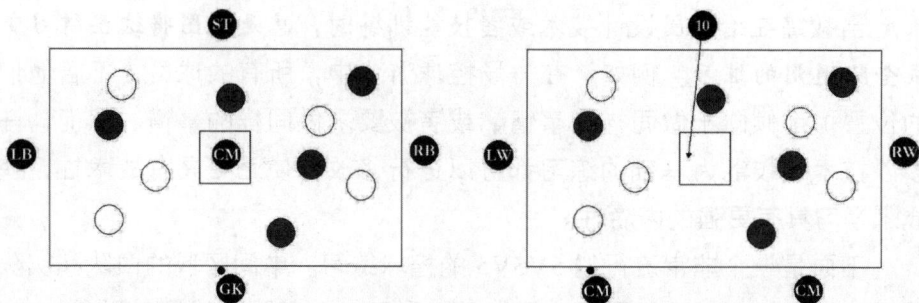

这个训练让黑队球员在球场上处于他们通常所处的位置。前锋和守门员将会面对球队的其他球员，和真实比赛的要求一样，而边后卫则会拉开接球。这位中场球员可以对训练进行360°的观察，这也正是他在比赛中需要做的。（注：ST=前腰，RB=右边后卫，GK=守门员，LB=左边后卫，CM=中前卫）

这个练习是边锋在边路拉开宽度，两名中场球员接球后向前发动进攻，10号球员寻找空间接应。同样，底线也可设置成2名中后卫。如果底线设置为守门员，中后卫则应出现在场地的边路。（注：RW=右边锋，CM=中前卫，LW=左边锋）

基于场上位置的 5V5V5 控球练习

基于比赛阵型的"影子"练习

在第9章中，我们不赞成过度使用连续的固定练习，因为固定练习会导致球员很少去做决策，而只是考虑短期学习效果。然而，使固定练习更具战术性，可以为其添加更多的价值。使用"影子"练习（shadow play）是实现这一目标的一种方式。"影子"练习在讲究战术的意大利足球中特别受欢迎。

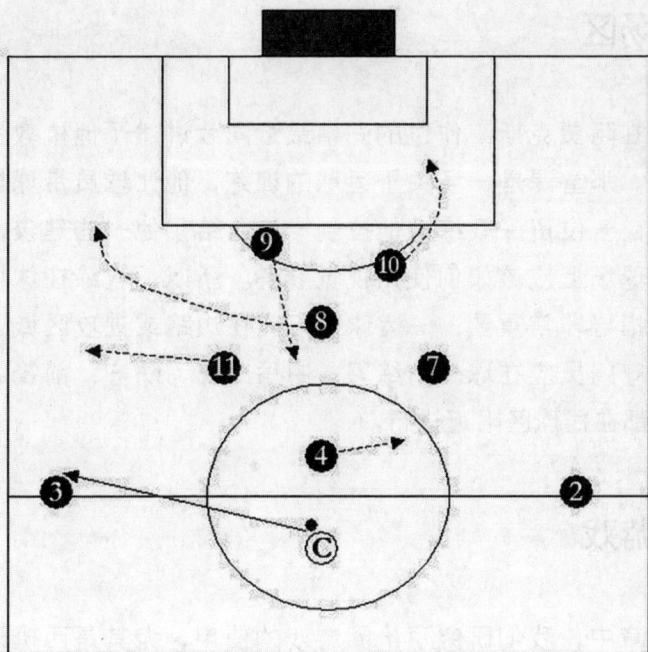

AC 米兰向前进攻的影子训练

上面这个练习来自一个对 AC 米兰青年队训练的研究。这个训练的主题是指导球员向前跑动，特别是当左边后卫接到球后的向前跑动。在上面这个练习中，球员们有预先设定好的跑位路线——11 号球员跑向左边路；4 号球员跑向球的远端；8 号球员向前插入左边路，然后把身后的空当（同样是 4 号留下的）留给 9 号球员；10 号球员将离开他的位置，看准时机尽可能地前插。

让球员更加熟悉场上位置

就像之前讲到的"影子"练习和基于场上位置的技术训练一样，在可能的情况下，教练要让球员在他们特定的位置上体验这个位置所需的技术和决策。当然，在 12 岁之前，这种专注并不重要，但是随着球员年龄的增长，他们需要变得更加专业，以上的练习都是非常有用的方法。

利用场区

一位曾在阿贾克斯工作过的同事最近向我讲述了他执教生涯中的一次深刻经历。那堂课是一场关于运球的训练，他让球员带球横穿球场。训练结束后，一位资深教练把他拉到一边，给了他一些建议，并向他描述了球员在球场上应该如何使用视觉参考。所以，教练在球场的相关场区进行技术指导非常重要——运球练习应在边路或进攻区域进行，并专注于球门；守门员应在球门前练习；中后卫练习防守；前锋练习射门。所有的练习都在罚球区附近进行。

抢圈游戏

在第 9 章中，我们研究了抢圈游戏的使用，尤其是西班牙足球运动员在其训练中喜欢使用。第 9 章的例子是 8 V 2 情况下的抢圈游戏，抢圈游戏当然也可以使用不同的人数和不同的组织形式。

我总是有点怀疑抢圈游戏对青少年球员发展的影响——我总是觉得它与真实比赛之间的妥协或权衡让他们不能围绕一个主题训练。说实话，我看到过英国球员在训练开始前的热身活动中使用抢圈游戏，这个游戏似乎只是一种球员增进感情的方式。我的一个在波兰执教的朋友也持同样的观点。

然而，当我看完基兰·史密斯（Kieran Smith，Twitter 账号是 @kieransmith1）的精彩演讲后，我的怀疑顿时烟消云散了。他在演讲中谈到了抢圈游戏的多样性和深远意义："它可以被用在技术、战术和提升球队整体表现的位置训练方面。"

现代西班牙足球队以控球能力闻名，他们通过在球场上不断寻找空间来帮助球队在局部人数上超过对手。然而，这非常考验球员的能力。球员要在合适的地点、合适的时间，看准时机并做出即时决策，使之形成局部的以多打少。因此，这种层次的思考只适合年龄大一点的球员。不过，抢圈游戏可以隐性地教会青少年球员在人数超过对手的情况下应该怎么做。当然，球员必须首先在技术上完成任务，然后才能从战术角度去训练。

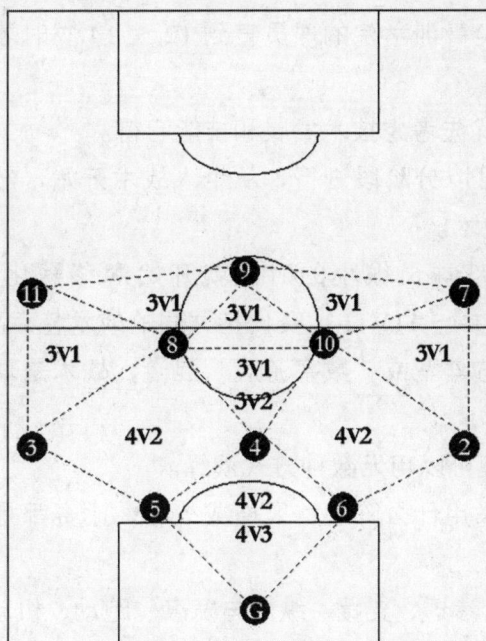

在4-3-3阵型中的抢圈示例

结论

让我们用教练与青少年球员（当然是12岁之前的球员）合作的最重要的因素来结束这一章。教练必须专注于球员技术的全面发展，或者在他们的比赛中加入"个人战术"。不要把时间浪费在场上位置、战术和定位球等复杂概念上，这对青少年的长期发展并没有帮助。你要将复杂的小组战术和团队战术训练留到他们成长到能够理解的时候。

摘要

·大多数顶尖青训学院的球员直到 12 ～ 14 岁时才开始进行具体的战术训练。

·12 岁之前优先考虑技术发展和技能习得。

·战术训练可以分阶段进行，从个人战术开始，然后是小组战术，最后是球队整体战术。

·教练可以从球员很小的时候就开始潜移默化地教授战术，从 4V4、5V5 开始，并与 11V11 比赛保持共同的战术特点。

·战术不要与阵型或"数字游戏"混淆，战术是球队阵型和风格的结合。

·同样的阵型可以用无数种方式演绎。

·教练不管采用什么阵型、风格或战术，比赛都是以比赛原则为基础的。

·进攻原则：渗透、支援、纵深与宽度、跑动、机动性和临场发挥。

·防守原则：延缓、支援、平衡、紧凑和纪律。

·足球比赛的四个重要阶段——进攻、防守、由攻转守和由守转攻。

·战术周期训练是一种在实践中同时涉及技术、战术和身体素质训练的方法，同样涉及攻防转换。

·恢复比赛是足球比赛中唯一可以用精确的脚本来表现的部分。

·传统的战术指导方式有小场地比赛、11V11 比赛、比赛阶段训练和功能性训练。

·技术练习也可以通过调整变得更具战术性。

真实执教经历

比赛四个重要阶段的巨大作用

［戴夫·凯尔（Dave Kelly），
北多伦多足球俱乐部，技术教练］

当时，我的球队正在客场对阵维冈竞技。中场休息时，我飞快地翻阅着记事本上的笔记，它能帮助我在比赛时集中注意力。我把我的笔记作为中场休息时团队谈话的基础。

当球员在下半场走进场地时，我已经明确交代了他们需要改善的 7～8 件事情。从前锋的无球跑动、跳跃到中后卫对于球的处理。我没有给队员提供"问与答"的机会，只是传递了我的想法。我意识到球员需要的是一种他们能够理解并持续应用的结构。

我从一篇关于穆里尼奥的文章中学到了"比赛的重要阶段"和"战术周期训练"。从那一刻起，它们融入了我和我的团队所做的一切。球员们用它来分析他们个人和球队的表现，这样可以加深他们对于比赛的理解。尽管他们没法用准确的词汇来描述这个体系，但他们理解比赛的四个重要阶段如下：

- 当我们有球权时（进攻）；
- 当我们没有球权时（防守）；
- 当我们赢得球权的时候；
- 当我们丢掉球权的时候。

这个概念可以帮助球员清晰地认识到攻防转换的意义，让他们准确地理解每次赢回球权和丢掉球权时应该怎么做。

我开始在中场休息时使用这种方式和队员们交谈，在比赛结束后同样如此。球员们发现这个构架很有效，而且对提高阅读比赛能力的帮助也很大。如果球队把以上四点贯彻得很好，我们的场上表现就会很棒。他们如果在哪个方面做得不好，那就等于给我指明了未来训练的方向。

11

青少年球员的体能发展

足球训练就是体能训练——体能训练就是足球训练。

——雷蒙德·维尔赫恩
荷兰体能专家兼足球教练

青少年球员的体能发展是一个很有争议的问题，也绝对是一个一旦认识不足就会造成巨大伤害的领域。

作为一名青少年教练，我参加过一场关于足球运动员速度发展的研讨会。演讲者表明，提升球员速度的最理想的方法是保证球员经常达到他们的最快速度。于是，我开始有规律地在训练课程中增加 60 米短跑的重复训练。没有球，也没有球员互动，训练基本上没有任何技术含量。这导致球员们丧失了训练的积极性。显然我没有意识到，足球速度涉及的科学比球员的最高速度要多得多。

近几十年来，体育科学的发展使过去青少年足球中的体能部分受到了质疑。教练的"准则"是让球员在球场上用马拉松的方式跑圈，并进行持续的冲刺跑和上坡跑。让球员感到体力不支曾经是衡量他们训练好坏和努力程度的一个指标。这些训练被教练认为可以塑造球员性格和磨炼球员意志，但事实上，这些方法的作用非常小。

谈到对比赛中体能部分的看法时，教练们可能会有一些不同的意见。有些教练可能只安排一节或者两节体能训练课程，球队可能会抱怨没有时间集中于体能训练，而有的教练则把非常有限的训练时间过多地投入到体能训练。我还没有发现一本专门针对教练并涉及比赛实用体能的训练书籍。这一章不是足球体能训练的百科全书，但很多图书馆有关于足球体能训练的书籍。然而，它能给你关于解决球员体能需求的方法。

理解比赛

由于体育科学的发展，人们获得了更多的知识，但即便如此，在世界各地的青少年足球场上，关于体能训练的不良习惯和实践仍然存在。这种情况需要改变。我们需要考虑球员身体发育的年龄适度性，球员完成的体能训练有足球比赛本身的特点。作为一个规则，也为了激励球员，在任何可能的情况下，体能训练都应该是有球的，并且在比赛情景下完成。

现代足球比赛节奏比之前要快得多，这意味着现代足球对球员的身体素质要求更高，球员进行对抗时，他们需要比之前的球员更快、更强壮、体力更充沛。在第 10 章中，我们谈到了快速反击。它需要球员向对手施加侵略性的压力；需要球员时刻保持专注并进行战术决策；需要球员保持技术动作质量，即使到了比赛的最后时刻。足球是一项经常以一球定胜负的比赛项目，球队经常靠一粒最后时刻的进球、对手的一个失误或一次走神等赢得比赛。如今，足球比赛要求球员即使是在比赛的最后关头，也要能够应对比赛的多样性和随机性。

精英球员的体能训练

在 90 分钟的足球比赛中，顶级足球运动员能够跑 10 ～ 13 公里。从表面上看，我们应该培养能轻松完成这些距离的球员，所以教练应该把跑完这个距离作为体能训练的基础。然而，这个假设是非常危险的，也容易让人产生误解。**让球员进行 12 公里长跑训练并不能让他们胜任足球比赛。**

首先，跑完这段距离不是像中长跑运动员那样以相同的速度沿同一方向跑完的，而是包括向前、向后和横向跑动（在某些情况下是这三种方式中的两种的混合），所有这些跑动都是以不同的速度和随机模式进行的。步幅可长可短，脚法需要不断变换。球员还会躲避、跳跃、滑动、平衡、摔倒、倒钩或者改变方向——所有这些都发生在与对方球员身体对抗的竞争环境中。球员需要盯防对手，并与之对抗，还要预判和抢断。

90 分钟比赛中精英球员的身体动作

完成的动作	占比赛时间的比例[1]
站立	18%
前后移动	36%
跳跃	2%
慢跑	16%
低速跑	15%
中速跑	10%
高速跑	2%
冲刺跑	1%
在 90 分钟的比赛过程中，球员会完成大约 1400 次的变向	

　　除了比赛场景中的各种跑动模式，我们还必须注意这些跑动模式（和焦点）会随着场上位置的不同而变化。举例来说，一名中后卫的跑动距离不会像一名从本方禁区到对方禁区的中场球员那么多，攻击型中场不如防守型中场的体能那么充沛。当然，守门员和他的队友相比，在这些方面也有显著的区别。

体能测试

　　当涉及到体能测试时，球员们的动机是非常有趣的。大多数人可能讨厌测试，但他们的竞争天性意味着他们喜欢别人给他们评分和与他人比较。除了比赛结束时的最终得分，球员很少能像体能测试那样得到任

---

[1] 资料来源：《如何培养足球运动员——足球速度演讲》（*How to Develop Soccer Players-Soccer Speed Presentation*）。

何可视的、量化的得分和反馈。结果可以激励球员做得更好，但如果球员的测试分数不够好，也有可能让他们失去动力。

测试球员的体能是一项复杂的工作。足球运动员的体能测试方法有很多。在《全面足球训练第 1 卷——以球为导向的方法》（*Total Soccer Conditioning Volumel A–Ball Orientated Approach*）中，贾斯汀·科里瑟（Justin Cresser）提供了一个关于体能测试及其与比赛相关性的表格：

体能测试	条件参数	足球适用性
坐位体前屈	灵活性（臀部和腰背部）	冲刺跑时的步长
过头深蹲	灵活性（全身）	传球、接球和射门时的有效跑动
"T" 字跑	灵敏性	躲避拦截，在紧密区域创造空间
40 码冲刺跑	速度	丢球后的快速回防跑动
10 码冲刺跑	加速度	1V1 对抗
俯卧撑	局部肌肉耐力（上半身，核心力量）	护球、掷界外球
自重深蹲	局部肌肉耐力（下半身，核心力量）	比赛全程中的连续跑动
300 码折返跑	无氧耐力	反复冲刺能力
1.5 英里跑	有氧耐力	延缓疲劳的产生

除了上述测试，其他常用的还有多阶段体能测试、重复冲刺测试和 12 分钟库珀跑。我对上述所有测试都有一些疑问，不是因为它们的科学基础，而是因为它们缺乏足球项目的针对性。体能训练的组成部分应与比赛有关，但我觉得这些测试可能会耗费太多宝贵的足球训练时间，对比赛的真正要求大打折扣。例如，2414 米跑可能有助于运动员的有氧耐力，但迄今为止，我从未见过足球运动员以相同的速度跑 100 米，更不用说 1500 米了。我还对一篇引用《以球为导向》的出版物表示异议，因为这些测试都不包含球！

下表显示了英格兰伊普斯维奇镇足球青训学院的一组球员多阶段体

能测试结果，由西蒙·塔达尼（Simon Thadani）发表在《足球体能训练》（*Soccer Conditioning*）杂志上。注意，14 岁以下的孩子是测试中年龄最小的一组。建议你不要对年龄更小的球员使用此测试。

青训多阶段体能测试成绩

球员	16 岁以下			15 岁以下		14 岁以下	
	赛季中	赛季初	上一赛季	赛季中	赛季初	赛季中	赛季初
A	13.6	-	12.0	12.6	12.3	12.7	12.5
B	13.2	11.9	12.0	11.1	11.5	11.6	11.5
C	13.0	12.5	12.2	11.9	11.4	11.7	11.4
D	13.0	13.3	12.7	11.2	-	11.9	11.8
E	12.9	-	11.9	12.7	12.2	11.3	11.9
F	12.9	12.5	12.3	11.7	11.3	11.1	10.4
G	12.6	13.2	12.5	11.4	11.0	10.1	10.8
H	12.3	12.0	11.6	11.4	-	10.3	10.2
I	11.9	11.5	11.5	10.9	-	10.3	-
J	11.6	11.4	-	-	-	10.0	9.9
K	11.4	11.3	11.0	-	-	-	-
L	11.3	10.6	10.2	-	-	-	-

虽然这种测试很流行，而且设置起来也很简单，但其测试分数的可靠性还是值得怀疑的。我曾无数次看到球员在心理上退出测试，而不想达到身体上的巅峰。我曾经和一位前职业球员针对体能测试进行了交谈，他的教练坚持要求球员必须达到 13 级才能退出测试。他幽默地说到："球员一旦达到 13 级，他们都将停止比赛！"

运动自觉量表（R.P.E.）

冈纳尔·博格（Gunnar Borg）在 20 世纪 70 年代开始研究并设计了一种全新的、更有效的方法来衡量球员的体能和体力消耗。在训练或比赛之后，教练或者运动员自己可以据此评估自己的体力消耗。博格设计了两种常用的量表。下面是博格量表 0 ～ 10 的简化版本。这种方法既主观又易于操作，而且还有一定的用途。博格的研究发现，这些评分可以很好地用于其他更科学测量方法的评估，比如测量球员的心率。如果球员给自己打分，并且能够诚实地评价自己，那么这个量表可以作为一种自我激励，促使他们更加努力，并作为一种评价手段供教练参考。

博格主观用力程度 0 ～ 10 量表

评分	
0	休息
1	非常轻松
2	轻松
3	适度
4	有点辛苦
5	辛苦
6	
7	很辛苦
8	
9	非常辛苦
10	竭尽全力

以球为导向的指导方法

我的一位前同事曾经斥责我的 U15 球员，他认为他们"体质太差"。这是因为有些球员在经历了无数次重复的 60 米冲刺后出现了身体不适。然而同样是这些球员，他们的足球体能和场上应用能力是我合作过的团队中最好的！我的回答是："相信我，给他们一个球，他们不会停止跑步和努力。"

如果你不是体育科学家，而且在与运动员一起训练时也没有机会接触到他们，我建议你遵循一条规则——**在你的足球课程中加入体能训练**。你要确保训练是以体能为关注点的足球训练课程，而不是没有球的体能课程，要像本章开头雷蒙德·维尔赫恩所提倡的那样。

足球比赛和练习可以很容易地用来提高球员的体能表现。射门得分并不像正式的体能测试那么容易，但有什么比踢足球更能提升球员的体能呢？球员可以在比赛的随机决策环境中体验所需的大量技术动作。因此，与花 20 分钟完成那些基本上与比赛无关的体能训练相比，球员可以进行足球专项体能训练，在技术、战术上得到发展的同时，进一步提高他们对比赛的理解和决策能力。这正是葡萄牙教练穆里尼奥和安德烈·维拉斯·博阿斯（Andre Villas Boas）所提倡的**战术分期方法**。

接下来，我们将探讨把体能测试元素融入足球课程的方法。

耐力

青少年球员和成年人不一样。他们的身体构造是不同的，不仅表现在体型和身高上，而且表现在肌肉的发展和能量系统方面。青少年对热量的反应不同，心输出量也有限。由于青少年的身体需求不同，他们需要一个真正经过深思熟虑的体能发展计划。

一般来说，足球运动员需要同时使用有氧系统和无氧系统。在运动过程中的任何给定时间中，尽管足球运动员使用一个能量系统优先于另一个能量系统，但是这两种能量系统往往同时工作。

有氧运动

有氧运动的强度很低，人体吸入的自然氧气量就可以提供肌肉活动所需的能量。有氧运动时，身体处于持续的、舒适的运动状态。下面是一个非常简单的小游戏，旨在提高球员的有氧能力。

两队比赛，黑队和白队持续对抗 4 分钟。灰色球员在球场外扮演着自由人或目标球员的角色，每名球员最多完成 2 次触球，这样游戏可以玩得更久。

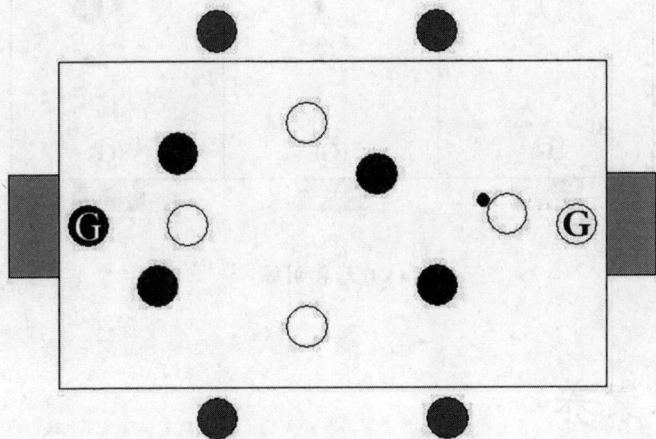

有氧训练之小场地比赛
（注：G 为守门员）

无氧运动

无氧运动时间短，强度大，心脏通过泵入血液中的氧气来产生足够的能量是非常困难的。无氧供能系统直到青春期后才完全发育。简单的比赛就涵盖了球员青春期前所需的所有体能训练。孩子们会冲刺，但可能会更快地感到疲劳，所以他们需要更长的休息时间。因此，青少年球员进行穿梭跑或重复短跑是非常不鼓励的，因为穿梭跑或重复短跑对青少年身体没有好处，不利于青少年的身体发育。

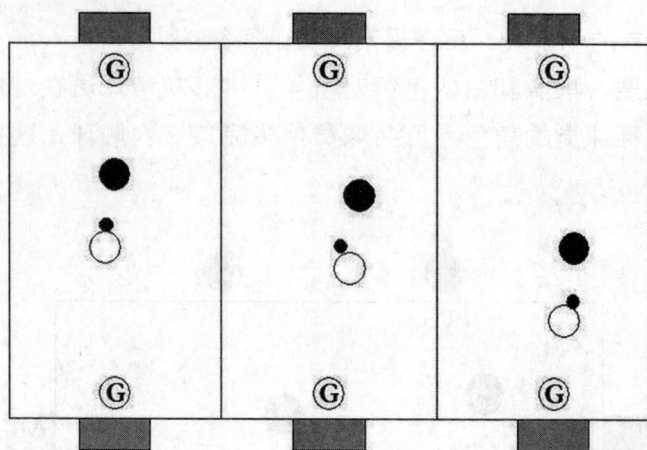

1V1 无氧训练

身体素养

足球教练所说的体能和身体发展，往往指的是球员的耐力。运动员的体能状况反映在他们在足球比赛中坚持了多长时间，或者他们在训练或特定练习后有多疲劳。我在足球领域工作的时间越长，就越能得出这样的结论：青少年球员发展的最重要的方面是他们完成基本动作的能力，或者说是他们的身体素养。球员们要在移动身体的同时自如地控球。在《前进之路》一书中，马特·怀特豪斯指出多特蒙德青少年球员生产线上的本土球员是不断增加的，包括马尔科·罗伊斯（Marco Reus）、马里奥·格策（Mario Götze）、凯文·格罗斯克洛伊茨（kevin Großkreutz）等，他坚称这些球员在十几岁时就拥有优秀的身体素养。

身体素养训练

教练必须关注青少年球员的身体素养，但不能以牺牲球员的乐趣和享受为代价。教练不一定要成为专家，但要有意识地掌握让球员尽可能多地运动的不同方式。你可以编写计划，或者更好的方法是让球员自己动手。如下面的练习所示，它是有趣的，但也是混乱的。练习中有一个球，允许球员自由控制。在旁观者看来，足球似乎没有组织，但足球本来就不是一项有组织的运动，场上的任何移动跑动和动作都是如此。你可以将下面练习的好处与排队热身的好处进行对比。在排队热身中，教练规定要完成哪些动作以及何时完成。

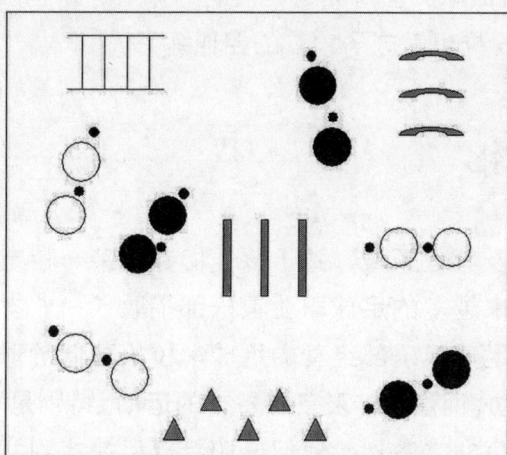

"移动与模仿"身体素养训练

场地大小在很大程度上是无关紧要的，只要满足训练人数的需要即可。在训练场地随机添加锥桶、杆子、跨栏、软梯或任何其他障碍物。球员们结成对子，给自己编上1号和2号。1号在区域内随机向前、向后和左右移动，或者更好的是旋转和改变方向，允许球员穿越或绕过障碍物。2号必须跟随1号并复制这个动作。唯一的规则是他们必须移动，并且必须尝试模仿前一名球员的动作！然后2号开始主导训练。

这个练习可以进阶为要求球员尽可能随机做动作，即使这意味着他们最终会在地上打滚、滑动或跳跃——动作越有创意甚至奇异就越好（只要这些动作是安全的！）。鼓励球员让同伴猜测他所做的动作。

这个练习的进阶是让每名球员都有一个球，并且所有球员必须在指定区域内运球。然后球员2尝试复制球员1展示的技能、转向或花式动作。

主导者每次主导训练的时间为 30 ～ 45 秒。主导者通常会展示他们擅长的动作。然后，跟随者可以模仿同伴的身体能力和足球技能。为了增强多种经验，球员可以频繁更换合作伙伴。

尽管有些球员可能不明白限制条件，但他们喜欢这个练习，因为他们基本上可以做任何事情。让球员自由发挥，不用管这看起来有多混乱。他们正以一种非常积极的方式发展，并掌握了自己学习的内容。

在 15 分钟内，球员们将提高他们的身体素养，也为即将到来的训练做好热身准备，同样也完成了大量的控球练习。

早期专业化

在足球界以及其他领域，关于孩子们专攻某一特定运动的好处的争论非常激烈。越来越多的足球职业俱乐部招收 5 ～ 6 岁的学龄前儿童，甚至有业余草根足球俱乐部经营的足球学校招募低龄球员。青少年球员仅仅参与足球运动，而没有涉及各种各样的运动。特别是足球职业俱乐部，由于招聘环境竞争非常激烈，他们迫切希望尽快找到并签下有才华的青少年球员，以击败竞争对手。

然而，早期的专业化会导致球员的身体素养长期处于劣势。儿童的身体经验太少而不能发展其全面运动技能。早期专业化其他缺点包括导致青少年过度劳损，由于仅从事一项运动而造成的身体和精神上的压力等，会使青少年丧失继续学习的动力。

运动员从小就专攻一项运动并不会增加其达到巅峰状态的机会，实际上反而大大降低了这个概率。那些在少年时代参加了各种体育运动和锻炼的孩子会是比较全面的运动员，遭遇过度劳损的风险也比较小。[2]

---

[2] 过度劳损（或微创伤，与瞬间发生的急性伤害相反）会随着时间的推移而发生。过度劳损是由于身体同一部位的重复受力而产生的。在青少年足球运动中，最常见的过度劳损之一就是胫骨结节骨软骨炎，它发生在膝关节以下。

热身活动与放松活动

　　足球训练中最使教练着迷的就是热身。经常有教练问我关于热身的新的想法、练习的地方，以及他们应该组织什么样的日常热身练习。教练们的这种热情是好的，但我总觉得，我们考虑做法对错多于考虑应该做什么。

　　热身应该从一些提高心率的活动开始，这些活动不会达到全速冲刺的程度，但能提高肌肉的温度，并使肌肉得到超出正常能力的伸展。热身活动可以以对体力要求更高、包含更多强度和节奏的运动结束。这些活动一旦与一些动态拉伸穿插在一起，你就做对了。实际上，**任何类型的技术实践都可以用作热身，特别是可变类型的练习**。我鼓励任何热身活动都包括球，包括一些团队建设的概念，或者包括你在训练剩余时间里想要关注的内容。现在你应该知道，绕着球场跑几圈来热身对青少年球员毫无益处。

　　即使是很小的球员也可以学习热身的原则。虽然小球员的热身运动不需要太剧烈，但它能培养球员良好的早期习惯。

赛前热身

　　我们都很熟悉职业球队通常使用的赛前热身程序。这些热身往往涉及很多运动，运动员排队做重复练习。除了承认这些活动的简单性以及用一种简单的方式培养球员的专注力外，我从未真正理解它的实用性。为了最大程度地利用球员的训练时间，并让他们专注于比赛，教练可以组织球员进行有球和重复随机动作的热身运动。

　　下面的赛前热身摘自路易斯·兰卡斯特（Louis Lancaster）在拜仁慕尼黑开展的热身活动。值得注意的是，这个热身活动是从功能性的、教练主导的训练，转变为一种更具体的足球常规训练。

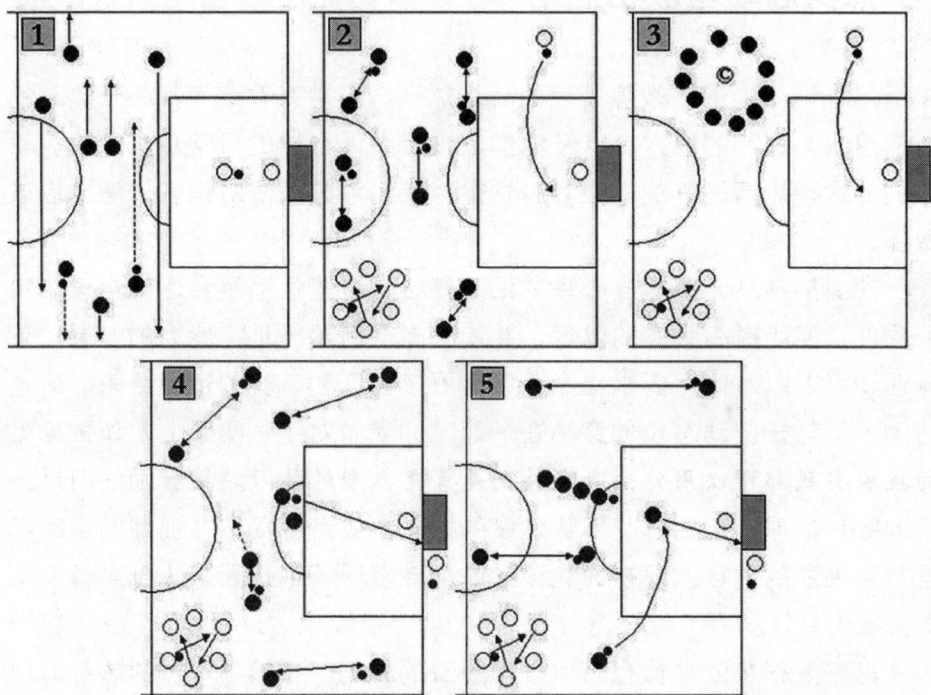

2014 年 2 月 19 日欧冠 16 强赛，拜仁慕尼黑对阵阿森纳的赛前热身

（1）球员们慢跑穿过球场，开始热身。一些球员独自完成，另一些球员结对完成，还有一些球员带球完成。守门员练习双手扑球。**球员们自己决定具体做什么活动。**

（2）球员们在 14 米（15 码）左右的距离上练习短传。替补队员做 2 脚触球的抢圈练习。守门员练习接球。

（3）球员在完成冲刺之前，和教练一起完成动态拉伸。替补队员继续做抢圈练习，守门员接传中球。

（4）球员两人一组练习长传。罗本完成短传后进行冲刺跑。两个前锋在有守门员的情况下进行射门练习。

（5）4 名球员继续长传，其他人加入拉姆一组从右侧横传作为结束部分。体能教练带着 10 名外场球员进行最后两次冲刺。

兰卡斯特在他的分析中提出了一些非常有趣的观点：除了一个带领

球员做动态练习和短跑的体能教练外，没有其他教练的参与，球队倾向于以球员为中心的热身环境。热身中也没有传统的以控球为主的练习，考虑到拜仁慕尼黑是以控球为核心的球队，这一点的确令人惊讶。[③]

动态拉伸

动态拉伸本质上是在运动中拉伸。球员在为足球运动做准备时，这些伸展运动复制了肌肉在比赛中所做的运动。下面我列出了一些常见的动态拉伸。在热身运动中，动态拉伸比静态拉伸更有价值，因为它们可以复制即将到来的比赛或训练中的动作。这些拉伸最好分散在以球为导向的热身活动中。这些拉伸运动的解释和应用可以在阿兰·皮尔森（Alan Pearson）的《SAQ 足球》（*SAQ Soccer*）或各种足球、体能训练网站上找到。

常见的动态拉伸

脚踝轻弹	俄罗斯行走	跨栏跑
各种跳跃	弓步前行	腘绳肌拉伸
横向跑	侧压腿	高抬腿
摆腿	前交叉步	臀部拉伸

静态拉伸

与动态拉伸相反，静态拉伸通常是在站着、坐着或躺着的时候完成的。静态拉伸应该主要用于训练或比赛的放松阶段。静态拉伸通过消除运动时肌肉中积累的乳酸来帮助肌肉恢复。

---

③ 尽管拜仁慕尼黑在热身中没有做传统的控球练习，但在对阿森纳的比赛中，他们控制了球权（控球率为 79%），862 次传球中有 816 次是成功的。然而，由于阿森纳在上半场有一名球员被罚下，这些统计数字变得意义不大。资料来源：FourFourTwo Stats Zone（由 Opta 提供）。

令人惊讶的是，人们从 10 岁开始失去灵活性，所以在你的足球发展计划中加入静态拉伸是很重要的。静态拉伸可以很容易地加入到短时间的放松整理阶段。

静态拉伸同样可以用在热身中，因为球员通常会觉得他们需要拉伸特定的肌肉来感觉是否准备好了。教练没有必要带领球员完成所有的静态拉伸，但要让他们有时间自己去做这些活动。这可能与他们的心理准备有关，也可能与他们的身体准备有关。

PNF（本体感觉神经肌肉促进疗法）拉伸是静态拉伸的一个演变，两人一组拉伸肌肉，增加特定肌肉的灵活性和活动范围。教练要确保这些拉伸是球员在一个可控的环境中完成的，以保证不会有糟糕的方法或技术对球员造成伤害。足球拉伸运动的主要肌肉群有：

股四头肌	腘绳肌	小腿
腰背部	腹股沟	

速度

在现代足球比赛中，速度被强调为球员需要拥有的主要能力。事实上，许多足球青训的经理、球探和教练会根据球员的速度来招募球员。这个选拔过程存在严重缺陷，甚至有职业俱乐部的代表出现在田径俱乐部和田径赛事中，专门招募跑得最快的年轻人！现在的问题是，我们是寻找足球运动员还是田径运动员。我坚信仅仅根据球员的身体素质来招募球员是非常危险的，这是对青少年足球天赋识别和发现的限制。许多优秀的球员速度并不快，但他们的技术、对比赛的理解和心态让他们进入了足球的顶级行列。

教练和球探对速度的关注也导致了人们对速度的误解。足球的速度不仅仅是球员尽可能快地从 A 点到达 B 点，其他因素还包括加速、减速（如果不能适时减速，快速到达目的地还有什么用？）、变向和带球速度等。

我的同事亚历克斯·特鲁肯（Alex Trukan）将下面的训练提交给了www.coachingsoccerconditioning.com。这个训练方法着重于足球特有的速度，包含了大量的短距离冲刺、加速、减速和变向跑，最重要的是，要求球员一直控球！

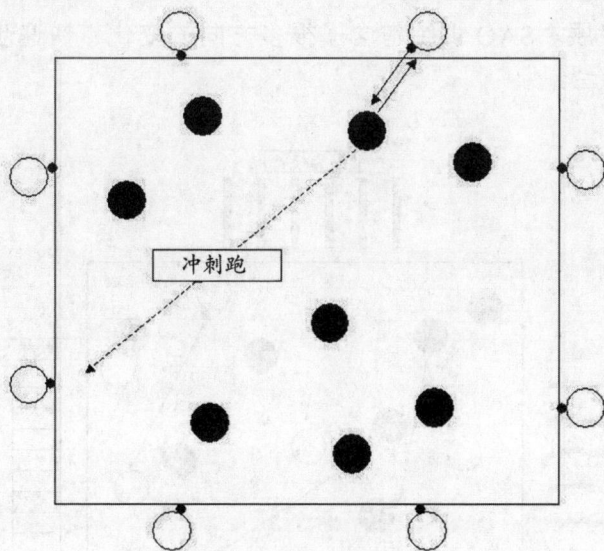

速度耐力和控球练习

　　将球队分为两组，一组（黑队）在区域内，另一组（白队）在区域外作为传球队员。该区域的大小要能允许传球队员和接球队员之间进行5～15米的冲刺跑。

　　这个练习的设计思想很简单。球员冲刺跑向传球队员并完成所有技术练习，两人可以交换传地滚球，也可以进阶到传凌空球、半凌空球和膝盖高度的凌空球等。技术练习完全取决于教练（或球员）的安排。大约45秒后，传球队员和接球队员交换位置，以保证练习时间和休息时间的比例达到平衡。

　　从体能的角度来看，这个练习的关键因素是接球队员接球后到下一个传球球员间的冲刺。球员要适当地加速、减速和变向。接球员在等待传球员传球时不能站着不动，他必须保持移动，并寻找空闲的传球队员，就像足球比赛本身一样。

速度、灵敏、快速反应

速度、灵敏、快速反应（Speed Agility Quickness，简称 SAQ）训练
是专门针对速度的特定要素而设计的，以确保球员在速度训练的各个方
面获得全面发展。SAQ 训练包含了很多方向的变化、快速步法、步法变
换和前交叉步等。

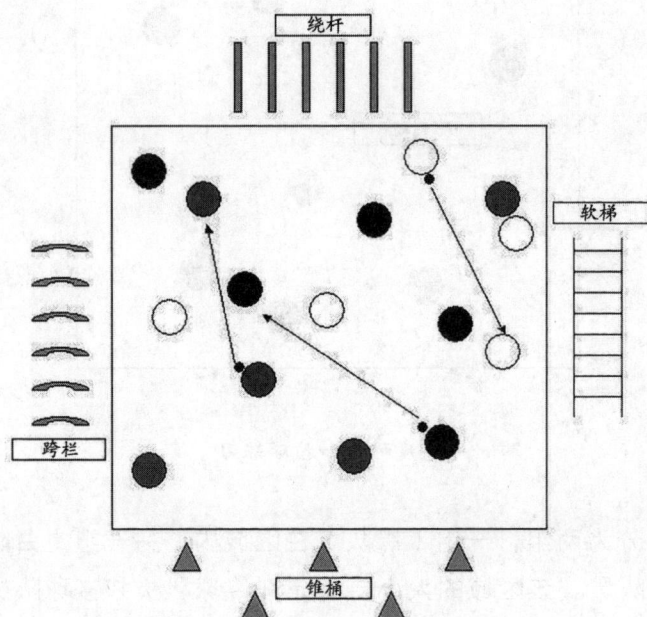

结合球的 SAQ 训练案例

这个练习中，我在一个正方形中设置了一个可变的足球练习。同样，
区域的大小取决于球员的年龄和人数。三个队的目标都是队员之间保持
控球。这个练习可以进阶为球员必须传球给另一种颜色的球员，或者必
须接另一种颜色球员的传球，再传给第三种颜色的球员。关于这个练习
的更多细节可以在第 9 章中找到。

虽然我使用这个练习作为特定的技术练习，但实际上大多数技术练
习都可以使用，特别是可变的、随机的练习。

在教练的指令下，一支球队离开这个区域，在外面的训练站点完成 SAQ 训练。教练可以设定特定的动作，或者允许球员自己选择穿越障碍的方式。

如果你想知道什么是 SAQ 训练，特别是关于足球的 SAQ 训练，可以查阅阿兰·皮尔森的书《SAQ 足球》（*SAQ Soccer*）。

核心力量

人们对于核心力量有一个普遍的误解，认为这只是为了练就 6 块腹肌，因此开始做无数的仰卧起坐或各种腹部运动。核心肌群主要是由腹部、腰背部和臀胯部的肌肉组成。为了发展一个强大的核心，球员必须围绕这些肌群训练。强壮的 6 块腹肌必须有一个强壮的背部作为支撑，否则它们将不能充分发挥作用，并会损坏支撑它的背部。

核心肌群 [4]		
盆底肌	腹横肌	腹直肌
腹内斜肌	腹外斜肌	竖脊肌
多裂肌	臀大肌	背阔肌

强大的核心力量不仅能帮助球员在 1V1 的情况下抵挡住对手的进攻，还能帮助球员保持平衡、稳定以及快速有效地改变方向。

球员可以通过各种方法来加强核心肌群的锻炼。正如本书所提倡的，使用足球来进行足球训练。教练可以将核心练习的讲义给球员，让他们

---

[4] 这个列表取自 Pro Football Support 的 *Core Performance for Footballers*（2）。Pro Football Support 有几个小册子涵盖了体能发展主题的整个范围，可以免费下载。高级别的足球专项核心训练可以在 *FIFA 11+A Complete Warm-Up Program* 中找到，也可以在网上免费下载。这种方法虽然没有球，但自称能够将 14 岁以上的球员受伤人数减少 30%～50%。

自己在课后时间完成。你如果确实想在课程中练习足球力量，我在下面提供了一个例子，作为激活足球专项核心力量训练的一种方法。

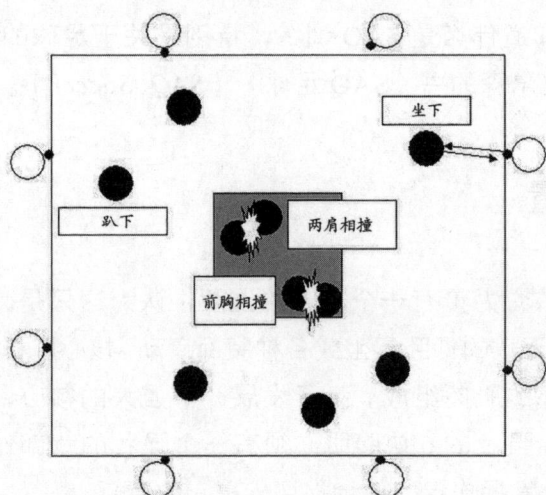

以球为导向的核心力量训练

这个练习与上面的速度练习相似。黑队球员在区域内练习，而白队球员作为传球队员参与练习。主区域内还设置了一个较小的中间区域。跟之前的练习一样，球员跑向一个空闲的传球队员要球，每次完成一项传接球技术练习都必须跑回中心区域。

足球的核心力量在于激活身体的中部。上图的练习包含了 4 种方法：

（1）球员必须把他们的胸部贴在地面上，然后迅速起来，完成与传球队员的技术练习；

（2）球员们先坐下来分别用双脚完成 2 次凌空球回传，然后迅速起身，站起来完成同样的凌空球回传；

（3）当球员从中间穿过时，要求两名球员跳起，两肩在空中相撞；

（4）当球员从中间穿过时，要求两名球员跳起，胸部在空中相撞。

在这个练习中，安全很重要。每隔 30 ~ 45 秒要更换一次接球队员和传球队员，两名球员两肩相撞或前胸相撞时，要确保肘部和膝关节收拢。在这个练习的后半部分，球员往往会专注于与最壮球员的竞争。值得指出的是，身高和体重并不是成功地完成这些练习的关键，关键的是激活球员的核心力量，在身体碰撞时保持平衡。

赛季前准备期

赛季前的准备期是许多教练关注球员体能的时期，这段时间被习惯地认为是最艰苦的时期。球员一直在努力提高体能储备。他们可能已经有几个星期甚至几个月的时间没有进行他们所习惯的九个月足球赛季中训练内容，因此赛季前的训练会被球员认为是艰苦的。

休赛期

赛季结束和赛季开始前的这段时间通常被称为休赛期。这段时间的休息对于球员经历了一个漫长的赛季的体力恢复很重要。传统上，即使是职业球员，这段时间也是被用来大吃大喝的，他们清楚地知道，过了这段时间，一个艰苦的准备期即将到来。在现代足球比赛中，这种行为是不被允许的，教练要为球员制订休赛期训练计划来确保他们的休息和训练保持半衡，并让他们保持体能。

球员必须有足够的休息时间和恢复时间。在休赛期，球员最好在初期就完全休息，然后在赛季前加强训练。非足球运动，如自行车和游泳，可以让球员非常有效地保持体能，同时作用于不同的肌肉群和能量系统。

赛季前准备

在赛季前的准备期中有一种诱惑，那就是进行大量的体力活动。当然，也有一种诱惑，那就是在没有球的情况下进行大量的身体练习。我们经常听到各个年龄段的球员讲述他们在前两周甚至没有看到球的故事！如果我们退后一步，我们的赛季前训练计划应该允许球员充分发挥他们的足球和体能潜能。如果教练将焦点放在让球员持续疲劳上，则会让球员在赛季开始前就感到疲劳。

在《足球体能训练》一书中，西蒙·塔达尼提供了许多关于如何正确利用准备期的非常有用的信息，并试图消除存在于足球训练方面的一些神话，其中大部分信息在准备期训练计划中的作用很明显。他认为，正如我们很多人目前所做的一样，简单的长距离跑对足球运动员没有什么好处。他主张足球工作者要重新考虑"没有疼痛就没有收获"的说法。

在此基础上，《青少年足球体能训练全书》（*Total Soccer Fitness For Juniors*）一书建议教练对青少年球员采用梯级训练方法。这种梯级趋势可作为教练在体能主题训练课程中提供持续训练强度的依据。

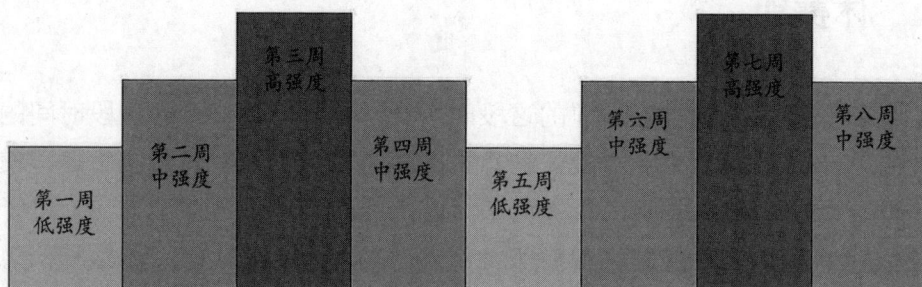

八周阶梯强度训练

营养

你很难控制你的球员吃什么。让我们面对现实吧，你不可能一周7天、一天24小时都和他们在一起，最终决定他们吃什么的是球员家长和他自己。我们应该清楚，青少年球员也是孩子，所以在他们的生活方式中"禁止"垃圾食品可能会适得其反。

你能做的及你能控制的，是向球员和其家长提供营养信息。我们认为他们都知道什么是好的营养，或者应该知道什么是好的营养，但是如果他们不知道也不要惊讶！ 有很多很好的关于营养说明的小册子。还有一些书籍和网络资源，如精英足球体能的《足球营养》（*Soccer Nutrition*）和国际足联的《足球营养——饮食实用指南》（*Nutrition For Football—A Practical guide to eating and drinking for health and performance*），这些资料都可以在网上免费获得。后者尤其有用，因为它包含了各种类型球员的营养指南，还研究了球员在客场比赛所需的水分、营养以及各种类食物的详细成分等。

营养学家公开宣称球员的饮食决定着球员表现。的确，球员的营养不能与体能水平相辅相成，技术能力和战术理解力将会下降。因此，球员要摄入正确的食物并保持水分，以保证达到最佳的体能表现。

能量

碳水化合物是足球运动员的主要食物。碳水化合物被身体分解和消化，就会为球员提供参加和完成一场充满活力的、快节奏的、竞争激烈的比赛所需的能量。我们通常不鼓励球员吃高脂肪的食物，但我们必须明白，一定量的脂肪也能给球员提供能量。有一些"健康的脂肪"如鱼类、橄榄油和坚果中所含的脂肪。然而，球员在运动前摄入过多脂肪，特别是在运动前食用加工过的高脂肪食品，是非常有害的。

下面这张来自曼联的营养表详细列出了相关的营养素、摄入量以及含有这些营养素的食物：

曼联足球青训学院的球员营养表

营养素	摄入量	食物
碳水化合物	高	面包，米饭，煮、烤土豆或土豆泥，意大利面，面条，早餐谷物，烤薯条，番茄酱烘豆，深盘比萨，蒸粗麦粉，土豆饼，松脆饼，糖霜手指饼

营养素	摄入量	食物
蛋白质	正常	瘦肉、鸡肉、火鸡、腌猪腿、鱼、豆类、鸡蛋、牛奶、坚果
脂肪	正常到低	油炸食品、蛋黄酱、奶酪、香肠、汉堡、糕点、薯片、黄油、人造奶油
维生素和矿物质	高	水果、蔬菜、沙拉
水	高	水、果汁、甜酒、低脂风味牛奶、水果、蔬菜

个性化

就像足球发展的各个方面一样，营养也可以是非常个性化的。它可以根据球员的喜好、家长的习惯、球员自己的习惯、学院的菜单，以及可能存在的社会、宗教和文化差异而有所不同。"每名球员都是不同的，没有一种饮食可以在任何时候满足所有球员的需求。"〔国际足联，《足球营养》（*Nutrition For Football*）〕。

以下是前曼联、马德里竞技和乌拉圭前锋兼队长迭戈·弗兰（Diego Forlan）的个人24小时饮食日记，发表在《442》（*Four Four Two*）杂志上。弗兰以他在场上的活力和不知疲倦的奔跑而闻名。这篇原创文章还介绍了运动营养学家马特·洛弗尔（Matt Lovell）的专家分析。

迭戈·弗兰的24小时饮食日记

8点：早餐	一盘菠萝 布朗面包 酸奶 火腿奶酪煎蛋卷（偶尔） 新鲜橙汁

13 点：午饭	意大利面 / 米饭 烤鸡（非油炸）
16 点：零食	水果奶昔 烤三明治 麦片
21 点：晚餐	鱼 沙拉 清蒸蔬菜
饮品	水

疲劳

在任何训练中，尤其是那些以体能发展为基础的训练中，教练必须意识到疲劳对球员的影响。青少年球员尤其容易疲劳，他们需要更长的休息时间。教练要确保为球员提供最佳的补水时间。疲劳会影响学习（回忆第3 章马斯洛需求层次理论）、控球质量、战术决策以及动力。如果你想要教会球员一些新技能，请确保在球员精力充沛的时候完成这项工作。

结论

你如果负责青少年球员的体能发展，一定要知道你在做什么！信息不足是一件危险的事情，所以你要确保精通体能、身体素质或体能测试等任何方面的知识。如果你在开展科学的体能训练课程方面知识不够，或者不够自如，那就直接用足球训练来代替吧！我看到过也听到过许多教练向球员提供不正确的技术或战术信息，甚至是背离最佳实践和比赛原则的信息。虽然这些信息在很多方面都是无害的，但是体能发展不应该是你蒙混过关的工作，否则会给球员带来严重的后果。

摘要

- 教练对青少年的身体发育规律知之甚少，会对球员造成很大的伤害。
- 体育科学和对足球专项的考虑使许多传统的体能训练受到质疑。
- 优秀的足球运动员在一场 90 分钟的比赛中要跑 10 ～ 13 千米，但跑动时的动作各不相同，而且不是以相同的速度直线完成的。
- 所有正式的体能测试，尽管基于科学，都有其缺陷。
- 如果你不确定体能训练是否科学，那么遵循一条规则——在你的足球训练中加入体能元素。
- 基于足球的练习可以用来培养球员的有氧耐力和无氧耐力、身体素养、速度、SAQ 和核心力量。
- 避免让青少年球员进行简单的重复往返跑，他们的身体发育情况不适合这样的训练。取而代之的应该是身体素养训练。
- 球员过早进入专项化训练会阻碍其全面运动技能的发展，会降低球员的积极性，并可能导致其过度劳损。
- 在热身时加上球和动态拉伸。
- 人们从 10 岁开始逐渐失去灵活性，在放松阶段加入静态拉伸可以改善这一点，同时也能帮助球员更快恢复。
- 速度在现代足球中很重要，但它不只是球员从 A 点到 B 点的速度。
- 核心力量不仅涉及 6 块腹肌，它还涉及到腹部、腰背部和臀胯部的肌肉。
- 赛季前准备期不再是让球员一次又一次地进行体能训练，而是让他们为下个赛季做好准备。
- 球员的营养很难控制，不要假设球员和其家长知道什么是有效的、健康的足球饮食。
- 疲劳影响球员的注意力、学习能力、技术能力和战术决策。

真实执教经历

成长过程的失意

（到目前为止，每一章的这一部分都是留给教练的故事，直到我遇到一名 17 岁的球员。他的故事强调了教练在培养球员时正确进行体能训练的重要性。在此，我站在这名青训球员的角度转述我们谈话的内容。）

从 8 岁起，我为一所青训学院踢了 6 年的球。我在为本地球队踢球时被这所青训学院发现，我随后加入这所青训学院！我离开了当地的足球俱乐部，在俱乐部的建议下，我停止了其他运动项目的训练。

在那里的 6 年里，教练总是跟我说我是一个很好的球员，只要努力训练，我就会成功。我相信教练的话。努力训练才能成功，这是我从教练那里听到的最多的话。在此基础上，我确信，如果我不做其他事情，我就秉持热情坚持跑步，在所有的体能训练课程中拼尽全力，我的职业道路就会一片光明。

然而在 14 岁的时候，我被俱乐部开除了。主要原因是我的技术不够好，控球能力太差，我在现代比赛中太笨拙了。

虽然被开除这件事对我的打击很大，但我很快就重新振作起来，并从我以前的教练那里得到反馈，我决定为此做点什么。

当地有一位教练专门从事球员个人技术的发展，所以我向他寻求帮助。一天晚上，我去了他家，手里拿着球鞋。我以为会进行一对一的有球练习，然而他并没有展开训练，而是带着我和爸爸走进屋里，开始询问我的足球背景。

他询问了我所有的运动背景，断定我的笨拙是因为我在小的时候，无论是小学还是足球俱乐部没有接触过基础运动练习。他告诉我不参加其他运动是一个巨大的错误。他指出，在我目前这个年纪，很难同时在技术和基础运动能力上都取得大幅度提升。

通过与这位教练合作，尽管过程非常困难，我觉得我在比赛中有了进步。我们主要进行个人的有球 1V1 练习和 SAQ 练习的结合，使用软梯、跨栏和锥桶来提高我的脚下速度。

我觉得这位教练对我很好，但我仍然感到非常悲伤和痛苦，因为一些简单的基础技术的训练的缺失造成了我与其他球员目前的差距。我本可以成为一名职业球员，但被遗弃在垃圾堆里。我建议那些被简单地告知要努力训练的球员意识到聪明训练的必要性，并且还要受聪明教练的影响。

12

现代守门员

　　在过去几十年里，守门员的位置发生了巨大的变化。在现代足球比赛中，规则允许守门员做更多的动作，如当对手罚球点球的时候，守门员可以沿着门线自由地横向移动，或者在持球时自由移动。比赛的其他方面也发生了一些显著的改变，如新式足球的应用增加了球速，这让守门员更难预判球的飞行轨迹。因此，足球的改进也对球场上最后一道防线产生了巨大的影响。

永久的改变

　　20 世纪 90 年代初，守门员规则经历了最大的改变，或许是最伟大的改变。1992 年，"禁止用手接队友的脚下回传球"的规则被国际足联裁判法采纳。在 1992 年之前的比赛完全允许守门员用手接本方队员的脚下回传球，这曾作为球队合法浪费比赛时间的终极手段，导致比赛变得无趣，这种现象在 1990 年意大利世界杯时有发生。

　　1990 年意大利世界杯中有一场比赛让我记忆犹新。那是在卡利亚里市进行的英格兰 V 埃及的比赛，当时英格兰以 1∶0 领先。与此同时，在 400 公里之外的帕勒莫市，爱尔兰和荷兰，仅需一场平局就能保证双方从 F 组中携手出线，当时的比分是 1∶1。在比赛最后阶段，爱尔兰的守门员帕特·邦纳（Pat Bonner）不断地用手接队友的回传球，不停地浪费时间。爱尔兰在另一场与埃及的比赛中，守门员控球时间也长达 6 分钟。

　　现代足球需要守门员像一名球员那样去比赛。当然，守门员的职责还是扑救，接传中球和控制禁区，但是对他脚下技术的要求已接近对外场队友的要求。

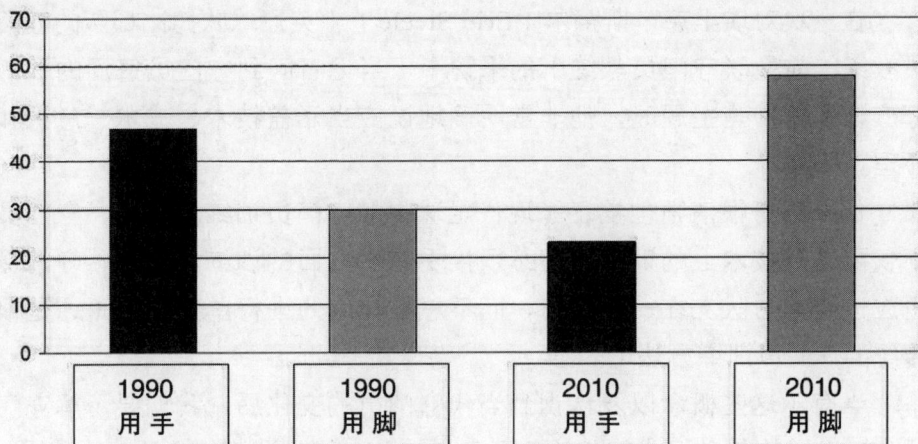

1990 年世界杯决赛与 2010 年世界杯决赛守门员的控球方式

　　上图很清楚地说明了自从引入"禁止用手接队友的脚下回传球"规则以来守门员角色的变化。在 1990 年世界杯决赛西德 VS 阿根廷的比赛中 [1]（规则引入前的最后一次世界杯决赛），守门员接回传球 77 次，其中 47 次是用手接的。2010 年世界杯决赛，西班牙 VS 荷兰，守门员接回传球 81 次，但只有 23 次是用手接的。从 1990 年决赛守门员 30 次用脚接球，到 2010 年 58 次用脚接球，几乎是前者的两倍，我们可以从中看到这种趋势的改变。[2]

---

[1] 尽管柏林墙在 1989 年被推倒，"西德"还是参加了 1990 年的意大利世界杯。在 1992 年的欧洲锦标赛上，他们才第一次以"德国"队的身份参加了战后的国际比赛。

[2] 所有统计数据均来自国际足联的守门员手册，该手册可在网上免费下载。

守门员的长远发展

在一次对埃里克·斯蒂尔（Eric Steele）（英冠球队德比郡队的守门员教练、前曼联守门员教练）的采访中，当记者问到守门员每周的训练都应该涵盖哪些主题时，他非常明确地说应当涵盖技术、战术、意识和心理。

他的回答很清晰地揭示了现代足球中的守门员训练。首先，守门员不仅要进行技术上的训练，还必须接受其他方面的训练。其次，守门员也应该经常与队友在一起合练，而不总是在远处进行单独训练（这是很传统的守门员训练方法）。

当有了这些概念以及认识到当代守门员的变化后，我们要了解守门员长远发展的各个组成部分并且探索将其融入球队训练的方法。

心理

守门员大概是足球比赛中最需要脑力的位置。要想在这个位置上做好，守门员要有自信和从挫折中迅速恢复的能力。有些人甚至认为，守门员有时候需要有点"疯狂"。

前锋在浪费机会后常常会以出现在错误的位置而被原谅，如果他把握住第二次机会，他将会弥补之前的失误。与此相反，守门员的失误常常会导致失球。随之而来的是持续的高压。

YouTube网站上有一段守门员彼得·切赫训练的视频，这项训练中有很多球，教练还向他扔网球。在1分钟的视频里，切赫要面对来自3个不同角度的100个球，要求是要么接住要么扑出。在这100个球中，切赫只失误了一次——这是一个非常好的数据。所以，你会注意到顶级守门员也要面对压力。当然，你不能期望青少年队的教练也这样训练守门员，但是它确实展现出现代足球对守门员的高预期。

从挫折中成长

如果你的守门员犯了一个明显的错误或做了一个糟糕的决定，他们可能已经知道自己犯了错，并且对此感到沮丧！对于教练来说，这是一个给球员自我纠正的绝佳机会，对他的长远发展十分重要。当教练处理守门员失误的局面时，注意不要使用消极的语言[③]——我相信消极语言是没有帮助的。

技术层面的失误可发生在任何队员、任何位置、任何运动上。如果教练在守门员失球后还在强调他的失误，这种方式对守门员来说或许是一种惩罚。如果守门员出现了一个不是很明显的失误，如他的站位太靠后，我们可以用这个例子作为一个学习工具来促进他的长远发展。

在《国际运动心理学》（ *International Journal of Sport and Exercise Psychology* ）杂志上刊登的《应对消极的媒体内容：职业足球守门员的经历》（ *Coping With Negative Media Content：The Experiences of Professional Football Goalkeepers* ）一文中，一位接受采访的守门员阐述了他对教练包容他失误的感激：

我非常感激教练对我的帮助，就像去年他告诉我，允许我在比赛中犯错和失误……我知道我不会犯很多错，甚至能做到连续三场比赛一球不丢。他给了我信心，这对我很有帮助。

具有讽刺意味的是，一位优秀的守门员的表现常常被忽略，只有在出现失误的情况下，他才会出现在聚光灯下。对于青少年球员来说，这些批评可能来自队友、教练或者对手；而对于职业球员来说，批评的声音可能来自支持者或对手的支持者，也可能来自媒体。据《应对消极的媒体内容：职业足球守门员的经历》书中的研究，守门员只在两种情况下得到了特殊的媒体报道。第一种是在众目睽睽之下出现失误时，报道中就会出现一个讥讽的标题和一张守门员沮丧的照片；第二种就是当他

---

③ 最近的一次比赛中，我听到对方的教练对他的守门员大喊："我希望你今晚赶不上回家的火车，因为你也可能会错过！"

们被召入国家队时要接受细致的审查。

应对策略

在守门员出现失误时，来自教练的支持显然是帮助守门员应对位置焦虑感的一个重要组成部分。另外，特别是对于青少年守门员来说，同伴的理解与支持是关键。通常来说，青少年非常重视朋友的意见，所以教练在所有队员之间建立一种支持文化至关重要。

守门员（或非守门员球员）在从不可避免的挫折中恢复时，可以通过得到外在支持来制订他们自己的应对策略。有些人可能天生自信，有自知之明将接受犯错作为他们工作的重要部分。我曾听说过一个关于澳大利亚前国门马克·施瓦泽（Mark Schwarzer）的故事，他如果犯了错，就会象征性地在球门后面慢慢地走，过一会儿重新进入球场时就会越过这个错误，再次严阵以待。

丹·加斯帕（Dan Gaspar）（前葡萄牙国家队教练）在一次采访中，被问及守门员的应对策略时，他的回答中有一些我们可以传授给青少年守门员的有用建议：

守门员一旦在比赛中出现失误，要做的第一件事就是要理解并接受你无法改变错误后果这个事实。接受现实是关键。你可以通过控制呼吸来做到这一点。摇摇身体，再次行动起来。保持动力和活力。你甚至可以抓一些草皮，握住它，直到这个错误在脑海中释怀。你可以假想在场地的角落里有一个废纸篓，你在心理上将失误扔进废纸篓。记住一点，你恢复得越快，队友对你就越有信心。不管你是多么伟大的守门员或将会成为多么伟大的守门员，有一件事是肯定的，那就是你会犯错而且会失球。伟大的球员在错误中学习并成长，然后继续前进。

试想，如果守门员一犯错就受到残酷的惩罚，并在职业生涯的光鲜时期被抛至一旁，谁会忍受这样的生活？教练关心守门员是否可以接住传中球而不是将球击出，而评论员和专家们则可笑地宣称一个守门员应该将时速 60～70 英里的球击出到安全区域，而不能将其控制在球门前。

大多数分析人士坚持认为杰西·杜德克（Jerzy Dudek）在2005年欧冠决赛加时赛上的神奇扑救只是运气好而已，哪怕这位波兰守门员做出一次扑救后，又快速起身英勇地扑出反弹球——这是守门员每天都在做的事！

决策

我最近在一本守门员教学大纲中读到一句很棒的话——不要管决策是对还是错。守门员的犹豫不决被认为是最坏的结果。做决策会给守门员增加一定的压力，也需要很大的勇气。守门员的决定会在一瞬间做出，拦截或击出传中球、接住或扑出射向门的短传球、面对来势汹汹的单刀球等都应该瞬间做出决定。守门员瞬间做出的决定通常会成为成功阻止对方球员进球的关键。**守门员一旦做出决定，他就必须接受结果。**

技术

尽管守门员起初还很难适应回传规则所强加给他们的新技术要求，但20年后，他们的技术能力得到提升并适应了这个规则。许多因违反回传规则造成的间接任意球已经不复存在，事实上，当一个前锋快速逼抢时，守门员用一个犀利的克鲁伊夫转身来摆脱更为常见。

现在守门员不再只是球队中的闲人，而是一名球员、一名清道夫和后场进攻的发起者。守门员现在是一名真正的足球运动员。国际足联的一项研究分析了从2004年9月到2005年5月的43场比赛，守门员使用的处理手段如下：

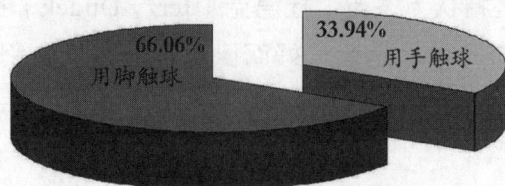

国际足联对守门员处理球的研究

青少年守门员用脚触球时，要像用手触球一样舒适。下面我们将探讨如何在守门员技术中融合这两种触球方式。

尽管守门员的脚下技术需要重视，但阻挡射门，挡出、拦截或用拳击出横传球，以及手抛球的手部技巧也很重要且有价值。他们需要专门的训练来应对这个特殊位置的职责。有一些专门针对守门员技巧的训练资源，守门员可以从中学到更多关于复杂的手部位置、身体形态、一些手部技巧和做出决策的细节，如安迪·埃尔雷（Andy Elleray）的《足球守门员科学方法》（*Scientific Approaches to Goalkeeping in Football*）、国际足联的《守门员手册》（*Goalkeeping*）（在线免费提供）等。

问题和解决方法

教练在和非常小的守门员一起工作时，很容易发现他们在技术上的一些问题，诸如不能将球踢得够高、够远，以及球踢出后会被靠近球门的对手拦截。

最简单、最迅速的解决方案就是让一名外场球员为守门员喂球。但作为一名长期的青少年发展教练，你还要考虑这样的方法是否有益于青少年球员的长期发展，或仅仅是为了比赛结果的短期改善。你要考虑哪一个更重要——是守门员的长期发展重要还是单场比赛的结果重要。

另一个有缺陷的解决方法可能是教练在训练中花大量时间让守门员练习长传球。然而，我担心青少年球员的腿部力量不会因一节单一的训练课而改变。

战 术

　　守门员是最后一道防线。守门员在这方面的影响意味着他可能是场上最重要的球员。如果战术依赖于个人的决定、表现以及在许多情况下的失误，那么守门员就是这台机器里至关重要的一个齿轮。正如一句老话所说，"一个好的守门员，值 10 个额外的赛季积分。"如果守门员表现不佳，那么战术也就无关紧要了。

　　守门员不仅仅是球队防守战术中的一部分，更是球队进攻战术中非常重要的一环。例如，如果守门员接住了球，他可以利用这个控球发动反击；如果球队领先，可以放慢比赛节奏。作为进攻的组织者，守门员的战术决策至关重要。他可以选择短传来使进攻进行得慢而准确，也可以选择长传使进攻节奏加快且直接。然而我想强调的是，没有一个守门员的控球是随意而为的。守门员对球的分配与战术息息相关，他们很少会将球随便地踢回场上。

　　现在许多球队将他们的守门员当作第 11 名外场球员或者"自由人"，这样外场球员就可以放心地转身将球传给守门员来帮助球队摆脱困境、控制球权、转换比赛节奏或是重新组织进攻。现在许多球队将控球与进攻战术建立在守门员脚下。巴塞罗那的比赛风格就是一个典型例子。因为球队的超级控球理念，前守门员维克托·巴尔德斯（Víctor Valdés）几乎被禁止踢出长传球而使比赛进入胶着状态以此把控球权。通常情况下（不是全部），像巴尔德斯一样的守门员踢出的最远的球就是斜传给前移到中线附近的后卫的球。

　　让守门员成为第一条进攻线，并要求他们有优秀的技术，这是一个体现足球培养球员勇敢精神的完美例子。守门员在可预计的风险下从本方后场组织比赛，特别要考虑到我们早先讨论到的守门员所面临的压力——一个失误便将球队置身于危险之中，这是令人钦佩的。一个世界级的守门员应是俱乐部中最全面的球员，脚下技术能与外场球员竞争，手部技术同样十分优秀。

守门员在任意球中的角色

守门员们热衷于控制球门区和禁区，毕竟那是他们的领域。守门员对进球和成为华丽的盘带大师毫无兴趣，他们的生死取决于他们在球门附近做了什么，他们在很大程度上只会用失球数来评判自己。因此，教练要让青少年守门员明白，在这个位置上要有一种自豪感和保护球门的责任感，同时让其他球员帮助他们保护球门。

守门员在任意球和恢复比赛中的角色十分关键。他应该做好准备，不仅要选好站位和做出正确决策，还要帮助其他球员确定站位以帮助其守门。我喜欢鼓励守门员参与球队设置防守定位球的决策过程。一些球队喜欢控制球门而不在两边门柱布置防守队员，其他球队则会想在一边或两边门柱都部署防守。让球员承担责任，这增加了球员的自主权。以球员为中心，鼓励守门员为他们的决定负责。

经常有人问我关于在任意球中设置防守人墙的问题。下面的第一张图是来自尼尔·库珀的《现代足球守门员》（*The Modern Goalkeeper*），显示了他对在后场特定区域设置防守人墙所需人数的建议。

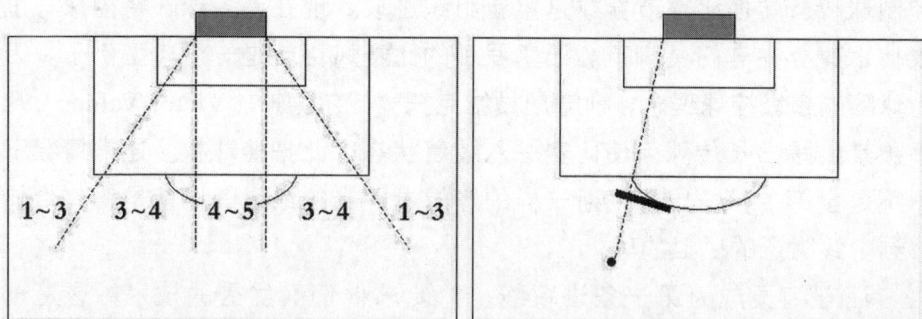

设置防守人墙

第二张图展示了一个布置防守人墙的例子。传统上，守门员会将人墙排成一条直线，设置在球与近门柱的连线上。然而，考虑到现代足球的球速加快和左右脚球员在不同角度踢任意球的更多不确定性，守门员需要在球与近门柱的连线外再多布置一名防守球员。

体能

从体能上来说，现代足球对守门员的要求与对外场球员的要求不同。与外场球员一样，守门员需要基本的有氧适能，但两者之间的动作和身体特征明显不同。

关于身高的争论

在考察守门员的身体素质时，没有什么比从身高开始检测更合适了。如果身高是守门员这一位置的重要因素，那么对青少年足球教练有什么影响呢？

我最近在与专业守门员教练罗布·帕克（Rob Parker）进行了交谈，他评论道："训练青少年守门员就如买彩票一样。对许多人来说，他们能否获得成功取决于他们能长多高以覆盖所要求的防守范围，同时他们的身体也要能够进行有效的移动。"

正如我们前几章讨论过的一样，足球界不再仅仅根据球员的体型和力量来判断和评估他们。那些从小就表现出这些身体特征的球员往往会脱颖而出，并且有成为最好球员的趋势。但是随着年龄的增长，当其他球员的身体条件开始与他们相当时，他们就开始失去优势。

基于守门员的身高和体型来衡量其能力和潜能这一点几乎没有变化。在职业比赛中，很少有守门员不是球队中个头最高的球员。下面的统计数据来自大卫·尼尔德的文章《守门员的平均身高》（*The Average Goalkeeper Height*）。

三大联赛的守门员平均身高

联赛	守门员的平均身高／米
英格兰足球超级联赛（英国）	1.92
西班牙足球甲级联赛（西班牙）	1.87
美国足球大联盟（美国）	1.89

国际足球历史和统计联合会（IFFHS）每年都会汇编一份全世界最佳球员名单。1987—2013 年最佳守门员得主，只有德国守门员安德烈亚斯·科普克（Andreas Köpke）和比利时守门员让 - 马里·普法夫（Jean-Marie Pfaff）身高低于 1.82 米。此外，下表显示的 2013 年五大守门员中，维克托·巴尔德斯在某种程度上是最矮的，但仍然有 1.83 米高。

IFFHS 2013 年世界最佳守门员

球员	身高／米
诺伊尔	1.93
布冯	1.91
切赫	1.97
库尔图瓦	1.98
巴尔德斯	1.83

守门员的体力消耗

2008 年，一项对 69 名英超守门员的研究发现，他们在 90 分钟的比赛中只平均运动大概 5.5 千米，其中超过 4 千米的路程是步行。从逻辑上讲，守门员的训练应符合守门员位置和比赛的要求，在进行守门员专项训练时应该包含密集的爆发力训练并有足够的休息时间。

任何观摩过守门员训练的人都知道，他们的训练中有相当多的身体素质训练。守门员在第一次飞扑落地后，不得不快速起身进行第二次扑救，这就意味着他们的力量、爆发力和核心稳定性需要不断地得到训练。因此，休息时间成为保证训练质量的关键。同样，记住前面章节所说青少年的无氧代谢供能系统还没有完全发育，而且他们会更快地感到疲惫，所以更短时间的爆发性动作和更少的重复，以及训练后更长的主动休息时间是很重要的。

除了力量、爆发力和核心稳定性，守门员也需要速度和敏捷。在前面的章节中，我们讨论过足球训练中速度、灵敏和快速反应能力的运用——其中的一些素质也是守门员必需的。尽管使用预先设置好的 SAQ训练是有价值的，安迪·埃尔雷仍认为"多方向的移动训练或加速训练更重要"，因为守门并不是在一条直线上进行。

沟通

人们通常根据守门员声音的大小和沟通能力来评判他们。教练对守门员有一个期望是"成为防守的眼睛、耳朵和嘴"［《给青少年守门员和教练的 5 个简单规则》（ *5 Simple Rules for Young Goalkeepers and Their Coaches* ）］。守门员在场上有位置优势，他们能够看到整个球场和场上形势，这可以帮助他们理解比赛，并预测比赛的发展趋势。守门员统治他的禁区这个概念不仅仅源于他的"地位"和风度，也源于他在言语上的支配能力。这可能是提醒队友附近有危险的对方球员、组织队形前压、在定位球防守时组织队友站位或要球等。（"足球看守人！"）

我的一位前同事在培养青少年守门员沟通能力方面很出色。在比赛情况下，他要求守门员从一开始就说话，不管他们最初说的什么，只是让他们习惯自己的声音。随着他们长大和进步，他会开始要求守门员使用更简洁和准确的信息。

青少年守门员

一个想成为守门员的小孩，是特别天真和感人的。与大多数 8 岁的孩子不同，他不渴望进球，也不渴望在众多防守队员中带球突破。他想阻止进球，想成为最后一道防线，像他们的偶像蒂姆·霍华德或伊戈尔·卡西利亚斯一样，跳起、飞扑，然后与绿茵场相吻。

与其他的青少年足球运动员的发展一样，青少年守门员也会经历年龄与发展的关系——长期发展。与外场球员一样，青少年守门员也会经历很多阶段，10 岁之前开始参与比赛和参加身体素质训练，经过学习的黄金时段和青春期的洗礼后，在青春期结束时进入技术精细化训练和阅读比赛阶段。

事实上，守门员的发展要比外场球员晚得多。例如，在足球的顶级联赛中，一个十几岁的守门员成为球队首发的情况是十分罕见的。守门员的职业生涯也更长，经常有 40 多岁的守门员还在参加职业比赛。在很多方面，青少年守门员在寻找职业比赛的机会时要更有耐心，并且愿意花时间在更有经验的守门员后做球队的第二守门员或第三守门员。掌控比赛要求守门员成熟，以及在逆境中保持精神上的坚强。

专业化

守门可以看作普通足球与其他运动的混合体。在这个位置上，手眼协调是守门员取得成功的必要条件。教练要鼓励青少年守门员去做各种基于手的运动，这会有利于守门员的长期发展。像手球、篮球和橄榄球这样的运动可以给守门员提供大量专门的手眼协调和接球训练，由于这些运动要求运动员在对抗中运用接球和掷球的技术动作，因而有助于守门员位置的强化训练。

将守门员融入球队训练

从球门保护者到进攻发起者，守门员的角色变得越发宽泛，所以青少年守门员要加深对其特殊位置的理解，提升其专业技术，这一点变得越发重要。

传统上，主教练在 3/4 的训练时间里会看着守门员和守门员教练在球场的角落进行练习，然后融入球队辅助外场球员进行一些射门训练，或者参加小场地比赛。这样的训练方式是不够好的。专业教练进行一对一的技术指导仍然是守门员发展的一个重要方面。毕竟，在球场上，守门员的位置是独一无二的，专注和专业的训练至关重要。

然而，现在的教练需要更有创造力，也要将守门员融入球队训练，他们毕竟是球队进攻的发起者。现代守门员可以作为一个传球选择帮助球队减少控球压力，同时拦截对方射门。因此，这对与守门员一起工作的教练来说意义重大。按照传统方法，教练对守门员进行手部技术和脚下技术的专门训练仍然很重要，一般情况不是通过一对一的训练或者小组训练来进行。④

现代守门员也必须注重外场球员那样的脚下技术训练。传球和接球练习尤其重要，同样重要的还有控球练习，目的是使球员的脚对球更有感觉，特别是青少年球员。

我最近与一个专业守门员教练交流，他强调了守门员和教练都面临新的压力。他解释道：

在过去的几年里，我们培养了许多进入一线队的守门员。我接收到的最常见的负面反馈都与守门员的脚下技术有关，以至于我们不得不重新编写训练课程。这种调整要保证以下两点：①提升守门员的脚下技术以避免来自上级的批评；②继续培养有优秀手上技术的守门员，建立脚下技术和手上技术之间的平衡也至关重要。

---

④ 关于一对一守门员训练的各种技术细节和练习课程，可以参考国际足联的守门员手册。这份 200 多页的文件包含了很多关于接球、扑球、击球和站位的技巧。

正因为这样，现在越来越多的专业守门员教练让他们的守门员积极地参与球队的训练，而不是始终进行一对一指导或小组训练。不同俱乐部的足球理念和教练组各有侧重，守门员用手传球和接球的比重各占一半。

让守门员参与控球也变得越发重要。那些"一人一球"的练习，可以演变成 1V1 的训练，可以促进髓鞘化过程，从而帮助守门员提升他们的步法；同时，鼓励他们在压力下，自信并习惯地将球控制在脚下，这样他们就能很从容地在前锋逼抢时表演克鲁伊夫转身。也许在他们的职业生涯中只需要表演几次这样的花式动作摆脱困境，但重要的是，他们处于困境时能够完成这样的动作。通过学习复杂的技术，他们在比赛中所做的常规动作就可以变成第二天性。

下面，我提供了许多训练，可以很容易地进行变化以满足守门员训练的需求。

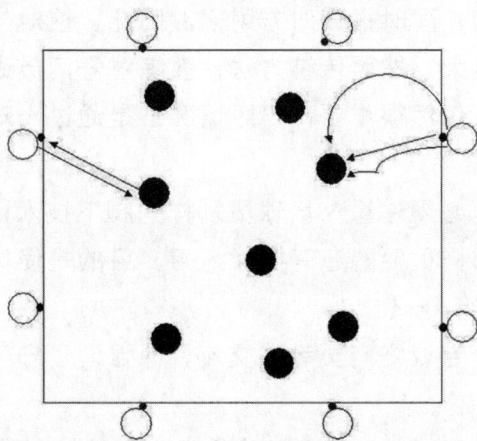

守门员技术练习

这个技术或者身体素质训练，也可以经过调整融入守门员的专门训练。守门员可以将球传给外场球员进行一脚或两脚传球、射门和头球等训练。要从不同角度给球，让守门员处理地滚球，腰部、胸部高度的球或接空中球，或是扑救和用拳击球。

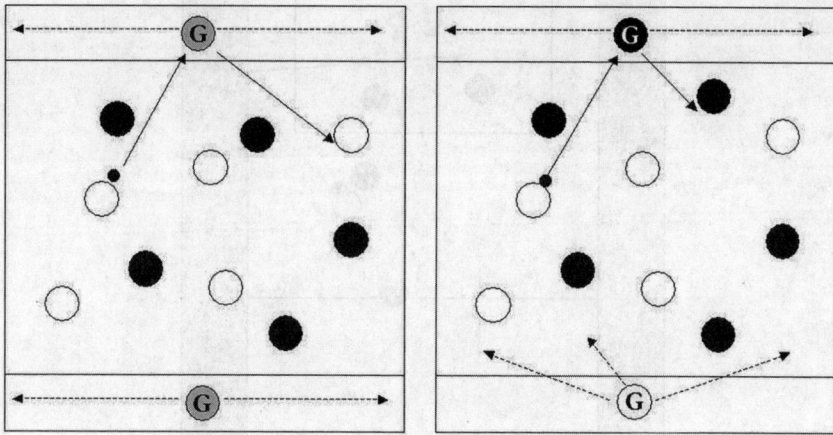

技能练习——通过手或脚进行

这个训练可以帮助外场球员和守门员提升控球能力。训练同样包括手上技术和脚下技术。

在第一轮对抗中，黑队对抗白队。他们试图通过传接球将球转移到守门员脚下或者手中来得分。守门员可以通过在禁区中移动来增强训练效果。一旦一方在一个方向的进攻中得分，他们就能控制球权并向另一个方向进攻。不是进攻方的守门员，可以作为一个选择来帮助球队控制球权，并加强进攻。

这个练习可以改变为一种多向的练习，只要让两名守门员分别归为白队和黑队即可。

球队一旦控球，鼓励守门员与队友一起参与进攻。

这可以帮助守门员在对抗中练习脚下技术，从而获得与外场球员竞争所需的技能。

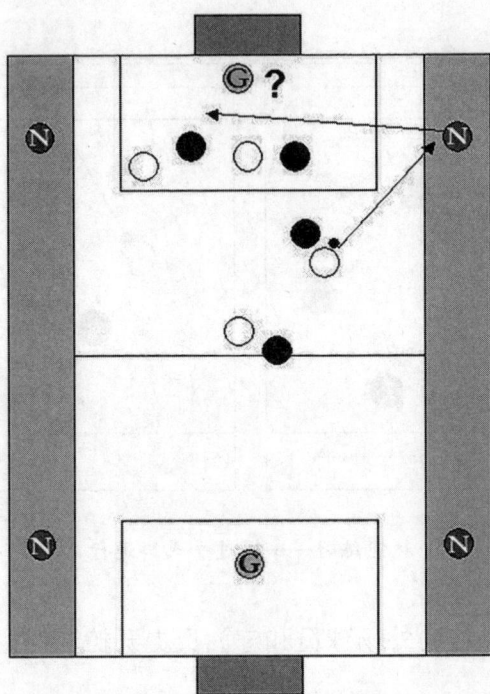

守门员面对边路传中的小场地比赛

这个小场地比赛也可以用于训练外场球员，但也要额外关注守门员。

4个中立球员被安排在外线，他们一旦获得球权，就将球传至禁区。混合中立球员的目的是，使传中既有内旋球又有外旋球。当然，这个课程可以训练边路球员的传中能力、前锋的射门能力，或者防守球员的防守能力。然而，这个训练的重点在于提高守门员在面对传中球时是选择接住还是击出的决策能力及技术能力。当然，这可能跟后卫与守门员的沟通技能相关联。

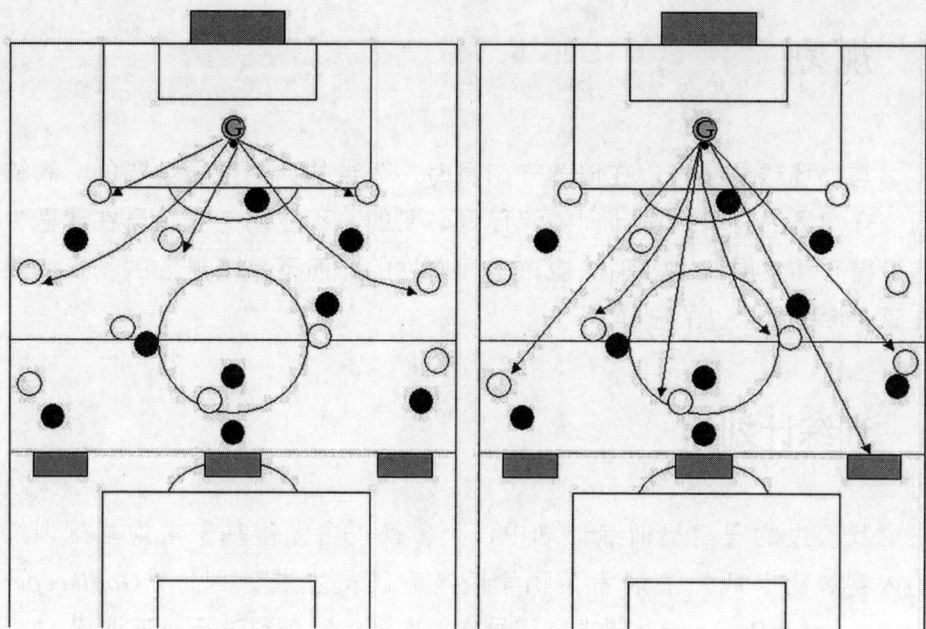

守门员发球训练

以上训练最好用于 14 岁以上的球员。在技术训练方面，这个课程可加以调整以适应更小的守门员，但是他们可能没有办法完全理解这种训练的战术要素。他们在生理上也不可能完成长传的技术要求。

在第一张图中，守门员正在考虑将球短传给四后卫还是后腰。守门员的决定会在很大程度上受对手的影响。传球的力量、方向和接球者移动中的技术要素都十分重要，在必要的时候，守门员接回传球也很重要。

第二张图显示了守门员进行更长距离的分球。相关的技术要求是针对更高级（年龄更大一点）的青少年守门员。同样，做出决策还是要基于对手的行动。如果守门员可以直接将球踢到危险区域，那么就会导致对手收缩阵型，这样就有更多的空间进行短传配合。因此，守门员需要考虑将球传到接球队员安全的一侧。

规 划

与外场球员一样，在培养守门员时，适当的计划是很重要的。教练围绕守门员的需求来设计训练课程是必要的，不应期待守门员在课程中随机提升和发展能力。训练应该是周期性的，而不是情景性的，正如我在第 8 章中讨论过的一样。

训练计划

我读过的守门员训练计划中，大多都包含大量基于常规基础训练的内容。唐卡斯特流浪者英语学院《守门员发展计划》（*Goalkeeper Development Program*）要求守门员在每次训练时都要进行以下训练：

（1）包含步法和熟悉球性的热身运动；

（2）尽可能多地触球；

（3）注意提升基本技术和技能；

（4）在比赛相关训练中，适当运用基本技术和技能；

（5）在课程结束时进行指导要点的总结；

（6）包含灵活性练习的放松运动。

训练大纲

下面是一份来自英冠俱乐部的适龄训练大纲，它标注了球员成长过程中要求的训练结果的发展变化。比如不能期望一个 6 岁的小孩拥有所有这些属性，但可以朝着这些属性进行逐步训练。

技术	5 ～ 11 岁
控球	能够在最多三脚触球的情况下控制好球
	惯用手和惯用脚技术娴熟
传球 / 分球	10 ～ 15 米短传球
	20 ～ 30 米球门球
	根据场区大小，用手抛球到中线
	用手抛高空球和地滚球
用手控球	站位
	W 和 M 手型
	直腿或屈腿接球
	将身体用作第二道防线
	身体前倾
	保护球
扑救	接两侧低平球
	接两侧半高球
	手保护球，头朝上
	快速决定是接球还是击出
	对高接抵挡的快速反应
	两侧中低高度的前扑球
接传中	自信的站姿
	空中接球
	跪下保护自己
	双腿并用
扑救射门	上前封堵
	基本角度
	扑救后的二次反应

续表

技术	5 ～ 11 岁
选位	与球保持合理的距离
	选位接回传球
	对手传中时的选位
防定位球	警惕
	起始位置
	沟通
步法	向前的步法训练
	组合步法训练
	交叉步
沟通	术语的基本运用

技术	12 ～ 16 岁
控球	全方位的技术训练
	两脚球以内处理回传球
	双脚控球
传球 / 分球	短传给后卫
	球门球到中线
	手抛球过中线
	处理凌空球
	低手抛球
	20 码以外的过肩手抛球
	掷标枪方式的手抛球
	抛球至接球队员身前
	球弹两下就能传给接球队员

续表

技术	12 ~ 16 岁
用手控球	W 和 M 手型
	手接球成功率达 60% ~ 75%
	接或扑的决策正确率 70% 以上
	一旦接球就充分利用
	双腿屈膝接球
	利用身体的某些部位作为第二道屏障
扑救	接两侧低平球
	接两侧半高球
	向前封堵，双手护球，跳起后头高过球
	挡或接的快速反应
	上前接中低射门的球
	发展卓越的手救球的能力
	接中等高度来球的成功率更高
	将球挡向安全区域
	接球后发起侵略性的进攻
	更快的节奏
接传中	侵略性进攻的起始位置
	主动进入传中线路
	抬高膝盖保护自己
	双脚起跳能力
	出击应对传中球时机的决策能力
	提升双拳击球的能力
	接传中球后的着地技术

技术	12 ~ 16 岁
扑救射门	上前封堵
	提高站位和封堵射门角度的能力
	对补射的反应
	将球击向安全区域
	近距离射门的快速反应
	1V1 的决策能力
选位	对方前锋、前卫或后卫控球时的选位调整能力
	理解后卫、守门员与球之间的联系
	帮助后卫回传并敢于主动要球
定位球防守	根据球的位置选择正确的起始位置
	提高警惕，观察周围的情况
	向队友提供相关信息
	掌控并展示领袖气质
	充分意识到人盯人或区域防守时队友的职责
	决策能力
	组织排人墙
步法	巩固并提高 12 岁之前开始的步法练习
沟通	在正确的语境下使用术语的高级用法

结论

自从 1990 年以来，守门员的角色已发生巨大的改变，因而他们的训练也要改革。守门员训练不仅不能丢弃传统的一对一技术训练、拦截射门和位置技术等，还要提高脚下的控球能力和传接球能力。

就像在本章开头鲁本·斯特克伦博格所说的那样，当代的教练应该给守门员设置更高的标准，而不仅仅是站在门线上扑救。青少年守门员需要进行专门的训练，也可以参与球队的合练。

FIFA 守门员青训模板的 10 条训练原则也正好是我们文章中所一直强调的：

（1）设计训练时把守门员的训练项目也加进去；

（2）在对守门员进行专项训练时，设定具体的目标；

（3）让守门员自主决策；

（4）给守门员机会训练专项技术和提高对比赛的理解；

（5）确保训练要求符合实际；

（6）确保守门员时刻积极参与，而不是被动接受；

（7）锻炼守门员的沟通能力，让他们和其他队员建立联系；

（8）给守门员专门的技术训练，就像对其他位置的球员一样；

（9）设计针对性的训练；

（10）信任他们，宽容他们的失误。

一名球员在多大年龄适合做守门员这个问题是有争议的，因为会有很多因素影响他的位置选择。比如说，在 8 岁的球员中选出个头最高的当守门员是很容易的，但最后他在身体和心理上是否达到守门员的标准我们就不得而知了。

越来越多的人认为，在球员青春期之前，球队不应设置固定的守门员，而要让球员们轮换去适应这个位置，从而帮助他们实现全面发展。无论怎样，我们都需要确保守门员在技术上像外场球员一样得到发展，这样他们可以首先作为一名足球运动员参赛，然后再去满足他们是作为第一道进攻线还是最后一道防线的战术要求。

摘要

- 自从 1992 年引入禁止回传球规则后，守门员的角色发生了一系列改变。
- 数据证明，现代守门员用脚触球的机会比用手多。
- 青少年守门员需要建立长远发展目标。
- 在心理方面，守门员需要有坚强的意志和从挫折中快速恢复的能力，这需要教练员的协助。
- 在技术方面，守门员的脚下技术应该与用手控球技术一样好。
- 在战术方面，守门员是最后一条防线，也是组织进攻的第一个环节。
- 虽然有一些特例，但守门员的身高都在 1.82 米以上，所以教练在遴选守门员时要考虑身高因素。
- 其他能锻炼手和手眼协调的运动项目对守门员的发展也有帮助。
- 让守门员参与全队训练非常重要。
- 让守门员参与全队训练，需要有短期、中期和长期的训练计划。
- 对于青少年守门员的要求不宜过高，不应与成年人一个标准。

真实执教经历

是守门员还是中场球员？

（格雷格，欧足联 A 级守门员教练，英国独立学院 U16 教练）

　　我一直执教英国独立学院 U16 队的守门员，我知道守门员在组织比赛中的重要性。这是我第一次看到这样的守门员——与我在英超水晶宫青年队时的那些精英球员在内的球员相比，他的出球能力像一名中场球员。

　　他能双脚踢球，手抛球能力也非常强。最让我印象深刻的是，他的传球成功率总是超过 90%。另外一点就是，他有很好的传球决策能力，能将球传给位置合适的队友而不轻易丢球。

　　我与他交谈过后才发现，他在 14 岁以前除了是守门员还踢过中场。

　　我相信，伴随着足球运动的发展，未来的守门员需要这些技能，并且应该像场上其他球员那样加入到青少年发展计划。这就需要守门员加强各种传球练习（包括有对抗的和无对抗的），还有和比赛相关的决策训练。技术型的守门员越来越多，如范德萨、雷纳和巴尔德斯等。

　　我永远不会忘记这个守门员，他就是我要培养的守门员模板。

13

天才球员的识别与评估

我记得有人对莱恩·基德（当时青年队的教练）说："斯科尔斯16岁了，他在一场比赛中只能踢20分钟。他身材矮小，不能跑，还患有哮喘，真是一点儿优点、一点儿力量、一点儿运动能力都没有。你只是找了一个令人讨厌的侏儒罢了。"基德回敬道："你会后悔说这句话的。"斯科尔斯如果在一家小俱乐部踢球，也许会被解雇，从此再也踢不上比赛了。但是我们会一如既往地支持斯科尔斯，支持这个了不起的技巧大师。

——亚历克斯·弗格森爵士对曼联前中场大将保罗·斯科尔斯的评价

在第 1 章中,我们讨论了"不惜一切代价赢球"这种想法在青少年足球中的坏处。我们注意到,在球员青少年时期,单纯地强调赢球意味着球员的长期发展会遭到忽视。

再回到这一点上来,如果我说教练在观察和挑选球员的方式上都存在着严重瑕疵,而且这种瑕疵是普遍存在而并非仅限于地方层面,并且这都是因为球员的出生日期,你会怎么想?

相对年龄效应

我们必须注意到,在英格兰,为了确保足球运动中年龄组别的明确性,足球年龄组别的划分与上学年级划分的方法一致。因此,球员按年龄分组是基于该年 9 月至次年 8 月,而在国际比赛中,球员按日历年分组,从 1 月到 12 月。

出生偏见,或"相对年龄效应",是基于球员的出生日期,并在年龄组别划分的界点产生的。例如,使用日历年分法,你可能会让 1 月份出生的球员与 12 月份出生的球员在同一年龄组别竞争。同一年中,出生在 1 月的人通常会比 12 月出生的人更早被选中,因为他在身体、情感和社交方面都更成熟。这就是相对年龄的影响。我已经和一些家长进行了几次谈话,他们都积极地想要在足球年龄组别划分的早些时候生一个孩子!

让我们从一个故事开始,看看相对年龄效应对足球运动员的影响。

相对年龄效应的实际影响

在运行一个旨在让前足球学院青训球员重返职业比赛的足球项目时，我安排他们与当地职业球队进行了一场比赛。大多数球员的年龄都在 16 岁以下。有些人起步较晚，因此年龄稍大；有些是表现出色的青少年球员。我毫不掩饰地告诉大家，尽管他们正在接受评估以确定是否适合加入这个项目，但个人出色表现的潜力也可能引起职业球队的注意。

在上半场接近尾声时，对方的一名工作人员告诉我他对我球队中的一名中后卫特别感兴趣。紧接着他开始问一些常见的问题：他有什么背景？他的性格如何？他住在哪儿？你认为他能在更高水平的比赛上踢球吗？

然而，这个男孩并不是 U16 球员，而是 U17 球员。这名职业队的工作人员一听，顿时兴味索然。确实是一点也不感兴趣了，因为他没再和我讨论下去。这名球员的出生日期是 8 月 28 日，就因为早出生了 4 天而导致他不是 U16 球员，而 U16 是职业队工作人员们正在寻找的年龄组别。4 天！可怜的 4 天剥夺了那孩子进入职业俱乐部的机会。如果他是几天后出生的，他就有机会了。

你可能认为上面的故事发生在局部，只是某个教练的个人意见和心胸狭隘阻碍了一个明显有天赋的球员的道路，只是他一个人站在分界线的错误一侧。然而，这种例子不胜枚举。

精英足球中的相对年龄效应

以下数据来自 2009 年 5 月对英超联赛俱乐部青训学院近 2500 名球员的统计，据称他们是这个国家最优秀的青少年球员。研究表明，超过一半的球员出生在 9 月～12 月，其中 57% 的球员出生在一年中的这 4 个月，只有 14% 的球员是夏季出生的。我在与当地学院一名工作人员讨论时发现，9 月～12 月出生的男孩与其他月份出生的男孩之间存在"五五开"的情况。

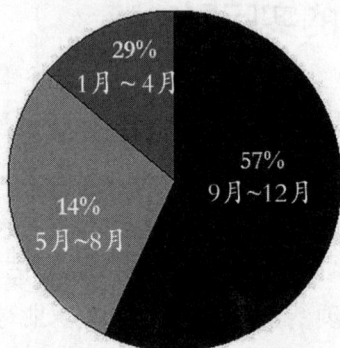

英超青训学院的出生偏见

　　上述数据取自英格兰足球总会青少年与迷你足球发展经理尼克·莱维特（Nick Levett）的报告。他的报告还概述了一个相同的趋势，这个趋势广泛存在于英国各级别的地区非职业青少年足球中。大约有 50% 的球员出生于 9 月～ 12 月。在一个 U13 联赛中，有 41% 的球员出生于 9 月～ 11 月。

　　这些统计数据告诉我们，从始至终，我们都是在根据身材来挑选球员，放弃了那些有天赋却未表现出来的球员。

欧洲足球的相对年龄效应

球队	一月	二月	三月	四月	五月	六月	七月	八月	九月	十月	十一月	十二月	第一季度	第四季度
英格兰队	21	15	11	5	5	3	4	6	8	8	5	3	50%	17%
西班牙队	8	4	6	11	7	4	4	1	0	2	2	1	36%	10%
德国队	18	17	17	6	13	9	7	9	7	5	2	0	50%	4%
法国队	9	3	6	5	5	3	4	0	0	4	1	1	44%	14%
意大利队	14	12	10	7	6	5	6	9	5	1	0	2	47%	4%
荷兰队	14	5	11	6	8	7	1	12	14	6	5	2	37%	16%
葡萄牙队	8	15	10	13	9	3	1	5	3	2	3	0	37%	7%
瑞典队	6	8	10	5	7	4	4	1	9	2	2	1	47%	3%
丹麦队	14	10	9	4	15	10	7	7	6	6	0	2	37%	9%
比利时队	15	10	12	13	9	10	4	5	3	3	3	4	37%	10%
合计	16%	14%	12%	10%	11%	7%	6%	7%	6%	5%	3%	2%	43%	9%

　　上面的数据取自于 2005 年 Beautiful Game 网站公布的对各国家队的研究。如果你随机选择 100 个人，即使他们有很多共同点，你也会认为他们在一年中的四个季度的出生分布不会偏离 25% 太远。然而，如果仔细研究上表的最后两列就会发现，欧洲国家队的队员出生在第一季度的数量至少有 37%，在英格兰和德国的国家队中有一半的球员是在自然年的第一季度出生的。在上面提到的国家中，没有任何一个国家（顺便说一句，欧洲最发达的足球国家）最后一季度的数据接近 25%。

　　下表中的内容来自史蒂夫·劳伦斯（Steve Laurence），他是维基百科的一位关于相对年龄效应的作者。它显示了欧足联国际赛事的年龄分布（白色）与同期正常出生人口的比例（黑色）。我们再次看到，前 4 个月出生的球员比例过高，最后 4 个月的球员代表比例较低。

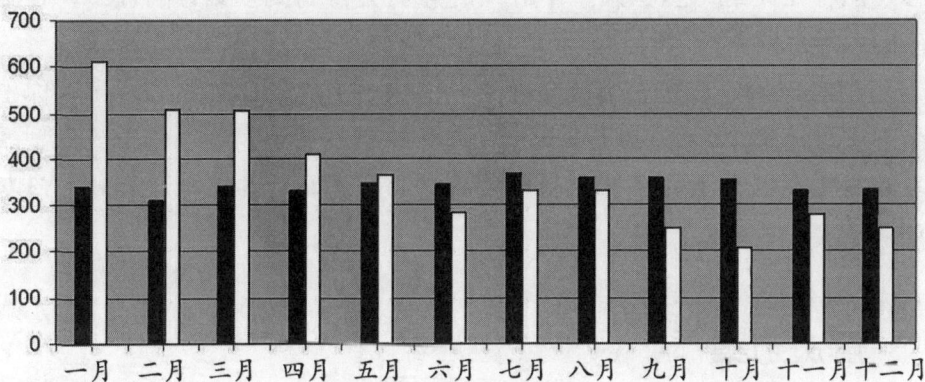

2010—2011 年度欧足联 U17、U19 和 U21 锦标赛球员的出生分布情况

　　相对年龄效应不仅仅是欧洲的问题，世界各地都有在线研究。基于这种偏见挑选青少年球员的事实在全世界普遍存在。2005 年，墨西哥赢得了 FIFA U17 世界杯，在他们 20 人的阵容中，19 人出生在该参赛年龄组的前 6 个月，而没有一个球员是在最后 3 个月里出生的。在同一场比赛中，巴西队也只有一名球员是在最后 3 个月出生的。

是金子总会发光

有些人会以哈维·阿隆索（Xabi Alonso）为例（11 月出生）来佐证"是金子总会发光"这一道理。如果球员足够优秀，那么没有什么可以阻止他们达到巅峰状态。然而，如果他们在比赛开始前就不参与这个过程，金子是无法发光的。罗伯特·霍恩（Robert Horn）和米歇尔·奥库村（Michelle Okumura）在他们的文章《是时候消除美国足球中的相对年龄效应了》（*It's Time to Eliminate the Relative Age Effect in American Soccer*）中阐述了这一点。这篇文章提到，年龄在 5 ～ 10 岁的球员，大一点的球员通常体型更大，经验更丰富，在 70％～ 80％的测试中会成功，而比他们年龄更小的对手在 70％～ 80％的测试中会失败。随着时间的推移，这种差距进一步拉大。年龄大的球员会得到更多更好的训练，在更高的水平上踢更长的时间，而年龄小的球员则有可能退出这项运动。

相对年龄效应是一个社会现象，取决于人为的年龄划分。无论你出生在 1 月还是 12 月，都不会影响由基因决定的最终身高、体重或体型。**当相隔几个月出生的球员互相比较并以此为基础对其进行评判时，问题就来了。**

解决方案

引用研究结果是可以的，但是有解决方案的话会更好。作为一名孤独的教练，你可能会觉得一个世界性的足球问题太大了，你无法独自挑战，但是你可以影响它。

教练可以从知道球员的生日开始。如果我们经常根据球员的技术能力、战术头脑和身体素质等衡量他们，我们当然也可以根据球员的表现来考虑他们的相对年龄。如果不了解球队内部的年龄差距，你很有可能会衡量两个生日相差 12 个月的球员之间的差距。在《金矿效应》（*The Gold Mine Effect*）一书中，拉斯穆斯·安克尔森（Rasmus Ankersen）认为："在同一年出生的孩子之间，可能存在多达三年的发育差异。"安克尔森接着分析了一个身体发育良好的 11 岁孩子如何表现出一个"普通"的 14 岁孩子的特点，而一个发育较晚的 17 岁球员也会看起像一个 14 岁的"普通"球员。

通过了解球员相对年龄的影响，你也许不会那么快地放弃你手下的那些年底出生的小球员。他现在有可能正在比赛中挣扎，但只要给他时间和耐心，他就可以开始影响比赛。你可以让一个晚发育的球员花一些时间在低一个年龄组别里比赛，或者让一个早发育的球员在高一个年龄组别里锻炼。

这又把我们拉回第 1 章。我们在第 1 章中主张青少年足球的比赛结果对于球员发展来讲是次要的。你是否愿意将球员的长远发展置于球队短暂的结果之上？如果愿意，请证明！所有的教练都声称了解他们的球员——现在是检验一下的时候了。球员可能只是需要更多的时间。

那些出生晚的球员要想赶上出生早的球员，如果他们不惧高辍学率而仍然想参与这项运动，那可能要等到 20 出头。史蒂夫·劳伦斯（Steve Lawrence）举出加雷斯·贝尔（Gareth Bale）和安德罗斯·汤森德（Andros Townsend）的例子，他们都是直到成年才有所成就，并最终"赶上"比他们大的球员。

托特纳姆热刺足球俱乐部

有趣的是，劳伦斯提到的英格兰队和托特纳姆热刺队的边锋安德罗斯·汤森德（Andros Townsend）似乎是在 2013 年突然冒出来的，就像从天而降一样。在本章末尾的"真实执教经历"部分，我们将看到英超阿森纳青训学院在相对年龄效应方面的实践。

《卫报》（Guardian）对托特纳姆热刺青训学院经理约翰·麦克德莫特（John McDermott）的采访报道公布了俱乐部应对相对年龄影响的一些技巧。该俱乐部不会根据球员的足球年龄来划分球员，而是根据他们的实际年龄（7 岁、8 岁、9 岁和 10 岁）来划分。一旦到了生日，他们就会升入高一级的年龄组，让球员体验他们在上下组别中作为年龄最小和最大球员的不同感受。

麦克德莫特还提到，球员一旦进入托特纳姆热刺队的成年球员排名，就会使用租借制度，他提到了8个名字[包括汤森德和一线队球员凯尔·沃克（Kyle Walker）和丹尼·罗斯（Danny Rose）]，他们都是夏天出生的。青少年球员利用租借制度可以获得经验，并有机会学习他们在成人足球方面的技能，但级别较低。这让球员有了至关重要的额外时间来发展自己并在比赛中保持，直到20岁出头。

天才挑选者还是天才识别者

在 www.soccerwire.com 网站上，作家约翰·奥沙利文（John O'sullivan）写了一篇非常有趣的文章。他提出了一个问题：足球运动中的青年队教练是"天才挑选者"还是"天才识别者"？他用了一段非常发人深省的话来定义这两个概念：

天才挑选是选择一些目前有能力参赛且在不久的将来有卓越表现的球员。而天才识别是通过对当前球员的身体素质、技术能力、战术意识和心理素质进行评估以预测球员的未来表现。天才挑选非常简单，而天才识别则是一门艺术。前一种得到的是眼前的胜利，后一种则是培养精英球员，打造未来的常胜之师。

奥沙利文再次指出，那些属于"挑选天才"类的教练根据体型、力量和速度来选择球员，因此发育较晚的球员又一次被抛在一边。然后，他展示的一项统计数据显示，70%的儿童在进入青少年时期就离开了有组织的体育活动。这浪费了大量的人才。

然而，那些属于"天才识别"类的青少年足球教练则有着更长远的眼光，他们努力分析青少年球员身上未挖掘出来的潜力。在德国足协的人才发展文件中，这被称为"长期培训"。这种识别需要更多的技巧、时间、努力和远见，然而这是值得的。

球探是一个有思想的人，他去看比赛，试图找到隐藏的宝石——那些其他人看不到的有天赋的球员。球探发现大多数人看不到的东西是可能的，但并不容易。设想一下，在一个小小的运动场上，一个 12 岁球员的能力最为突出，他使人很难关注其他同龄球员。若教练只关注他，然后选择了他，那么这个教练很难发现其他球员存在的特殊潜力，因为这需要长远的眼光。本章末尾的"真实执教经历"部分展示了这一观点如何对一名青少年球员产生潜在的改变其人生的影响。

　　那些目光短浅的球探、教练和选拔人员可能会忽略其他人的潜力。例如，一个 10 岁的孩子可能有很好的空间感，或者有聪明的、创造性的思维方式，但由于他的身体能力还不能完全胜任比赛，他的优势并没有显现出来。如果教练着眼长远，进一步挖掘球员的潜力，他也许能够超越最初的表现。因此，在某种程度上，挑选者的"眼睛"既能发现潜力，又能忽略潜力。

识别潜力

　　正如本书经常提到的，足球是一种不断变化、快速发展的运动，它的重要性似乎在不断增长，这使潜力识别变得困难。在《体育人才——如何识别和培养优秀运动员》（*Sport Talent—How to Identify and Develop Outstanding Athletes*）一书中，吉姆·布朗（Jim Brown）引用了前美国青少年足球教练教育主任汤姆·哈特（Tom Hart）和美国国家队教练戴夫·西米奥纳（Dave Simeona）的话，概括了早期衡量足球人才的两个困难，反映了比赛的不可预测性：

　　（1）足球是一种发展的运动，而且是不断变化的。一名球员的潜力可能会在几年内发生变化，甚至在不同的比赛中也会发生变化。哈特也承认相对年龄效应的缺陷。

　　（2）那些衡量天赋的人可能没有客观或预见性来准确预测青少年球员的潜力。

　　尽管布朗提供了有用的信息，并承认了相对年龄的影响，但当他坚持认为"任何年龄"的身体因素都是足球天赋的第一指标时，我的心一沉。

我们现在把这个问题弄清楚。如果我们根据"一名球员能跑多快,能跳多高,反应多快,有多强壮"来衡量青少年球员的天赋,我们将面临相对年龄效应产生的影响,并有可能失去 75% 的人才,球员的这些天赋需要被教练发掘,而不是淘汰。

识别球员潜力的方法与我们在前几章中谈到的长期发展相同。我们可以将技术、战术、心理和生活方式方面的考虑作为识别过程的基础,认识到所有因素都是必要的,并且可以在此基础上加以改进。

你找不到一个已经是"最终产品"的青少年球员。如果他是,那他就已经是超级球星了。教练的责任不是抱怨球员的不足,而是和球员一起努力让他发挥出最好的一面。

如前所述,著名的阿贾克斯青训学院采用 TIPS 模式,即技术、洞察力、个性和速度。在这个水平上识别球员时,球员必须具备这 4 种素质中的 3 种。不过,从逻辑上讲,解雇一个有技术、洞察力和个性但没有速度的球员显然是愚蠢的,同样的道理,解雇一个有技术、个性和速度而没有洞察力的球员,显然也是愚蠢的。

下面是英国一所学院采用的一种简单却有效的物色球员的方法。这一模式将著名的阿贾克斯模型改编成为"SPIT"(速度、个性、洞察力和技术)评估模型。同样,球员必须达到四项标准中的 3 项。

学院 SPIT 评估

	不及格	及格	中等	良好	优秀
速度					
个性					
洞察力					
技术					
评论:					
建议	A	B	C	D	
	提供试训	发展中心	跟踪观察	不符合标准	

评估球员

在这一部分，我们将看看教练是如何评估球员的，如何向球员提供表现反馈的——他们的优势、需要改进的地方，以及为他们设定的目标。我们将按照惯例通过职业学院计划的例子来介绍。然而，在我们开始之前，我必须要先声明一下：教练在正式评估球员时要非常小心谨慎，尤其是在球员小的时候。

在这个过程中，教练、球员到家长都倾向于把注意力集中在消极方面。回想一下你的学校成绩单——人们会把重点直接放在"F"（不及格），而不是"A"（优秀）上。使用下面的方法来仔细选择你的评估模式，使它们适合于与你一起工作的球员。

形成性评估

如果形成性评估是你计划的一部分，你可以用两种方式定期评价球员，如果忽视其中任意一个，则会留下发展方面的差距和疑问。这些经常用于教育的评估类型，也可应用于足球。

教练们最熟悉的评估形式是在整个赛季中定期提供非正式的反馈——这就是教育中的**形成性评估**。评估结果是在比赛结束时形成的，且在后续训练中得到加强。这种形成性评估是很重要的，因为它为球员提供了频繁的反馈和近期的发展重点。

然而，反馈往往会被滥用。教练可能过于热衷提供反馈，或者在不同比赛以及比赛的不同阶段改变反馈的焦点。由于这种反馈是非正式的和没有记录的，球员（特别是青少年球员）可能不能完全正确地吸收信息，也可能是他们忘记了。教练提供这种类型的反馈时，要确保有据可循，并且包含了经过加工的、帮助球员改进的方法。

总结性评估

总结性评估是一个更为正式的过程，这些评估有指定的时间。职业青训学院会记录评估结果，用来跟踪球员的长期发展。这些评估通常每6周或每12周举行一次。球员得到的定期形成性反馈必须以正式的评估呈现出来——不应该有任何令人惊讶的地方！我的一位老教练坚持认为，无论如何，在评估之夜都不应该出现任何"新"东西——球员和家长应该已经通过形成性反馈掌握了他们的进步。

如果涉及批评，就可能出现问题。为了避免与家长发生任何潜在的冲突，教练要确保家长及时了解孩子在足球方面的进步，避免再次提出批评，并确保将负面评论作为"需要改进的地方"而不是"缺点"。重要的是，一个好的教练会给球员提供线索或方法来提高某一方面的能力。如果提出批评，那么你要确保同时提出了潜在的解决方案。他们如果只是不同意你的观点，那是一个看法不同的问题，而你必须是一个公正的、知识渊博的教练。

如何设计球员评估

总结性评估最大的问题之一就是如何实施。我看过很多总结性评估文件，它们都是*建立在球员长期发展基础上的*，并给予技术、战术、身体、心理和社交5个方面的反馈（尽管社交仍未得到重视）。然而，俱乐部如何安排和利用这些评估都略有不同。有些俱乐部试图对球员的表现给出具体的、量化的"分数"，有些俱乐部则采用叙述性的方式，还有一些俱乐部则试图两者兼有。

量化评估

我并不完全相信足球中的量化赋分。你们可能玩过足球经理模拟游戏，也熟悉游戏界面的球员信息列表，在那里，每名球员属性都会得到20分的赋分。如果不参考对比赛不同的描述，我们可以假设梅西的带球得分是20分，但头球得分可能只有7分或8分。

在学校里，根据你做对的题的多少，你会获得 A 或 B 的成绩。但是什么决定了你在运球、射门和防守方面的成绩是"A"呢？如果11号球员是队里最好的运球队员，那么他就因此称得上"A"级球员吗？还是说克里斯蒂亚诺·罗纳尔多是"A"级球员，并以此来衡量其他球员吗？也许我们应该在地区或国家范围内用某个年龄段的最佳球员来衡量。此外，如果 U12 球员被评为"A"级，那么他有什么动力去提高呢？如果他在 U13 得了"B"级，这是否意味着他退步了？如果你决定使用这种基于分数的量化评估，你要确保每个人（包括教练、球员和家长），了解衡量的标准是什么。同样，让我们面对现实吧，这些分数通常是客观的，而且可能会因观点的不同而不同。

青训学院量化评估

1分 =优秀　2分 =良好　3分 =合格　4分 =需要提高　5分 =需要努力改进

身体素质	得分	技术素养	得分
力量		短传	
爆发力		长传	
速度		防守——个人	
敏捷性		防守——团队	
有氧耐力		传中	
心理素养		**头球进攻**	
自信		沟通与交流	
专注力		运控球	

续表

心理素养		头球进攻	
责任感		带球跑	
决断力		无球跑动	
意志力		射门	
战术素养		表现	
对不同比赛时刻的认识		训练表现	
适应不同比赛阵型的能力		比赛表现	
改进的地方 / 目标			
（1）			
（2）			
（3）			

叙述性评估

叙述性评估较少关注假设性地给球员打分，而是以叙述或对话的方式提供信息。我看了和写了一些文章，其中有大量关于球员的实力和需要改进方面的细节叙述。在这种情况下，很重要的一点是要有重点。我见过一些叙述性评估，很简洁，很有意义。没有分数，没有很长的段落，只有关于球员完善自身需要做什么之类的信息，见下表的案例。

青训学院叙述性评估

技术	尝试提高两只脚的接球能力
	尝试提高传球能力

续表

战术	在何处以及如何有效地提供支持
	想着怎么给队友创造空间
体能	继续发展敏捷性、平衡性和协调性
心理	对你即将踢的场上位置做好充分准备
社交	在每一场比赛或训练中给队友 5 个积极的评价

量化评估与叙述性评估相结合

大多数青训学院都使用了量化评估和叙述性评估相结合的方法。这既将分数作为参考点，又结合了具体情境对分数、参考点进行详细说明。下面是一份某英冠联赛俱乐部青训学院使用的守门员专用评估表。

青训学院守门员评估模板

0 分 =未记录　1 分 =不及格　2 分 =及格　3 分 =良好　4 分 =非常好　5=分优秀

身体素质	评价	评分等级 1 ～ 5
身高		
快速移动		
敏捷性		
仪态		
力量 / 爆发力（应对定位球和传中球的身体对抗）		
技术		**评分等级 1 ～ 5**
基本处理球能力		
扑接射门——左侧		
扑接射门——右侧		

技术		评分等级 1 ~ 5
拳击球		
左脚或右脚脚法		
处理回传球		
短传		
长传		
短距离手抛球		
长距离手抛球		
心理		评分等级 1 ~ 5
专注力		
沉着镇静		
勇气		
失误后的表现		
决策		评分等级 1 ~ 5
传中球：接球 / 击出		
球在后卫和守门员之间		
射门：接球和破坏球的时机		
理解力		评分等级 1 ~ 5
沟通交流		
支援		
组织		

以球员为中心的评估

任何青训学院的足球运动员都会说评估时很紧张。在很多时候，球员在评估后会被俱乐部解雇，或被暂时保留一两个赛季。因此，教练需要处理大量的敏感信息。我推荐所有参与其中的人读一读克里斯·格林（Chris Green）的《每个男孩的梦想》（*Every Boy's Dream*），它记录了一些球员被交易的恐怖故事，其中说到有一名教练傲慢地把解雇球员称为把他们扔进垃圾箱。

一个更加以球员为中心的评估方式就是让他们参与进来。

教育专家普遍推荐自我评估。教练指导青少年球员进行自评非常有好处，因为他们可以自己评价自己而不是让别人来评价。教练可以鼓励他们把重点放在自己的强项上，这样他们报告中的"A"（优秀）就比"F"（不及格）更重要。**踢足球是孩子们热爱的一项运动，没有哪个孩子愿意听别人说自己在这项运动上是失败的。**

自我评估是一个自我学习的过程，它让球员自己分析自己的进步，这是提高球员理解力的一个方式。球员通过批判性地评价自己的表现，也能够使教练更好地洞察他们的想法，维护他们的自信与自尊。一些球员对自己非常苛刻，另一些球员则对自己很宽容。然而，要指出的是，他们的分数应该是公正的——这是一种观点，就像教练有自己的观点一样。

评估圆盘

当球员进行自我评估时，或者教练确实想用另一种更直观的方式向他们提供反馈时，使用评估圆盘（如 338 页图所示）可能会很有用。这个圆盘可以根据不同考核点的得分（满分 10 分）来着色。这个圆盘的一部分会被上色到一个高分，例如 9 分、10 分；也有一些 1 ~ 3 分的低分，另一些则是比较中等的评价。这个结果清晰地表明了一个球员的能力和发展空间。

评估圆盘可以用在很多地方。例如，5 个分开的评价圆盘，每个部分代替对应的能力：技术、战术、身体、社交和心理。下面的评价圆盘取自 The Sport in Mind 网站，它完全是基于心理方面的评价。

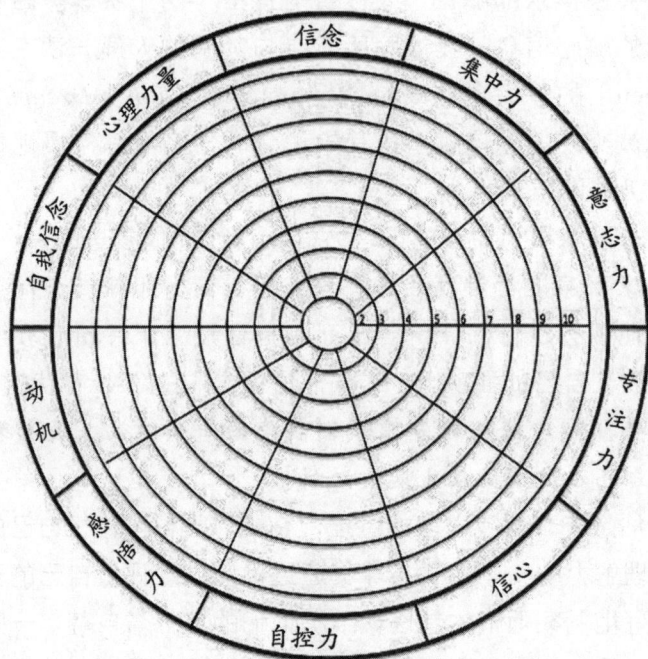

自我评估圆盘示例——心理和情感

或者，如果你想要评估一个特定的焦点，一个圆盘可以只包含两个更重要的特征，这些特征可以在每个部分中表示出来，每个部分来自 5 个领域中的一个。

同伴评估

对球员和教练来说，同伴评估也是一个非常有用的方法。我们之前提到了同龄人对青少年球员的影响以及朋友们的意见的分量。在这个过程中，教练的公正以及更多的分析输入与控制对同伴评估的有效性非常重要。下面的评估表是一种量化评估，包括同伴评估和自我评估。被评价的球员是某青训学院的一名 17 岁的左后卫。

包含自我评估和同伴评估的评估模板

技术	球员	同伴	教练
接球	C	B	B
短传	B	B	B
长传	A	B	A
控球	C	C	B
运球	C	D	C
射门	B	C	B
带球跑	B	D	B
头球	B	C	B-C
拦截球	D	C	C
团队合作			
职业精神	B	B	B
工作效率	B	C	B
位置意识	B	B	B
进攻能力	B	B	B
防守能力	C	C	C
心理			
责任感	B	B	A
自信心	C	B	A
专注力	B	C	B
沟通交流	B	C	B
情绪控制	B	C	A
决策过程	B	C	A
学习意愿	A	B	A

A=优秀 B=良好 C=满意 D=需要提高

结论

为了发挥青少年发展教练的作用，我们需要把重点放在球员长期发展的过程上。我们不应该为了追求立竿见影的效果而选择那些年龄较大、身体素质较好的球员，而应该成为"天才识别者"而不是"天才挑选者"。正如安克尔森所描述的那样，天赋不是"静态的"，也不是"你有或者没有"的东西。天赋是流动的、变化的，这在很大程度上取决于孩子的发展，以及他周围人和事的影响。足球教练在人才培养和指导中发挥着巨大的作用。正如英足总的尼克·莱维特（Nick Levett）所言，"人才识别关乎未来，而不是今天"。

球员发展是一个长期的过程。有大量的数据证明，人们普遍倾向于选择同一年龄段里更早出生的球员。一旦球员成为你所负责的足球发展项目的一部分，使用考查、评估和目标设置对帮助他们发挥潜力很重要。让家长参与这个过程而不是置身事外也很重要。在下一章，我们将更深入地探讨如何理解教练和家长之间普遍存在的紧张关系。

摘要

· 根据身体特征挑选球员会导致对同一年早些时候出生的球员产生偏见。

· 来自足球界的资料显示，相对年龄效应的影响是很普遍的。

· 相对年龄效应是一种社会结构而不是一种生理结构，只有当对球员进行比较并以此为基础进行判断时才会产生影响。

· 同一年出生的儿童之间的发育差异可能高达 3 年。

· 据统计，一年中更早出生的孩子个头更大、体重更重、速度更快。

· 要给晚出生的球员时间、耐心和机会，阻止他们过早地退出足球运动。

· 你是一个"天才识别者"还是"天才挑选者"。

·你找不到一个已经是最终产品的青少年足球运动员。

·用长期发展模式来评估球员。

·评估球员的时候要谨慎，特别是对青少年球员。

·在足球运动中，球员的反馈以形成性和总结性的方式给出。

·正式的球员评估倾向于将量化评估、叙述性评估和目标相结合。

·评估圆盘是提供反馈的一种更直观的方法。

·自我评估和同伴评估可以使评估更加以球员为中心，并增加批判性思维。

·没有一个喜欢踢足球的孩子希望别人说他踢球不行。

真实执教经历

给小球员一个机会

（丹巴顿，U13教练，伦敦）

我是英足总的一名全职教练，专门从事技能发展项目，在学校执教，也为群众性足球活动提供支持。我也训练我儿子的U13队。

在过去的5年里，我们球队有6名球员都取得了进步，并被特托纳姆热刺足球俱乐部、沃特福德足球俱乐部和巴内特足球俱乐部的球队相中。

最近有一个特别有趣的故事。一名10岁球员加入我们（我们叫他"马克"）时，他是联盟中最小的孩子。他的身材和大多数8岁以下的孩子一样。由于教练没有给他太多的比赛时间，他只好离开，去了另一支球队。他通常只在比赛的最后几分钟才被派上场，那时球队已经稳操胜券了。

他的生日在8月末，这使他成为队里也是他所在学校里年龄最小的球员。如果他在10天之后出生，他就会被分在下一个年龄组。因此，他被要求与比他大11个月的男孩们一起踢球，而被禁止与只比他小几天的男孩们一起踢球！他虽然身材矮小，但却是我见过的最聪明的球员。他在踢球时就像一个大人。他的位置感和决策都是独特的，而且随着比赛时间的增加，这些特质开始对比赛产生影响。

他开始参加托特纳姆热刺俱乐部运营的一个发展中心，并很快被邀请加入精英队的预备队。他在那个预备队里呆了一年多，开始觉得自己没有机会代表青训学院踢球了。于是，我建议他的父亲去找基础阶段的首席教练加里·布罗德赫斯特（Gary

Broadhurst），请他对这个孩子的潜力做出诚实的评估。不到一个月，他就被青训学院代表队签下。

他签了一份为期 2 年的合同，直到 U15 赛季结束。他仍然是迄今为止同一年龄组里最小的球员，但是托特纳姆为他挑选了很多比赛。他有时为 U13 队踢球，有时又参加更小年龄段的比赛。他是项目满足个人需求的一个个例。

他现在有机会发挥他的潜力了。要是他一直留在原来的俱乐部，很可能连球都踢不上了。

14

球员的家长

> 我们需要来一场家长文化革命。如果我们能让他们闭嘴，让孩子们开心地踢球，你会惊讶于这种变化产生的效果。
>
> ——加里·莱因克尔
> （Gary Lineker）

我认为青少年足球最大的问题在于教练和家长之间的关系日趋紧张，但不是每个家长都这样。这些年来，我遇到过一些乐于助人、富有人格魅力的家长。然而，每当教练要处理一些问题时，即便是一个家长持有异议，也会对整个团队产生影响。当然，并非所有的家长都会给教练的工作带来麻烦，但的确有少数家长会让教练的工作变得十分难于开展。

我参与的大多数教练指导计划中，教练遇到的许多问题都与家长有关。问题的原因各式各样，包括比赛结果、比赛时间、训练方法、对球员的偏见和比赛位置等——我敢肯定这些问题清单还可以写很长。有一位家长甚至向俱乐部的董事抱怨说，他儿子的教练"太安静"了。对他们来说，大声咆哮的教练似乎才令人满意，而冷静深沉的教练则会令孩子表现差劲。

在《新政治家》（New Statesman）杂志上的一篇文章中，前英格兰国脚、受人尊敬的评论家加里·莱因克尔阐述了家长在青少年足球中所扮演的消极角色，他的看法引起了读者的反思。除了本章开头的引言，莱因克尔还补充说：

这种疯狂只会因为边线上疯狂的家长对孩子胡说八道而加剧。大多数家长的竞争天性令人震惊。他们给这些充满希望但又敏感的小伙子们灌输的恐惧让人非常沮丧。

作为4个男孩的父亲，多年来，我在场边观看了无数比赛。哦！听到多少胡言乱语，亲眼目睹了虐待和伤害。有前途的青少年球员被无知的爸爸骂了一顿。"别在那儿捣乱""踢它呀""别瞎晃悠了"……我可以继续模仿他们说下去。我曾经看到一位父亲拎起儿子的后颈，劈头盖脸地大喊："你永远也踢不好，踢得太垃圾啦！"

文化

　　我坚信青少年足球所面临的边线问题是根深蒂固的。由于家长们可能经常踢球，或者是在电视上观看比赛的球迷，我们在青少年足球比赛的边线上，经常会发现一些纸上谈兵的"专家"。有时，人们很乐意大声地把自己的意见说出来，但却不把自己放在执行这些意见的位置上。我想，这就跟我们对政治的看法一样。我可能不同意总统或总理的政策，但如果我坐在他们的位置上，我可能不知道该干什么！

　　足球文化是我在其他运动中从没见过的。举个例子，我从未见过家长在游泳池边做任何事，除了观看比赛并希望孩子尽力而为。我从未见过有哪位父亲在游泳池边走来走去，解说每一次划水或踢腿的动作。也从未见过有哪位母亲在赛前、赛中或赛后对游泳教练质疑。在其他团体运动中，我也没看到过家长在场边这么开放地参与比赛。

　　我确信我们在电视上看到的文化对某些人有很大的影响。足球比赛火药味十足的时候，裁判的每一次判罚都会受到质疑，不管判罚正确与否。教练使用的战术经常受到批评，球员也经常在边线上遭到球迷的辱骂。

　　令人沮丧的是，这种行为被世界各地的足球场复制——那些逻辑成熟的成年人也是如此。我见过一名 U11 的守门员在一场 7 人制的比赛中因为丢了一个球而足足哭了 7 分钟，原因就是他的祖母在球门后公开地指责他！如果这个问题不那么令人心碎的话，踢球几乎是件有趣的事情。

创建你的文化

　　作为教练和俱乐部的一员，你有能力改变青少年足球的这种文化。在这一章的最后，有一个来自史蒂夫·菲西安（Steve Phythian）的真实执教案例。他给我们举了一个很好的例子，告诉我们如何与家长合作，在潜在的问题或冲突开始之前就加以解决。

　　史蒂夫在赛季之初举办了一个家长会，充分说明了他的方法和意图。

他勇敢地提出，他将对自己所承诺的任何事情负责，如果没有做到，家长们完全有权要求他履行承诺。

他只是设法通过解决经常出现冲突的问题来让家长们同意——所有球员都将得到同等的上场时间；他会让球员们轮换位置；他希望家长们在比赛日能表现好，而不是在边线指导。我猜测，如果家长们不喜欢他所推行的文化，他们应该会另找一支球队。这些简单的信息意味着教练与家长未来发生争论的空间很小。

预期

下面的表格来自奥克兰中央联合足球俱乐部，它展示了足球相关各方的期望。这是一种非常简单和简洁的方式，概括了所有参与方的责任和期望。

足球相关各方的预期

期望来自	球员 ⬇	家长 ⬇	教练 ⬇	俱乐部 ⬇
球员	竞争 友谊 责任感 专注	享受乐趣 交朋友 幸福感	参与性高 守时 享受足球 思想开放	听从教练安排 付费 代表俱乐部 高标准
家长	支持 不固执己见 机会均等 鼓励	支持 鼓励 调解人 共同体	支持教练工作 不干预 交流 尊重	支持俱乐部 付费 尊重俱乐部规划 尊重教练
教练	反馈 人格魅力 上场机会 有趣且享受	积极的 有责任感的 博学多识的 擅长交流的	交流 相同的价值观 动机积极的 高标准	教学专家 标准高 擅长交流 成长通道
俱乐部	归属感 足球理念 组织有序 投资	友好 安全且有保障的 组织有序的 孩子的成长通道	尊重 讲规则/守规矩 支持	环境安全 健全的政策 政策透明 发展机遇

行为准则

在一个足球俱乐部中，最常见的管理形式是使用行为守则。行为守则是一套有关各方的规则和责任。以下我将列举一些国家足球协会和专业足球学院为相关各方提出的行为规范的例子——分别从家长、教练、球员和俱乐部 4 个方面来阐述。

英国学校足球协会关于家长、同伴和支持者的行为规范
家长

· 观看比赛是一种特权；

· 尊重比赛官员的决定；

· 做一个好的榜样，以各种可能的方式积极支持团队，并慷慨地给予赞扬；

· 了解比赛规则，并以正确的方式争取胜利；

· 尊重其他观众、教练和参赛者；

· 成为文明的球迷而不是狂热分子；

· 承认并尊重两队球员的表现，而不仅仅是你支持的球队；

· 谦虚地接受胜利，优雅地接受失败，要牢记别人将根据你的表现来评价你所支持的球队；

· 不要向任何人喝倒彩；

· 站在或坐在指定的区域观看比赛；

· 不要干扰负责的球队老师 / 教练的指导；

· 请记住，几乎所有参与学校足球比赛的人都是志愿者，他们无私地奉献自己的时间，在大多数情况下没有任何经济回报——因此请尊重他们。

苏格兰足球协会教练员行为准则模板
教练

· 将球员的安全和幸福置于球员表现发展之上；

· 了解苏格兰足协和俱乐部关于儿童和弱势群体的保护政策和程序；

·确保训练课程是令人愉快、结构良好的，注重发展技能、决策能力和对比赛的总体理解；

·在相互信任和尊重的基础上与球员建立恰当的工作关系；

·鼓励球员对自己的行为和表现负责；

·确保训练单元和比赛适合于训练对象的年龄、思想行为、经验和个人能力；

·必须始终保持高标准的穿着和行为表现；

·知道在哪里可以找到适当的急救设备；

·持有目前的会员名单，并可在所有活动中提供注册表。

作为（俱乐部的名称）的注册教练，我同意遵守这些行为准则。本人支持本俱乐部的工作，并赞同俱乐部在有需要的情况下对一再或严重违反本守则的教练、球员、家长或观众，采取任何必要的纪律处分。

英国足球学院球员行为准则
球员

·确保你的任何一次缺席都提前告知教练；

·为参加比赛和训练做好充分准备，包括正确的饮食；

·遵守俱乐部制订的营养指南；

·着装得体，并牢记自己代表着俱乐部形象；

·鉴于你代表了足球学院，禁止染发或剪怪异的发型；

·确保球鞋干净且处于良好状态；

·须穿黑色的鞋子；

·参加比赛时请确保至少带了两双不同鞋钉的球鞋；

·所有球员都必须遵守体育道德和"竞赛规则"；

·尊重比赛官员的决定；

·暴力行为和严重犯规是不能容忍的；

·赛后与对手和比赛官员握手；

·球员应该总是提前到达比赛场地和训练场地；

·不允许嚼口香糖；

·不允许佩戴首饰；

·每位选手在每场比赛必须携带毛巾和备用服装；
·在进行任何形式的药物治疗时必须知会医务人员。

布里斯托尔流浪者青训学院行为准则
俱乐部

·提供一个安全的、让球员可以安心学习和发展、没有后顾之忧的环境；
·提供医疗检查、治疗、监测、专业化建议和支持；
·提供适合每个人需要和能力的指导和培训计划；
·提供参加高质量的足球学院比赛的机会；
·提供一个分析和反馈流程以帮助每名球员发挥他最大的潜力；
·提供一个不能容忍任何形式种族歧视的环境；
·无论球员的个人能力水平如何，要为他们提供一个平等的环境；
·为学生和家长／监护人提供指导，促进学生足球和个人的发展；
·联合球员所就读的学校为其提供教育支持，以确保球员持续的学业和个人发展；
·遵守足球学院颁布的日常行为规范。

行为守则包括中央联合俱乐部使用的期望表，要求所有相关人士理解这些期望的内容——它是以白纸黑字的形式公开呈现，一旦公布就应强制执行。如果有任何相关问题出现，行为守则就是首选的参考文件。这是作为一项战略来实施的，不仅仅是为了确保规则和标准得以实施，还能够避免将来产生任何误解或对抗。

解决冲突

整体压力控制研究中心（Wholistic Stress Control Institute）发布的一份文件，提出了解决冲突的 10 种方法。我改编了这 10 种方法并应用到足球实践。虽然这一章节的内容或图书馆的书籍不可能包含所有教练员与球员家长之间的冲突，[①] 但这些方法也许会有所帮助。

解决冲突的 10 个策略

策略	应用于足球教练
如果你生气了——走开	在和家长说话时用针锋相对、火上浇油的方法将会导致灾难。如果你与球员家长发生了冲突，而且很生气，那么尽量安排在下次训练或比赛结束后与他们见面——这样，事情就会变得更为平静和理性。
对事不对人	与家长发生冲突的核心问题是问题本身。如果争论是关于他们的儿子在场上的位置，那就把问题说清楚。对于家长是否有资格或有经验进行判断的争论和辱骂都是毫无益处的。
有自信和主见，但不要盛气凌人	永远不要对球员家长盛气凌人，这是不值得的。足球可以是一项情感游戏，但记住，现代足球教练的一个关键素养是情绪控制。如果双方针锋相对，结果可能没有赢家，球员将会夹在教练和家长之间左右为难。
关注问题，而不是你对问题的立场	家长给你造成的问题可能与你无关——甚至可能无关紧要。无论如何，教练的责任是找到问题的关键并找出解决问题的方法。
接受不同意见	在足球比赛中，人们的看法千差万别。这种情况也可能发生在球员家长身上。你的观点可能并不总是完全正确，球员家长的观点也可能不是完全错误。

[①] 我将永远不会忘记在一个晚上的训练课后，一位球员母亲使我陷入的困境：她说她儿子应该得到一份合同，因为她儿子像罗纳尔多一样优秀。这使得她 15 岁的儿子和我都很尴尬。当然，这孩子是个机敏的进攻型球员，但他要获得更广泛的发展，还需要具备更多的比赛能力。这球员有自知之明，但他妈妈并没有！

续表

策略	应用于足球教练
妥协,不是竞争	不要让意见分歧的讨论演化成一种必须赢的竞争,唯一的赢家应该是青少年球员。这可能意味着妥协是最好的解决办法。
永远不要以为你了解别人的感受	许多对抗的根本原因是假设自己了解对方的感觉或动机。
倾听他人,并感谢他们的倾听	在任何争论中,最糟糕的感受是对方不听你说。如果球员家长有意见要表达,教练要学会倾听和接受。要知道,他们对自己孩子的了解要比你更多,也许他们对孩子说的更有用。
活在当下	如果争论一个问题,那就坚持这个问题的导向。把过去的事情拿出来讨论将不会帮助解决问题,反而会扩大分歧。只有解决当前的问题,你才能改变未来。
与他人共建共享权力而非将权力建立在他人之上	教练和家长之间肯定会有权力之争。作为教练,你当然希望每个人都知道你是领导者,但这样做的代价是什么呢?要记住,作为领导者,你更应让其他人追随你。让球员家长与你站在一边,和你一起控制这种权力,将有助于达成一种非常有用的平衡。

当我们预料到在某种情况下会有冲突时,我们就明白了!有多少次,你在与伴侣或老板争吵时先发制人,实际上却只是在脑海中虚构了一场争吵?公司经理因为某件事责备你,而你心里已经有了现成的反驳。其实你是在和你脑海里的某个人争论,实际上根本不可能发生!

误解

在设计这一章的内容时,我和一位青少年足球俱乐部主席朋友交谈。我问他,我是否可以私下里看一看他持有的家长与教练之间的冲突记录文件。他告诉我他确实有做过记录,但他经常会难以理解。他给我看了最近一次冲突的摘录。在本书中,我省略了教练和家长的名字。

教练

上周日比赛结束后，雷德蒙德的父亲走近我，他看上去很生气。我不知道他的名字。

在我正在与对方教练交谈的时候，他向我提出质疑，对雷德蒙德·瓦斯在比赛中担任右后卫这一位置表示不满。他不知道足球是什么，他坚持认为雷德蒙德在另一个俱乐部担任前锋，所以他在本场比赛中也应担任前锋。

我明确告诉他，雷德蒙德应在我安排的场上位置踢球，如果他不喜欢这样，完全可以去其他俱乐部。

在任何情况下，我都不会按照球员家长的要求来安排球员的场上位置。

家长

上个周末比赛结束后，我跟教练发生了争执。教练当时正在和其他教练讨论，所以我就在旁边溜达以免打扰他们。

虽然一开始我就把想找他谈话的意图表达得很清楚，但他还是让我站在旁边等了10分钟。

由于雷德蒙德在这支球队里是一个新人，我想让教练知道我儿子在之前的俱乐部曾经担任过前锋，他可以在球队的几名进攻球员受伤或缺席的情况下上场比赛。然而，教练听完我的陈述之后变得气势凌人，坚持只有他才可以对球队阵容做出安排。我认为他这样做是为了给他的教练朋友留下深刻印象。

我真的不想偏离原意。我只是想帮忙，表明雷德蒙德很乐意为球队踢任何位置。

以上是关于同一事件的两个方面的描述——一个来自教练，一个来自家长。双方似乎都掌握了关键问题，但也都认为对方误解了自己。教练认为家长因为儿子的场上位置而生气，但家长却是因为被忽视了10分钟而生气。这位父亲其实只是想给教练一些可能对球队有帮助的信息，但是教练却以为家长要对他的执教权威构成威胁。

被夹在中间的孩子

　　我们必须记住，在教练和家长的潜在冲突中有一个青少年球员很可能被困在其中。无论你是教练还是家长，你都会对孩子的足球表现有一定的期望。

　　我们考虑过孩子想要什么吗？在上文来自父亲和教练的描述中，球员的立场是什么？在我的想象中，小雷德蒙德紧张地站在他所仰视的两个成年人之间，看着他们正在为一些对自己来说甚至都不是问题的事情争吵。也许，只是也许，他会说："我根本不在乎我踢什么位置，我只想踢球，享受踢球。"争论肯定会戛然而止。

　　下图来自多塞特郡足球协会的推特。该组织的成员要求一组 U14 球员列出他们为什么要踢足球的优先顺序。最上面的方框代表他们优先考虑的事情，底部则是他们最不关心的。超级好胜的成年人可能会觉得这非常令人惊讶和沮丧。

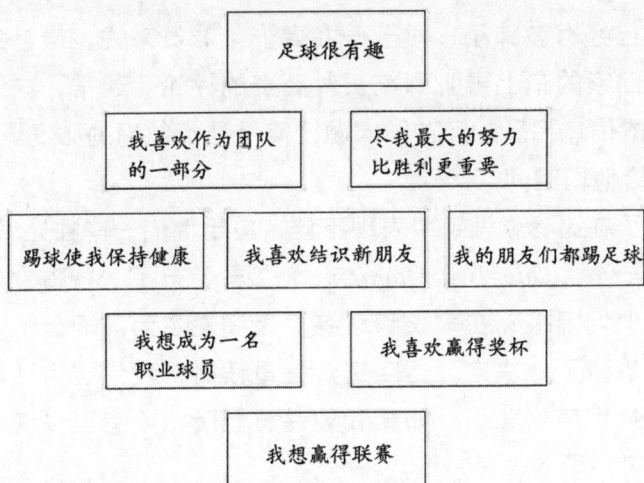

```
                    ┌──────────────┐
                    │   足球很有趣   │
                    └──────────────┘
        ┌──────────────┐        ┌──────────────┐
        │ 我喜欢作为团队 │        │ 尽我最大的努力 │
        │   的一部分    │        │ 比胜利更重要  │
        └──────────────┘        └──────────────┘
  ┌──────────────┐ ┌──────────────┐ ┌──────────────┐
  │ 踢球使我保持健康│ │ 我喜欢结识新朋友│ │ 我的朋友们都踢足球│
  └──────────────┘ └──────────────┘ └──────────────┘
        ┌──────────────┐        ┌──────────────┐
        │ 我想成为一名  │        │ 我喜欢赢得奖杯 │
        │   职业球员    │        └──────────────┘
        └──────────────┘
                ┌──────────────┐
                │  我想赢得联赛  │
                └──────────────┘
```

青少年球员踢足球的原因

　　这项调查的结果表明，比起赢得联赛冠军，青少年球员更看重和朋友们一起玩得开心（当然，这并不意味着他们不喜欢赢球——在他们优先排序中只是靠后了一点）。这种观点在全世界的研究中都很普遍。我建议教练和家长在为自己辩护之前，都要优先考虑球员的立场。你们都是他们的重要榜样——不要把他们夹在你的意见和不满中间。

做一位出色的足球家长

《足球大脑》和《足球硬汉》（*Soccer Tough*）的作者丹·亚伯拉罕斯在一系列博客文章中论述了他对家长如何帮助青少年球员的看法。在《做一位出色的足球家长》（*Be an Incredible Soccer Parent*）一文中，亚伯拉罕斯提出了 3 条规则：

（1）兴趣第一

青少年球员如果不再喜欢足球，不能享受足球带来的乐趣，他们就会停止学习。家长应该确保他们的孩子持续热爱足球运动。这就意味着不要对他们施加压力，不把青少年球员当作迷你成人。

（2）帮助成长，而非当教练

球员们已经有教练了！对于一名青少年球员来说，最常见的压力之一，就是在回家的车上再听到家长对比赛的评论。通常，这些指示可能与教练传达的信息相反。问孩子问题比简单评价他们的比赛更有益。

（3）给他们空间

如果孩子在比赛或训练中表现不佳，应给他们一些独处时间。

《二过一》（*One-Two Magazine*）杂志公布了一些青少年球员写给家长的信。他们因被夹在家长和教练员之间左右为难而无语，主要是因为成年人代表孩子做决定。当回过头去重读时，我们既为球员的聪明机智感动又为他们感到悲伤。如果我们注意倾听，或者至少考虑到他们的感受，我们将会学到很多东西。

球员给家长的信

谢谢你今天来支持我。作为朋友，我想让你们记住一些事情：

·请你们为两支参赛队表示祝贺和鼓掌，并控制好你们的音量；

·我踢球是为了寻找快乐。请鼓励我，并为所有的球员加油鼓掌，无论我们为谁踢球；

·你在这里代表了我，请不要让我因为你们的否定、叫喊或咒骂而感到尴尬；

·请不要站得离球场太近，这样将会让我在比赛中分散注意力，让我不能集中精力比赛；

·裁判员也很年轻，所以请不要质疑他们的判罚。我有需要，我们的教练会给我帮助；

·请不要在场边教训我，我在这个地方是由教练来教导的，太多的指令反而让我无所适从；

·我认为，尽我最大的努力去学习要比获胜更重要。这里不会记录比分，所以不要问我比分，而应问我是否通过比赛获得了乐趣；

·请赞扬我的技能、纪律、体育精神和努力，因为这些是让我成为赢家的品质；

·不要批评我的错误，我会因害怕犯错而不敢再去尝试。犯错会让我成为更好的球员，因为我可以从中汲取教训；

·请对行为恶劣的观众进行有礼有节的回应，告诉他们我们不需要这种消极的行为；

·我希望你能为我感到骄傲，也请让我为你感到骄傲。

我曾多次在不同的文学作品、网站和社交媒体上看到下面这首诗（尽管每次写的都略有不同），我认为它们最先被引用在约翰·伍德（John Wooden）的《球场内外的终生观察与反思》（*A Lifetime of Observations and Reflections On and Off the Court*）。这可能是一个伟大的工具，可供家长参与足球俱乐部事务时参考。

在第一场比赛前家长对孩子说的话

这是你的第一场比赛，我的孩子，我希望你能获胜。

我希望获胜是为了你自己，而不是为我。

因为获胜是一种很棒的感觉。

似乎整个世界都是你的。

但是，这种感觉会很快过去。

你所学到的东西才是持久的。

你才能领会生活的真谛。

胜利肯定是有趣的，但赢球并不是重点。

获胜的欲望才是关键。

绝不放弃才是关键。

绝不自满才是关键。

绝不放松才是关键。

不要让任何人感到失望才是关键。

肯定要为获胜而战，但也要输得起。

获胜并不重要。

重要的是尝试。

结论

对于一名教练来说，处理与球员家长之间的冲突或问题是非常重要的。整个青少年足球领域都在进行着伟大的工作，为俱乐部内的个人和团体带来某种平衡和视角。家长的角色非常重要。他们是孩子成长过程中最大的影响因素之一，在大多数情况下，他们孩子的参与是不可或缺的。如何与这个群体建立联系，如何管理他们的期望，这对你与团队的合作至关重要——也对你的理智至关重要。

英国地方球队——东赫尔圣徒队的球员们制作了标语，提醒那些参加比赛的人做到他们希望看到的情景。

摘要

· 并非所有的球员家长都会给教练出难题，但有少数家长的确会让教练员很难做。

· 在青少年足球领域，教练员与球员家长之间的问题是根深蒂固的。

· 作为教练员和俱乐部的一部分，你有能力改变青少年足球中的文化。

· 期望表或者行为规范守则能让每个参与者心知肚明，在一开始就能减少冲突。

· 整体压力控制研究中心提出的 10 种解决冲突的方法可以帮助教练有效处理与家长之间的关系。

· 当我们期待冲突的时候，冲突就会发生！这将导致教练与家长无法交流和相互误解。

· 家长和教练的冲突，会让孩子夹在中间左右为难。

· 要记住这一点：青少年球员们优先考虑的是在比赛中获得乐趣，这比赢得比赛要重要得多。

· 家长若能遵循丹·亚伯拉罕斯的 3 条规则，就能成为优秀的球员家长。

· 教练如何与家长建立联系并管理他们的期望，这对教练与团队的合作，对教练的理智至关重要。

真实执教经历

与家长合作

（史蒂夫·皮提亚，欧足联 A 级教练、帕查姆联合足球俱乐部
U10 队教练）

多年前，我在英国布莱顿的帕查姆联合足球俱乐部担任志愿教练。我还没与该俱乐部联系前就从我的一个老朋友那得知他们需要教练。

由于我是俱乐部的新成员，球员家长们都不认识我，我觉得举办一次家长会来介绍自己并陈述我想要为他们的孩子做的事情非常重要。

我把家长要坐的椅子围成一个圆圈，而不是剧院座椅的那种模式。我觉得这很重要，因为我不认为自己更重要，也没有把自己放在"演讲者"的位置上，这样做有助于表明我们都是同一个团队的成员。

在会议开始之前，我允许家长们打断我说话或提问，这样他们就可以理清事情的来龙去脉。随后我将话题转向我事先准备好的系列议题。议题如下：

关于我

- 背景、经验、资质；
- 我来俱乐部执教的原因（特别是我在这没有任何家庭关系）。

我的足球理念

- 踢球与个人发展；
- 比赛的风格和场上位置的轮换；
- 球员上场时间均等；

- 要求球员展现出不同的"学习风格";
- 球员的长期发展原则;
- 比赛的规则和精神——合理的行为。

训练

- 球员应该有所为有所不为;
- 发展多种技能,包括使用追逐游戏来提高身体灵活性;
- 使用小场地比赛而不总在大场地比赛。

球员家长

- 遵守足球的行为规范指南;
- 如果他们的孩子没有上场或在场上丢球落后,要宽容理解孩子;
- 帮助球员理解并遵守赛场行为守则;
- 在球场边线外观赏球赛而不是在场边当教练指挥比赛;
- 认可并赞许两支参赛队的优异表现。

之后,我问了一些问题。我告诉家长们,如果他们能提出一些问题,每个人都会受益,但我也明白他们更愿意私下里跟我交流。

最后,我用一张 A4 纸列出谈话要点。我最后向家长说,如果我在这个赛季做了一些没承诺的事,或者承诺过的事没有做到,家长们可以随时提出质疑。

15

自省反思

成功不是偶然的，它需要勤奋、坚持、学习和牺牲，但我认为最重要的是，你要热爱你从事的事业。

——贝利

本书开头引用了足球传奇人物贝利的名言。学习和训练是足球成功的基石——这同样适用于教练员。

在教练生涯中，我得到的最重要的信息不是关于战术周期、球员体能发展或者是刻意练习，也不是来自迪克·贝特、瓜迪奥拉或者约翰·伍德的执教经验。而是有一句话听上去毫无意义，我甚至忘记了是谁告诉我的。我只记得那是在一次教练员培训中，但仍不确定是哪位导师或其他参训者告诉我的，但是令我印象深刻。在一场令人失望的训练课之后，我开始不断地责备球员，谈话中充斥着疲惫以及即将迎来导师评估的压力。此时，有人非常冒失地冲我喊，"雷，你先去照照镜子吧。"

当时，他的这番话除了惹恼我之外，几乎没有产生什么影响。在我情绪低落的时候，我认为这是一个低劣的挖苦（我想这就是我不记得他的原因！）。我几乎不知道，当我成长为一名教练时，这句话会重新回到我的脑海，我理解了它的真正含义。

多年以后，我指导一位青少年教练，并观察他为一群 14 岁的孩子授课。他越来越沮丧，因为他的训练安排跟不上计划。他开始抱怨并对球员们表示不满。"去照照镜子"这句话突然涌现在我的脑海里。毕竟，和其他所有的训练一样，计划应是教练在训练之前就准备好的。他在准备、组织、场地大小和训练交流等方面所展现出来的不足，从我作为旁观者的角度来看是显而易见的，而他身在其中却根本没有意识到。他把所有的过错都归咎于他人和其他方面，他完全不知道自己这么做是在推卸责任。我给他的建议就是一句话——"先照照镜子"。

你可能已经注意到，在本书中，我很少因为我表现不佳而去责备球员。现在，我通常会从那些效果不佳的练习中抽出身来，更多地考虑自己球队出现的问题。我现在意识到我有能力去控制那些正在发生的事情。

在过去，我曾与一名球员发生争执（而且我的态度非常强硬），直到我得知他的父亲已经病入膏肓才改变了对他的态度。因为初始阶段训练效果不佳，我要求球员们更努力、不偷懒。我制订了糟糕的战术计划，但却将战略的失败归咎于球员的个人失误。我可能犯过教练都犯过的所有错误。

然而，现在的不同之处在于，我会首先去照照镜子。我会反思自己的言行以及这些言行造成的影响。当然，有时也不是我的过错，但我会不断地反思。

如何反思

我想提供两份资源，可以帮助教练们进行反思。这些文件可以帮助教练在工作中自我反思和自我分析，并评估自己的表现。这两份文件均来自英超俱乐部。

第一份文件来自曼彻斯特联队足球学院。该项目利用这个模板分析他们的教练在4个方面（计划、知识、管理和训练风格）的23项指标。每一个评价条目的最高分值是5分（1分是差，5分是优）。

第二份来自切尔西足球俱乐部发展中心。项目的规则是关于教练应该如何表现、指导和与青少年球员合作，他们称之为"切尔西方式"。当然，你要按照自己认为合适的方式使用这些文件——精确地使用它们，或者根据需要进行调整。

曼切斯特联队足球学院教练员发展表格

A. 计划和准备	分值	评价
教练员的仪表	1 2 3 4 5	
训练计划	1 2 3 4 5	

续表

A．计划和准备	分值	评价
场地空间的组织	1 2 3 4 5	
球员的组织	1 2 3 4 5	
训练器材的使用	1 2 3 4 5	
球员的安全和后勤	1 2 3 4 5	
球员登记	1 2 3 4 5	
B．目标／训练主题	分值	评价
热身环节	1 2 3 4 5	
技术细节的示范与讲解指导	1 2 3 4 5	
技能	1 2 3 4 5	
小场地比赛指导	1 2 3 4 5	
球员进步的目标依据	1 2 3 4 5	
C．球队管理	分值	评价
教练员指导时的站位	1 2 3 4 5	
提问——正确的方式、时机和问题	1 2 3 4 5	
与球队的交流	1 2 3 4 5	
对球队的管控	1 2 3 4 5	
与球队和谐融洽	1 2 3 4 5	
鼓励球员自主学习	1 2 3 4 5	
D．执教风格	分值	评价
发现引导式	1 2 3 4 5	
命令式	1 2 3 4 5	
提问与答疑式	1 2 3 4 5	
是否创造了积极的训练环境	1 2 3 4 5	
训练计划调整的灵活性	1 2 3 4 5	

切尔西方式

以愉快的方式开启和结束每一次训练；

确保每名球员都有一个足球；

训练组织方式简单明了；

规则和要求简单易行；

球员无需排长队等候练习；

重点发展个人，而非团队；

现实性（进攻和防守球门）；

大量针对不同对手（快速的、强壮的和技巧娴熟的）的 1V1 练习；

用你的训练安排、个性和热情来鼓舞、影响球员；

鼓励攻式足球；

鼓励努力训练；

定期安排一些课后练习；

提出问题，在技术学习中给出选择。

结论

开始准备写这本书的时候，我不知道要写多长时间。我知道我想说什么，但不确定我还想补充什么。我读过的关于足球教学或训练的最好的书都没有告诉我该怎么做。我并没有接受书中的每一个字，它们也没有改变我的整个工作方法。我认为最好的书能够给读者传递思想、改变习惯、影响深远。我真诚地希望这本书能帮助你做到这一点。

致 谢

感谢丽莎，感谢你忍受我无休止的阅读、研究、搜索和写作。感谢你见证了本书的每一个字，即使你并不太关心这美丽的游戏！

感谢詹姆斯，感谢你在这段旅程中支持我，感谢你包容我的想法，并相信我会最终成功。希望我们能一起做更多的项目。

感谢海伦和彼得，我的妈妈和爸爸，我希望我能让你们感到自豪。这就是我一直想要的。

感谢我所有的同事、足球界的朋友，感谢你们帮助我不断挑战自己对足球的看法，使我不会在自己的教练生涯中停滞不前。

感谢凯文和詹姆斯为本书提供了他们擅长的相关领域的知识，即心理学和传播学，增加了本书专业知识的分量。

最后，感谢那些为本书的每一章和其他部分提供真实教练经验的匿名或实名的教练们。你们的故事真实地把这本书的经验带到了生活中。